가상사회의 철학

비트코인 · VR · 탈진실

가상사회의 철학: 비트코인 · VR · 탈진실

초판 1쇄 발행 2022년 6월 25일

지은이 다이고쿠 다케히코
옮긴이 최승현
펴낸이 강수걸
기획실장 이수현
편집장 권경옥
편집 이소영 신지은 오해은 김소현 이선화 강나래
디자인 권문경 조은비
펴낸곳 산지니
등록 2005년 2월 7일 제333-3370000251002005000001호
주소 부산시 해운대구 수영강변대로 140 BCC 613호
전화 051-504-7070 | 팩스 051-507-7543
홈페이지 www.sanzinibook.com
전자우편 sanzini@sanzinibook.com
블로그 sanzinibook.tistory.com

ISBN 979-11-6861-029-3 03300

* 책값은 뒤표지에 있습니다.
* 잘못된 책은 구입하신 곳에서 교환해드립니다.

가상사회의 철학

비트코인·VR·탈진실

다이고쿠 다케히코 지음
최승현 옮김

산지니

한국어판 서문

충북대 사범대의 최승현 선생이 최선을 다해 번역한 나의 『정보사회의 철학: 구글 · 빅데이터 · 인공지능』에 이어, 자매편인 『가상사회의 철학: 비트코인 · VR · 탈진실』이 한국 독자들에게 전해지게 되어 나로서는 큰 영광이 아닐 수 없다. 전작의 한국어판 출간 시 서문을 써달라는 의뢰에 응하지 못하였기에 이 글에서는 전작을 포함한 두 권 모두를 염두에 둔 한국어판 서문을 달고자 한다.

구글이나 아마존, SNS나 비트코인, 유행이나 소통장애 같은 최신 주제들을 다룸에도 불구하고 두 저작의 제목에는 모두 철학이 들어간다. 그런데 주제의 시의성을 기대하고 이 책을 손에 쥔 독자에게는 실망을 안겨드릴지 모르겠다. 실제 일본의 젊은 독자 중에는 그런 반응을 보인 이들도 있다. 하지만 이 두 권의 특징인 유행하는 현상과 철학의 결합은 결코 독자에게 영합하거나 낯설게 보이려는 것이 아니다. 내가 최신 현상과 유행에 민감할 수밖에 없는 것은 방송국 피디로서의 경력 때문이기도 하지만 다른 이유도 있기 때문이다.

마르크스는 중기 이후 19세기에 서서히 그 모습을 드러내기 시작한 자본(das Kapital)의 운동 기제를 해명하는 일에 여생을 바쳤다. 그는 이를 위해 '상품, 화폐, 노동, 지대, 이자, 이윤, 신용'과 같은 말과 자본의 운동을 관련지어 그 토대 및 제도적 · 문화적 상부구조를 발견하고, 양자로 인해 변용되는 역사적 과정을 이론화하였다.

나는 21세기인 현재, 19세기의 자본에 해당하는 것이자 긴급한 해명이 필요한 주제가 바로 정보사회Information Society라고 생각한다. 적어도 향후 백 년 동안 현대사회를 근본적으로 규정하는 범주야말로 정보사회일 것이다. 지금도 세계적 맹위를 떨치고 있는 코로나19는—SNS를 통해 시시각각 보고되는 감염상황이나 인터넷을 통해 알려지는 각국의 대책에서 확실히 알 수 있는 것처럼—정보사회의 영향 아래에 있다고 생각한다. 이 책의 제목인 가상사회는 그러한 정보사회의 최신 현상에 다름 아니다. 주의할 것은 자본과 마찬가지로 정보사회 또한 공기처럼 자명한 존재로 간주되어 누구나 그것을 총체적으로 분석하려 하지 않는다는 점이다. 또, 분석하더라도 그 존재가 너무 당연해서 오히려 보이지 않는 것처럼 간주한다. 이를 해소하기 위해 나는 마르크스가 『정치경제학 비판 요강』에서 정식화한 이른바 '하향법'을 채택하였다. 즉, 누구의 눈에나 자명하고 구체적인 존재나 현상(예컨대, SNS나 비트코인)에서 시작하여 최종적으로 그 구체적 존재나 현상이 담고 있는 정보사회의 구조를 분석하는 것을 목표로 삼았다. 두 저작 모두 이러한 과정에 대한 기록이다.

한 가지 더 독자에게 전하고 싶은 말은 두 저작에서 말하는 철학의 의미이다. 두 저작의 일본어판에는 제목을 포함해 철학이라는 말에 의도적으로 괄호(〈 〉)를 넣어 표기하였다. 이유가 있다. 어떤 시기까지(내가 보기에 20세기 초까지) 철학은 유일하고 절대적인 진리를 탐구하는 일로 간주되었다. 그러나, 20세기 중반 인간이 철학의 중심주제로 부상하면서 진리의 유일성이나 절대성이 요동치기 시작한다(사람에 따라 진리의 기준이 달라진다). 21세기 들어 인터넷이라는 미디어가

전 지구적 규모로 보급되면서 진리의 상대성은 결정적인 것이 된다. 인터넷이라는 이차원적 네트워크에는 특권적이고 유일한 진리가 자리할 곳이 어디에도 없기 때문이다. 때문에, 오늘날의 철학은 이러한 진리의 상대성을 일단 인정하는 지점에서 사유를 시작하지 않을 수 없다.

물론 철학을 표방하는 이상 이러한 상대성에 편안하게 안주할 수는 없다. 상대성의 바닥속에서 여전히 이를 극복하는 길은 '체계적=시스템적sysmatisch' 방법이다. 즉, 밝히고자 하는 범주들을 뿔뿔이 흩어진 채로 방기하지 않고 하향법을 통해 하나의 체계를 가진 유기체로서 그 상호연관성을 체계적으로 기록하는 길이다. 이 책이 자주 헤겔의 체계적 방법에 호소하거나 루만의 사회체계론을 언급하는 이유는 바로 이 때문이다.

한국은 디지털 인프라 면에서 세계적인 선진국이며 현시점에서 정보사회 발전의 한 모델을 제시하고 있다. 나는 한국의 독자들이 정보사회에 대한 총체적 이론화 작업에 함께해줄 것을 요청한다. 이는 정보사회 이후를 점유하고, 그것이 향해야 할 지침을 마련하기 위함이다.

2022년 5월 2일 다이고쿠 다케히코(大黒岳彦)

차례

한국어판 서문 5

머리말 13

정보사회의 전회 | 정보사회에서 가치의 문제 | 미디어 사관 | '방-송' vs 네트워크 | '당사자/보편자' 구조와 우리 | 이 책의 구성

1장 **아마존 물류혁명과 물류의 종언** 33

문제로서의 아마존

1 아마존의 지향 37

아마존 효과의 근본적 위상 | 물건의 정보와 '실질'의 괴리 | 고객제일의 근본적 사고: 물류의 매체화 | 유통과 소통

2 유통의 사회철학 46

매체와 유통 | 사물의 수평적 이동에서 매체를 통한 수직적 구성의 운동으로 | 기호의 경제학비판 | 이동과 장소의 수축 | 정보의 한계

2장 **유행의 종언과 기호의 변용** 59

유행의 종언?

1 유행의 역사적 전개 과정 66

유행의 탄생: 17세기의 궁정과 취미 | 18세기의 유행: 취미와 천재 | 19세기의 유행: 취미와의 결별과 자본주의의 조직화 | 짐멜의 유행론: 우월과 귀속의 변증법

2 유행에서 기호로 83

20세기의 유행(1): 기호의 권력 | 20세기의 유행(2): 기호의 자율과 현실에 대한 우위 | 문화기호론과 그 한계 | 기호와 대중매체

3 유행과 기호의 변용 97

기호와 가치 | 엔터테인먼트에서 유희로 | 유희로서의 유행 | 형상성에서 질료성으로 | 이모티콘과 정동情動의 공동체 | 정보사회에서 가치의 문제

3장 비트코인의 사회철학 119

비트코인에 대한 시각

1 사물과 기호 123

예비적 고찰: 문제의 소재 | 화폐의 물질성과 사물성 | 전자화폐와 비트코인 | 비트코인의 두 층위: 사물과 가치 | 사물로서의 비트코인 | 암호기술과 디지털화폐 | 경제체제의 환경으로서의 암호 공간

2 비트코인의 가치 구성 141

척도와 노동 | 교환과 신뢰 | 신용과 신뢰 | 신뢰의 변환 | 화폐와 신뢰 | 체계신뢰에서 익명신뢰로 | 신뢰 기계로서의 블록체인 | 신용과 계층성

3 사회 vs 국가 161

비트코인과 세계사회 | 실명경제 vs 익명경제: 가로막아선 국가

4장 정보사회의 마음 167

소통장애란 무엇이 아닌가

1 히키코모리에서 소통장애로 171

애니메이션 〈너의 이름은〉이 빗댄 것 | 은신처로서의 사회의 외부와 그 역사적 변환

2 외부의 소실과 상호행위의 현재 178
순수상호행위라는 사회의 외부 | 사회에서 상호행위의 지위 | 요시모토 다카아키의 환상 개념 | 루만의 사랑이라는 매체 | 신체적 공현전과 정보사회의 마음

3 사회환상과 정보사회의 마음 190
SNS를 통한 환상의 근절 | 자기환상과 사회환상 | 환상의 사회환상으로의 일원화 | 선택의 강제와 인간의 자원화 | 주변 시선環-視의 기제와 소통 장애

5장 신체데이터와 통제사회 203

1 정보사회와 감시 205
정동사회와 감시사회 | 라이언의 감시사회론 | 라이언 감시사회론의 문제점 | 데이터 감시와 신체

2 신체와 감시 213
세 종류의 신체데이터 | 신체데이터의 제1계열: 개체데이터 | 신체데이터의 제2계열: 생체데이터 | DNA 데이터의 존재론 | 정보사회의 감시 형태로서의 주시 | 정보사회의 자기배려 · 자기의 테크놀로지

3 감시사회에서 통제사회로 226
통제사회의 삼중의 감시 | 정보사회의 주체성의 장소

6장 VR혁명과리얼리티의 잠재력 229
VR의 현황 | VR의 새로운 징후 | 이 장의 과제

1 VR의 기술적 차원 236
최초의 VR 열풍 | VR 기술의 계보학(1): 몰입 | VR 기술의 계보학(2): 상호작용 | '존재=현전'과 실재성

2 VR의 사회적 차원 247

리얼리티의 다의성 | 사회적 VR의 등장 | VR의 매체화 | 리얼리티 기준의 변질 | 상호행위와 VR | 다양한 현실의 문제사 | 상호행위의 프레임 | 상호행위의 현실성 인정 | 다양한 현실의 일환으로서의 VR | 체험으로서의 현실과 정보로서의 현실 | 리얼리티의 구조 | 대중매체라는 VR | 대중매체에서 SNS로 | 소결

3 VR의 사상적 차원 281

이 절의 과제 | VR의 사회적 기능 | MR로의 변모와 오락의 과잉 | 버추얼리티의 어원학 | 가상화란 무엇인가? | MR과 잠재성 | 잠재적 현실성과 정보사회의 새로운 사회적 현실

종장 문서의 존재론과 탈진실 문제 301

시각의 설정

1 문서란 무엇인가? 304

2 문서의 사회적 기능 307

행정문서의 사회적 기능 | 행정문서와 관료제 | 행정문서의 힘 | 보도문서의 사회적 기능 | 보도문서의 규범으로서의 다큐멘터리 | 보도문서와 세계의 현실 | 보도문서의 힘 | 역사적 문서의 사회적 기능 | 역사적 문서와 역사적 현실 | 역사적 문서의 힘

3 문서 세계의 존립 구조 325

기록체제와 관료제 | 기록체제로서의 문서의 세계

4 탈진실이라는 문제 329

기록의 변용: 문서에서 빅데이터로 | 문서의 종말과 현실의 요동 | 탈진실의 진의

후기 337

역자 후기 345

색인 354

머리말

정보사회의 전회

이 책은 2010년대 들어 맹렬히 자기조직화를 거듭해온 정보사회의 구조를 체계적으로 파악하고자 한다. 2010년대, 특히 **2016년 이후** 일어난 **넓은 의미의 문화현상**을 고찰한다. 이를 위해 아마존, 비트코인, 유행의 종말, 소통장애, VR같이 유행하는 말들에 대한 시사적 해설을 기대하는 독자도 있을 것이다. 이 기대는 단념하는 것이 좋겠다. 이 책은 문화현상을 표층에서 고찰하지 않는다. 정보사회의 표면에 나타나지 않는 비가시적이고 심층적인 구조, 곧 네트워크라는 문제지평을 공유한다. 개별 문화현상은 우리가 고찰에 착수하기 위한 가시적 머릿돌에 불과하다.

그러나 왜 2016년 이후인가? 왜 하필 문화현상인가? 이에 관해서는 사전이해가 필요하다. 2016년 이후 나는 어떤 문화적 전회를 본다. 이 경위를 다룬 글을 2017년 초 웹 매거진인 『10+1』에 기고한 적이 있다. 이 책 전체를 관통하는 문제의식을 독자와 미리 나누기 위해 릭실LIXIL 출판사의 허락을 얻어 전문을 수록한다.*

---

* http://10plus1.jp/monthly/2017/01/issue-07.php. 다만 제목은 탈고 당시의 원제목을 바꾼 것이다.

포스트 네트워크의 미디어론적 전회

머리말

먼저 일러둘 것은 이 글의 첫 제목은 내가 생각한 것이 아니라 『10+1』 편집부의 집필 의뢰를 받은 시점에 이미 정해졌다는 점이다. 나는 제안 그대로를 받아들였다. 신진 비평가들이나 자칭 철학자들이 좋아할 만큼 강하게 어필하는 제목은 아닐지도 모르겠다. 솔직히 당시에는 네트워크미디어 '이후'라는 패러다임이 시작되었다고 보기에는 시기상조였다. 물론 포스트 네트워크라는 말이 유행할 것을 예감했지만 그 대신 기술혁신이나 세계최신 아니면 금세기 같은 말을 생각했었다. 사실 이러한 현상이 나타나기 시작한 것이 일이 년밖에 되지 않았기 때문이다. 덧붙이자면 이런 새로운 태동이란 말할 것도 없이 네트워크 패러다임 내부의 이야기로서 패러다임 자체를 뒤집는 수준은 아니다. 때문에, 제목의 '포스트'라는 말은 네트워크미디어 패러다임의 '뒤를 이어'라는 의미보다 패러다임 '성립 이후'라는 의미로 해석해주길 바란다.

네트워크 패러다임 7년

동일본대지진이라는 자연재해로 발생한 인재, 후쿠오

카 제1원전 발전 사고가 일어난 2011년은 미디어 역사상 중요한 해로서 1월에는 SNS를 사용한 재스민 혁명의 성공이 있었다. 일본의 경우 7월에 지상파의 완전 디지털화가 불발되면서 급속한 텔레비전 이탈 현상이 일어났고 9월에는 미국 디즈니 자회사인 스트리밍 서비스 제공업체 훌루Hulu가 상륙함에 따라 전 세계적으로도 대중매체에서 인터넷 네트워크로 구조적 변동이 일어났다. 나는 이해에 대중매체 패러다임이 종언을 고하고 인터넷 네트워크 기반의 네트워크 패러다임이 패권을 차지했다고 생각하였다.*

같은 해 초 애플의 아이클라우드iCloud 서비스가 발표된 후 클라우드 컴퓨팅이 급속히 유행하면서 새로운 매체 패러다임은 급물살을 탄다. 이듬해인 2012년에는 미국의 버락 오바마 행정부가 "빅데이터는 중대 사안이다Bigdata is a big deal"라는 말과 함께 2억 달러가 넘는 예산을 빅데이터 연구에 투입하며 열풍이 일었다. 2013년에도 오바마 대통령은 연설 중 쓰리디3D 프린터를 언급했다. 또, 2015년에는 애플 워치Apple Watch나 구글 글래스Google Glass로 대표되는 웨어러블이 유행했다. 2016년에는 많은 사람들이 특이점singularity을 언급했고 기업들이 딥러닝을 화제로 삼으면서 인공지능

* 이에 관한 상세한 설명은 졸저 『情報社会の哲学: グーグル·ビッグデータ·人工知能』, (勁草書房) 서장 「대중매체의 종말과 미디어 사관」을 참고할 것.

이 각광받았다. 이 글을 쓰고 있는 현재 2017년의 유행어는 가상현실VR: virtual reality로, 우리는 빨라진 유행을 실감하고 따라잡으려 하면서도 사실 난처해한다. 열거한 말들이 겨우 수년 전 현상임에도 '그랬었나' 정도의 인상만 남았기 때문이다. 동시에 이러한 말들이 진부해졌다는 것은 네트워크 패러다임이 매년 갱신되는 새로운 기술, 새로운 서비스들을 차례로 동화하여 사용자가 의식하지 않는 수준에서 '투명화=자명화=환경화'되고 있음을 뜻한다. 우리는 이 점에 유의해야 할 것이다.

비트코인의 본질

그러나 2011년과 2012년의 용어들을 포함해 네트워크와 관련된 동향을 주의 깊게 관찰해보면 거기에는 어떤 질적 수준의 변화가 확인된다. 구체적인 용어나 사건을 살펴보면 전 지구적으로는 비트코인, 일본의 경우에는 모바일게임 제조업체인 디엔에이DeNA의 부적절한 추천curation을 둘러싼 소동이 주목받았다. 두 사건은 다른 '현상'이지만 근본과 본체는 공통된다. 문제의 본질에 다가서기 위해서라도 우선 두 현상을 각각 살펴보자.

비트코인이라는 말은 2014년 이미 세간의 주목을 받은 전력이 있다. 2010년대 초 도쿄를 중심으로 전 세계 비트코인의 70%가량을 취급했던 마운트 곡스(Magic: The

Gathering Online eXchangc)가 해킹을 당해 대량의 비트코인을 잃고 12월에 도산한 사건이 있었다. 이를 계기로 당시까지 전혀 관심을 받지 못했던 비트코인의 존재가 알려졌다. 이때만 해도 비트코인은 돈세탁이나 투기, 위법 상품을 취급하는 실체가 알려지지 않은 전자화폐라는 부정적인 평가를 받던 때였다. 그러나 2011년과 2012년 재차 주목을 받아 융성한 비트코인은 단순한 용어나 실체 없는 유행어가 아니었다. 일본의 경우 온라인을 포함해 비트코인 결제가 가능한 점포가 급증하였고, 수도권에는 코인자동인출기도 생겨났다. 또 원조 비트코인의 변이인 알트코인alternative coin만 해도 리플Ripple이나 라이트코인Litecoin 등 열 개가 넘는다. 비트코인의 핵심 기술인 블록체인blockchain은 금융, 행정, 기업 경영 등 다양한 분야에서 주목받고 있다. 비트코인 기술을 발전시킨 이더리움Ethereum이라는 분산형 플랫폼을 개발·보급한 개빈 우드Gavin wood 등은 비트코인이 연 지평을 기존의 웹2.0을 근본적으로 혁신한 웹3.0으로 간주하기도 하였다.* 그러나 나는 비트코인에서 블록체인 부분만을 떼어내 평가하려는 최근의 논의에 의문을 가지고 있다. 비트코인이 먼 미래에 무정부적이고 반체제적인 독이나 악으로 작

---

* 예컨대, https://bitcoinmagazine.com/articles/web-3-0-chat-ethereums-gavin-wood-1398455401을 참고

용할 것이라는 정치적 이유에서보다는, 이런 접근이 비트코인이 펼칠 지평의 본질적 의의를 가릴 가능성이 크기 때문이다. 상세한 논의는 별도의 지면이 필요하겠으므로* 결과만 이야기하고자 한다. 전자화폐의 등장으로 화폐의 본질이 정보와 다름없다는 주장이 널리 퍼졌다. 그러나 나는 비트코인이 이런 주장의 잘못된 점을 보여준다고 생각한다. 정보만 가지고 가치를 구성하는 것은 불가능하다. 가치를 구성하는 일이 정보와는 다른 측면의 기제를 필요로 한다는 것을 보여준 이는 전설적인 비트코인의 개발자, 사토시 나카모토Satoshi Nakamoto이다. 그는 비트코인으로 기술적인 수준의 가치구성을 보여주었다.

디엔에이 불상사의 의미

다음은 디엔에이DeNA라는 회사의 불상사이다. 이는 이 회사의 의료관련 추천 사이트(이른바 요약사이트) 내용이 다른 사이트의 내용을 무단전재하거나 근거 없는 정보를 담은 것임이 발각되어 기존 사이트가 폐쇄되고 임원진이 사퇴한 사건을 가리킨다. 회사 측의 대응은 신속했지만 이 사건은 빙산의 일각에 불과한 것으로 정보의 조악함이나 저

---

* 『현대사상』 2017년 12월호(青土社)에 게재된 「비트코인의 사회철학」(이 저서 제3장의 최초출처)를 참고하기 바란다.

품질 문제는 네트워크 패러다임이 구조적으로 포함하는 현안이라고 할 수 있다. 2017년의 미국 대통령 선거에서도 마찬가지 문제가 드러나고 있다.

나는 방송국에서 십 년 가까이 일하면서 현장에 실제로 나가 정보의 '속살을 확인하는' 것을 전문성이자 자부심으로 삼아왔다. 또, 대중매체의 위계적 구조도 정보의 질과 연동되어 직위나 보도에 대한 인센티브나 직업교육에 권위를 부여해주었다. 즉, 대중매체에서는 정보의 품질보증 체계가 구조로 확립되어 있었던 것이다.

디엔에이의 경우 이런 전문성에 대한 자각이 있었다면 교육이나 훈련을 전혀 받지 않은 이들이나 벤처기업 등이 전문영역에 발을 디뎌 트릭을 쓴 것이라고 할 수 있다. 이럴 경우 정보를 날조하거나 표절한 당사자의 윤리를 공격하는 것도 무의미하다. 왜냐하면 한 사람의 직원에 불과한 자가 정보의 질을 확보하는 데에 어떤 이득도 얻을 것이 없기 때문이다. 이는 미디어 구조의 문제이지 개인도덕의 문제가 아니다. 개인 몇 사람을 추방한다 해도 마찬가지 사태가 올 것은 불을 보듯 뻔하다. 문제의 본질은 네트워크 패러다임이 대중매체 패러다임과 달리 위계적 구조를 갖지 않고 무중심 구조를 본질로 삼는다는 점에 있다. 요컨대, 현재의 네트워크는 조회 수같이 이윤에 직결되는 양적 지표 이외의 기준에서 정보의 질, 곧 가치를 보증하는 틀이 없다.

정보사회와 가치

우리는 앞서 비트코인과 디엔에이 사건에서 정보층과 가치층이 일치하지 않는다는 사실, 즉 네트워크에서 가치를 구성하는 보증 수단이 없음을 보았다. 이것이야말로 네트워크 패러다임이 직면한 핵심 문제다. 이후 정보사회의 최대 과제는 정보층에서 어떻게 가치층을 혁신하는가와 관련된 기제의 해명과 현실화에 있다. 정보사회는 이제 새로운 국면 전환을 요청받고 있으며 그런 의미에서 이 글의 제목 또한 적절하다고 하겠다.

정보사회에서 가치의 문제

비트코인의 보급과 디엔에이 사건. 두 사건은 정보사회가 새로운 단계로 돌입한다는 것, 즉 사회과정에서 데이터의 대규모 생성과 축적, 인공지능을 통한 정보의 추출 그리고 사회로의 피드백이라는 자기지시적 사회체계화 단계를 한 차례 마무리했다는 것을 뜻한다. 이제는 가치를 축으로 보다 고차원의 '자기조직화=구조재편(이 구조재편에 따라 출현할 사회를 이 책에서는 가상사회virtual society로 부른다)'을 향해 출발함을 알리고 있다. 이 책의 각 장은 다양한 문화적 사건을 다루지만 근저에는 하나의 공통된 물음이 있다. 정보사회에서 애초 가치는 어떻게 가능한가Wie ist möglich *der Wert* überhaupt in der Gesellschaft. 이는 원리적이고 초월적인transzendental 물음이다.

가치의 문제가 이 책의 '통주저음通奏低音'을 이루기에 다루고자 하는 주제군도 사회적 기반을 이루는 기술—예컨대, 전작인 『정보사회의 철학』에서 다룬 검색, 빅데이터, SNS, 인공지능, 로봇—보다는 이런 사회적 기술을 기초로 이루어진 상품유통, 유행, 기호, 화폐, 가상, 오락, 문서와 같은 광의의 문화현상을 다룬다. 그렇다고 앞서 언급한 기술을 소홀히 하겠다는 것은 아니다. 애초 이 책은 본문에 밝히게 될 것처럼 방법론에 있어서 상부구조Überbau와 '하부구조=토대Basis'를 이분법적으로 나누는 관점을 취하지 않았다. 기존의 관점에 매여 양자를 강하게 나누어버린다면 이 책은 정보사회의 상부구조를 이루는 여러 문화현상—작품이라는 결실을 맺은 문화Kultur에 그치지 않고 정치 · 경제 · 풍속 · 심성을 포함하는 광의의 이데올로기 전반—을 다루는 정보사회 전반의 문화철학에 대한 시도라고 할 수 있다. 이 경우 문화란 다름 아닌 가치화된 총체적 형상을 뜻한다.

미디어 사관

이 책을 다루기에 앞서 독자와 공유할 것들이 있다. 첫째, 이 책이 전제하는 매체관, 역사관, 기술관을 둘러싼 기본적 구조이다. 이 책은(전작과 마찬가지로) 마셜 매클루언Herbert Marshall McLuhan의 미디어사관을 '존재=인식'론적 전제로 삼는다. 이는 카를 마르크스Karl Heinrich Marx의 유물사관의 경제적 토대를 미디어적 토대로 손쉽게 대체한 것이 아니다. 나는 루만Niklas Luhmann을 따르면서 사회Gesellschaft를 연쇄적 접속에 따른 비인칭적 소통의 총체로 간주한다. 즉, 인격이나 행위, 조직이나 관계 혹은 역할을 사회의 구성단위로 보지 않는다. 물론 소통의 연쇄라는 작동의 과정만으로 사회는 성립하지 않는다. 여기에는 과정이라는 생생한 흐름을 바탕으로 '요동치는' 안정을 실현시키는 어떤 구조Struktur가 언제나 필요하다. 루만은 마셜 매클루언과 그를 따르는 토론토학파의 논의를 알고 있었다. 키틀러Friedrich kittler 또한 '흐름'으로서의 과정이 가진 '초역사=만고불변'성에 대해 구조가 역사적 변환을 수행한다는 사실, 즉 그 역사적 상대성을 알고 있었다. 루만은 사회구조가 네 개의 단계, 즉 원형적segmentät 구조 → '중심-주변Zentrum-Peripherie'적 구조 → 성층Stratifikation적 구조 → 기능적 분화funktionär differenziert 구조로 진화해왔다고 주장하지만 구조의 변동 기제에 관해서는 거의 말하지 않는다. 한편 마셜 매클루언은 구조를 별자리와 비슷한 은하계Galaxy로 부르면서 네 개의 역사적 단계를 구별한다. 곧, 음성 → 손으로 쓴 문자 → 활자 → '전기=텔레비전'이다.* 마셜 매클루언은 구조의 역사적 추이를 루만처럼 진화로 보편화하지 않기 때문에, 각각의 구조에서 역사적 상대성과 폐쇄적 자율성을 강조하는 한편 구조의 규정요인을 미디어로 규정하는 점을 특징으로 꼽을 수 있다. 나는 소통방식과 접속의 양상을 매체가 구속한다는 의미에서 마셜 매클루언의 관점을 따른다. 즉, 소통의 조직화 유형은 특정 시대의 기술적 가능성의 조건Bedingung der Möglichkeit인 매체에 따라 규정된다. 그리고 이를 기반으로 각 시대의 사회구조, 곧 매체 패러다임이 구성된다. 이렇듯 나의 매체관은 '역사=사회=매체기술'의 삼위일체 위에 서 있다.

---

* 마셜 매클루언의 제자인 월터 옹은 마지막 단계인 '전기=텔레비전'이 2차원적 유사 음성secondary orality으로 대체되었으며, 마셜 매클루언에게 배운 키틀러는 '과정'을 손으로 쓴 문자Ausfschreiben의 연쇄에 한정함으로써 음성 자체를 과정에서 배제한다. 키틀러는 구조를 독일의 19~20세기에 한정하면서, 쓰여진 체계Aufschreibesystem로 부른다.

'방-송' vs 네트워크

그러나 마셜 매클루언의 매체사관에는 중대한 흠이 있다. 흠이라는 **말 자체**가 지나치다면 시대적 제약이라는 말로 바꿔도 좋다. 그는 활자 패러다임, 곧 구텐베르크 은하계를 덮친 것이 전기매체로서의 텔레비전이라고 보고 그 선형 이론을 배척하였다. 대신 수사적이고 모자이크적인 당시의 새로운 매체를 통해 자신이 이상화했던 음성 패러다임이 부활할 것을 기대하였다. 그러나 그의 기대는 이루어지지 않았다. 애당초 그는 '전기=텔레비전' 매체가 활자 매체를 이을 패러다임이라고 확정해버림으로써 치명적인 오류를 범했다. '전기=텔레비전'은 하나의 매체 패러다임을 구성하는 고유한 구조를 가지지 않는다. 오히려 그것은 신문, 영화, 라디오와 공통의 구조를 가지기에 대중매체라는 상위 범주에 포섭된다. 전기 기술의 사용 여부가 매체의 패러다임을 결정하는 것은 아니다. 패러다임을 결정하는 것은 어디까지나 연쇄적 소통의 구조이다. 그런 의미에서 대중매체를 구조의 규정요인으로 생각하지 않더라도 근대 사회의 기능적 분화 **구조**에서 최초로 나온 체계로 파악하는 루만에게 기대는 쪽이 낫다.

나는 마셜 매클루언의 매체 사관을 수정하면서 활자의 흔적을 잇는 매체 패러다임으로서의 대중매체를 '전기=텔레비전'으로 바꾸고자 한다.* 대중매체 패러다임은 19세기 후반 이후, 실질적으로는

---

* 이하 이 절의 서술은 졸저 『情報社会は何か?: メディア論への前哨』 제4장에서 재구성한 것이다. 또, 체계론의 원칙에 충실하자면 정보는 **전이되지 않지만,** 이하에서는 독자의 이해와 이미지의 용이함을 우선시하여(소포에 비유하는) 정보에 대한 통속적 용법과 타협하여 정보를 전이하는 것으로 보고 두 패러다임의 특징을 묘사해 나간다. (옮긴이) 루만에 따르면 발신자의 전언은 수신자가 들을 수도 있고 그렇지 않을 수도 있다. 그는 이런 의미에서 '통보Mitteilung'라는 말을 쓰는데 여기에 나온 전이되지 않는다는 말이 이 통보에 해당한다.

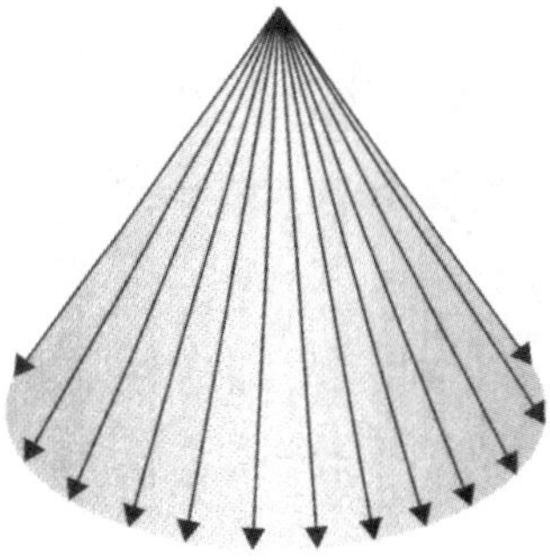

[그림1] '방–송(Broad–Cast)'

20세기 들어 성립한 패러다임이다.* 나는 이 대중매체 패러다임의 고유한 구조를 '방-송Broad-Cast'으로 부르겠다. '방-송'의 특징은 ① 정보의 채집에서 일극 중심, ② 가공에 있어서 일원적 관리, ③ 배포에 있어서 중심에서 주변으로의 일제 송신으로 요약할 수 있다. 우선 일체의 정보가 주변부에서 중앙으로 모이고, 다음으로 일정한 코드에 맞춰 그것이 편집되어 마지막에는 중앙에서 주변부로 단번에 발신된다. 이를 그림으로 표현해 보면 하나의 정점에서 하방 주변부로 퍼지는 모양의 이미지를 띤다.

이런 정보의 일극 집중과 일제 발산을 특징으로 삼는 '방-송'의 보편적 유형으로 텔레비전이나 라디오를 떠올리는 것이 보편적이다. 그러나 우리는 이 특징이 영화나 신문을 포함한 대중매체 패러다임에도 공통됨을 볼 수 있다. 하여 '-'표시를 통해 방송과는 구별되는 '방-송'이라는 말을 이하 본문에서 쓰기로 한다.

마셜 매클루언의 매체사관에 대한 수정은 중대한 부산물을 수반한다. 2011년 대중매체 패러다임이 종결되고 이를 대체한 새로운 매

---

* 최초의 신문이 이미 17세기에 등장한 역사적 사실을 볼 때 나의 관점에 이의를 다는 것에 대해 명칭과 기능의 혼동을 지적하고자 한다. 19세기 이전의 신문은 대중매체의 기능을 가진 것이 아니다. 그것은 기업의 웹사이트 광고가 인터넷 네트워크라는 기술 인프라를 이용하듯 기능적으로는 대중매체적 패러다임의 잔재에 불과하다.

체 패러다임이 패권을 차지했기 때문이다.* 이 새로운 패러다임의 구조를 재생산 중인 매체기술은 인터넷 네트워크이다. 이에 따라 재생산되는 구조를 나는 '방-송'과 대비시켜 네트워크Net-Work로 부르고자 한다.

'방-송'의 소통은 상위의 정점에서 정보의 채집 · 가공 · 관리 · 발신 권한을 독점한 특권적 발신자, 이를 수용할 뿐인 불특정한 다수의 대중, 그리고 이들 사이에 놓인 정보라는 삼차원적이고 수직적인 운동을 오간다. 이에 비해 네트워크는 ① 자격상 동일한 개인이 정보 프로그램을 매개로 연쇄적으로 접속해나가는 이차원적이고 수평적인 유형의 소통을 펼친다. 정보 프로그램의 종결점인 개개의 노드(=개인)에 주목하면, 개인이 수신자인 동시에 발신자의 기능을 겸하는 것이다. 이에 비해 '방-송'은 정보의 발신자와 수신자의 역할을 명확히 나눈다.** 이러한 네트워크의 특성이 마케팅 분야에서는 프로슈머*producer*+*consumer*=prosumer로, 매체론에서는 양방향성Interactivity으로 불리지만 반드시 두 개의 노드 간에 양방향의 정보 교환이 이루어지는 것은 아니다. 오히려 마치 웅덩이에 떨어진 빗물 같은 파문이 서로 간섭하거나 공명하여 증폭하는 모습에 비유할 수 있다.

다음으로 '방-송'은 원뿔형으로 구획되어 그 자체로 종결된 폐쇄공간을 가지고, 정점과 주변 사이에서 흐르는 정보의 뿌리는 고정된 채 정적인 불변 구조를 재생산한다. 이에 비해 네트워크는 ② 연쇄와

---

* 이에 관한 상세안 내용은 졸저 『情報社会の哲学: グーグル·ビッグデ タ 人工知能』, (勁草書房) 「서장」을 참고.

** 취재 단계에서 주변부에서 정점으로의 정보의 흐름은 대중으로부터의 발신이 아닌 정점으로의 정보의 흡수라고 할 수 있다.

접속이 무제한적이어서 늘 동적인 생성의 모습 혹은 '무궁동perpetuum mobile'*의 모습을 띤다. 무궁동은 사실 죽음을 뜻한다. 만일 이미지로 표현한다면 그것은 점균이나 아메바처럼 늘 모습을 바꾸는 것이다. 혹은 철학적 비유를 들자면 '방-송'은 정보 유통의 운동이 최종적으로는 원환 전체로 회수되는 게오르그 빌헬름 프리드리히 헤겔의 '진무한'wahre Unendlichkeit과도 같이 네트워크는 무제한 연장되는 '악무한das Schlecht-Unenddliche에 준한다.

마지막으로 '방-송'은 정기적인 정보 송출과 같은 리듬, 복제 정보의 등질성을 창출하는 균질한 대중을 포함해 일극 중심의 질서를 갖춘 통일적인 사회 구성에 기여한다. 이에 비해 네트워크는 ③ 전체를 엮는 '일극'이 없다는 점에서 무중심적으로center-less, 곧 개별 노드가 각자 중심을 이루어 다중심적으로multi-centric 소통한다. 그러나 이 다수의 중심은 각기 이질적이며 중심들이 권리적으로 동격인 이상, 내부에서는 복수의 세계관이 경합한다. 자신이 옳음을 주장하는 상대주의나 지금 **이** 세계관으로 생각했다가도 다음번 **저** 세계관을 택하는 무원칙적인 '분열증적Schizophrenic' 세계관을 낳곤 한다. 이는 '방-송'이 낳은 사회가 구조의 동일성을 고집하는 '편집증적Paranoid' 성격을 띠는 것과 대조적이다.

이를 시각화해보면 이차원적 · 평면적으로 정보 흐름이 웹상에

---

* 기악곡의 곡종명曲種名. 흔히 상동곡常動曲 또는 무궁동無窮動 등으로 번역된다. 이는 32분 음표 · 16분 음표 · 8분 음표와 같은 짧은 음표에 의한 빠른 음형音型이나 악구가 보여주듯 처음부터 끝까지 쉴 새 없이 같은 길이의 빠른 속도로 연주되는 것이 특징이다. 파가니니, 베버 등에 의해 쓰이기 시작한 말이며, 쇼팽의 연습곡 중에서도 볼 수 있듯이 '페르페투움 모빌레'라는 제목이 없어도 실질적으로는 그와 같은 성격을 지닌 작품이 많다.-옮긴이

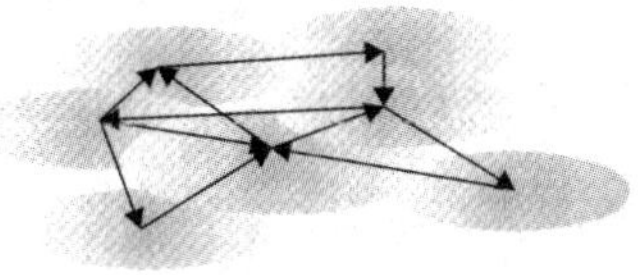

네트워크의 이미지

펼쳐진, 그리고 각각의 노드를 중심으로 작은 동심원을 그리는 이미지가 된다. 여기서 중요한 것은 이런 망Net 형태의 이미지가 완성한 결과물Work이 정태적인 것으로 파악되어서는 안 된다는 점이다. 정보 흐름의 길thread이 늘 지속되는 것이 아니라 오히려 '웹'이 늘 성장해간다는 점에 주의하자. 때문에, 네트워크의 '워크'란 성과 · 작품이라는 명사가 아니라 '작동하는 · 활동하는'이라는 동사로 이해해야 한다.* 바꿔 말해, 어떤 시점에서 구조가 완성되는 즉시 새로운 구조가 발생한다. 그리고 이 과정이 무한히 반복된다. 즉, 이 경우 체계 존속의 필수항목으로서 체계 자체에 구조변동이 '프로그램화'되어 내장된다. 이를 우리는 구조변동의 구조화 혹은 생성Werden이라고 부를 수 있다. 이상의 매체 사관 및 '방-송'과 '네트-워-크' 간의 구별이 나와 독자 간에 **끝까지** 공유되지 않아도 좋다. 독자가 이 책을 이해한 후 이 테제들을 내버릴 자유는 얼마든지 있을 것이다.

'당사자/보편자' 구조와 우리

이 책이 취하는 방법에 관해서도 독자의 이해를 얻을 필요가 있겠다. 이 책에는 체험하는 당사자의 의식에 의거한 당사자, 우리의

* 이 점에 주의를 기울이기 위해 우리는 소통에 대한 고찰에 있어서 '네트워-크'가 아닌 '네트-워-크'로 이해하기로 한다. 또, 워크의 주체는 **존재하지 않는다**. 때문에, 이를 정확히 말하면 비인칭동사라고 할 수 있다.

관찰 · 반성을 통한 학적 의식에 의거한 보편자라는 표현이 자주 등장한다. 이 개념들은 원래 헤겔의 『정신현상학』에서 변증법적 잠재력을 위해 도입한 구별로서,* 마르크스나 나의 스승인 와타루 히로마츠廣松涉에게 체계 구축을 위한 방법론상의 핵심으로 계승되어온 것이다. 당사자란 자신의 체험을, 보편자란 체험의 수준을 외부에서 관찰하는 것을 가리킨다. 이런 의미에서 보편자는 칸트의 초월적 transzendental 태도와 비슷하지만 보편자는 보다 고차원의 관찰을 통해 당사자로 전환할 수 있다는 점, 즉 '당사자/보편자'의 구조적 계층성과 상대성을 염두에 두자. 헤겔의 저술에서 『정신현상학』을 필두로 이러한 서술이 '계층성=상대성'에 입각한 핵심 구조가 된다. 마르크스는 이 사변의 도착성을 『성 가족』에서 밝힌 적이 있다.**

당사자를 대상 수준으로, 보편자를 메타 수준으로 바꿔 읽으면 이해되듯 버트런드 러셀Bertrand Arthur William Russell의 유형 이론Type Theory을 통한 '집합론의 패러독스'와 앞서의 구별은 이론적 바탕을 공유한다. 그러나 이 책에서 이 구별을 방법으로 채용하는 것은 논리학적 요청 때문이 아니라 **의식**의 수준을 구별할 필요성 때문이다.

예를 들어보자. 당사자의 수준은 잠든 이의 꿈 체험이며, 보편자의 수준은 정신분석 의사의 관찰에 따른 꿈 판단이라고 할 수 있다. 그러나 꼭 그렇지는 않다. 왜냐하면 이 경우 관찰자를 자처하는 정신분석 의사는 잠든 이의 꿈 체험을 제대로 경험하는 것이 아니

---

* Hegel, G. W. F., *Phänomenologie des Geistes*, 1807. (번역 『精神現象学』, 岩波書店)

** Marx, K. & Engels, F., *Die heilige Familie oder Kritik der kritischen Kritik*, 1844. (번역 『聖家族』, 岩波書店)

기 때문이다. 정신분석 의사가 잠든 이와 공유하고 있는 것은 그의 꿈 **보고**에 불과하다. 실제로 보편자의 관점을 취하고 있는 것은 꿈을 체험한 잠든 이밖에 없다. 엄밀히 말해 본래 당사자의 수준에서 체험하고자 했지만 각성 후 잠든 이가 꿈을 상기하면서 보편자의 시각으로 이동하는 관찰 작동이 **이루어지는 순간** 보편자와의 구별이 생기게 된다. 즉, 꿈이란 일반적으로 **상기 시에 구성된다**. 꿈을 사례로 든 것은 당사자의 체험과 보편적 관찰이 뗄 수 없는 관계, 상호 교대되고 왕래하는 상호 침투적 존재임을 강조하기 위해서이다. 즉, 관찰 및 반성이란 체험 당사자의 자각이나 각성에 다름없다. 이 '당사자/보편자'의 구별은 문화적 형상을 고찰할 때 특히 중요하다. 본문에서 말하게 될 것처럼 문화란 일반적으로 의식에서 상위의 차이, 곧 그것의 성립을 위한 요건을 이루기 때문이다. 또한, 이 책의 서술 전체가 나와 독자의 협업을 통해 당사자에서 보편자로의, 곧 정보사회 속에서 이를 단순히 체험하는 수준을 넘어 정보사회를 관찰하고 그 구조를 반성하는 입장으로 건너가는 과정이기도 하다. 때문에, 이 책에서 사용하는 우리Wir라는 일인칭 복수는 보편자의 대격인 우리uns라는 주격, 다시 말해 관찰자로서의 '나=독자'의 위격인 것이다.

이 책의 구성

마지막으로 이 책 전체의 구성을 개관하고 각 장의 줄거리를 이야기하고자 한다. 이 책은 크게 세 부분으로 나뉘어 있다. 첫 부분은 정보사회에서 경제적 구조변동과 경제적 가치의 재편을 다루는 1~3

장이다. 제1장에서는 아마존Amazon이 벌이는 물류혁명의 본질을 다룬다. 아마존이 사훈으로 내건 '고객제일'이란 단순한 서비스 정책이나 고객에 대한 태도가 아니다. 그것은 지금까지 생산이 주도해온 물류 개념을 해체하고 정보 주도하에 유통을 축으로 상품경제 자체를 재편하는 원대한 기획이다. 이는 상품이라는 사물의 성격을 아예 바꿀 것을 요구한다. 제2장에서는 유행의 종언에 관한 최근의 징후를 놓고 정보사회에서 유행과 기호 기능의 변용을 주제로 삼는다. 지금까지 유행과 기호는 대중매체인 '방-송'체제 아래에서 권력적 규범으로 기능해왔고 이것이 소비사회의 성숙을 앞당겼다. 그러나 네트워크 구조의 정보사회에서 유행과 기호는 권위를 잃고 단순한 소통의 지속을 위한 기제로 바뀌고 있다. 제3장은 비트코인의 등장과 보급이 낳은 경제적 가치 재구성의 기제를 다룬다. 소문과 달리 비트코인은 경제적 가치가 '정보=기호'라는 단순한 차이화 기능에서 생겨나는 것이 아니라 질료성의 매개가 필수요건이다. 동시에 그 보급은 정보사회에서 새로운 익명 경제권의 확대를 실현해가고 있지만 그 앞에는 국가라는 최대의 암벽이 버티고 서 있다.

제2부(제4장 및 5장)는 정보사회에서의 마음과 생명의 문제 및 도덕적 가치에 잠재한 정보사회의 새로운 규범적 가치로서의 사회환상幻想을 주제로 한다. 제4장에서는 항간에 유포된 규범인 사회환상의 효과를 명확히 한다. 사회환상은 개체를 넘어 존재하는 정보사회의 마음을 구성하지만 이에 얽매인 이들의 상호감시와 자기감시를 통해 규범이 생겨난다. 제5장에서는 사회환상에 의한 감시가 생명과 신체 영역에 미친 실태를 이론적으로 파악한다. 네트워크 체제하의 감시는 기존의 시각을 모델로 한 위계적이고 포괄적인 판옵티콘 체제

만이 아니라 국소적이고 미시적이며 자기지시적인 형태로 변하고 있다. 이 감시 기제를 바탕으로 생명과 신체는 비인칭화되고 더불어 정보사회의 유기적 자원으로 변해간다.

마지막은 지각적 영상과 문서를 통한 현실의 변조를 다룬다. '방-송'체제에서는 대중매체 패러다임의 권위적 구조에 의해 현실이 안정적으로 유지되어왔다. 반면 정보사회의 네트워트 구조는 지금까지의 권위적 현실 구성 기제를 무효화한다. 무효화의 과정에서 현실은 기존의 실재가 아닌 진실Truth이라는 가치로 매개된 존립물로 변형된다. 제6장에서는 2010년대 후반 생겨난 가상현실VR의 두 가지 새로운 트렌드, 사회적 가상현실VR: Virtual Reality과 혼합현실MR: Mixed Reality을 다루면서 기존의 일의적이고 견고한 사회적 현실의 붕괴 및 정보사회에서 모습을 드러내기 시작한 새로운 유동적 리얼리티로서의 가상현실의 구조를 해명한다. 우리는 가치를 축으로 자기조직화를 거듭해 나가는 정보사회의 새로운 단계를 가상사회*로 특징지으며 이 말을 이 책의 제목으로도 쓰지만, 그 함축과 진의는 이 장에 이르러 처음 해명되고 권리를 부여받을 것이다. 종장에서는 탈진실의 진의를 고찰한다. 현실의 일의성과 안정성은 과거 역사를 포함해 문서라는 각별한 매체가 보유해왔었다. 또 위계적인 권위적 구조도 그 배후에서 현실을 지탱해왔다. 그런데 정보사회에서 지금까지의 권위는 네트워크의 단순한 노드로 상대화되어 정태적인 문서가 유동적 빅데이터로 대체되어간다. 마지막으로 현실의 핵심을 이루었던 '가치=진실성'의 종말을 고찰한다.

---

* 저자는 '잠재潛在=virtual'이라고 표기하고 있다. 우리말로는 보통 가상(현실)으로 번역되지만 6장에서 저자는 '버추얼'이라는 원래 발음을 유지하길 희망한다는 점도 염두에 둘 필요가 있다. 번역본의 제목은 관례를 따라 '가상사회의 철학'으로 정하였다.-옮긴이

1장

아마존 물류혁명과 물류의 종언

문제로서의 아마존

최근 운송·물류 업계에서 미디어를 떠들썩하게 한 야마토 운송 クロネコヤマト*의 택배원에 대한 처우개선과 운송료 인상은 '라스트 1마일'로 부르는 택배업무—배송절대건수의 증대, 배송지정시간의 엄수, 재배송 누적을 포함한—의 격무를 다시 만천하에 드러냈다. 항간에서는 다양한 서적이나 보도가 유통 대붕괴, 유통 대전쟁을 표어로 택배원의 공급 소멸과 피폐함, '라스트 1마일'을 표방하는 신흥세력의 대두, 드론이나 자율주행차 등 로봇을 이용한 배송업무의 자동화 전환 등을 특집으로 보도하고 있다. 그러나 이런 문제나 현상을 야기한 진원은 틀림없이 아마존이다.

1995년에 소매점포가 없는 도서 전자 상거래 기업으로 출발한 아마존은 도서에서 DVD나 가전, 완구, 식품, 의류 등 상품의 종류를 서서히 늘려 현재 약품·화장품이나 의료기기, 음악·영상이나 신선식품 등 다루지 않는 것이 없을 정도로 충실한 구색을 갖추고 있다. 개인용 컴퓨터나 스마트폰으로 아마존 같은 전자 상거래 서비스에

---

* 일본 최대의 택배 서비스 회사 중 하나. 시장 점유율이 41%로 사가와 운송 및 니폰 운송과 경쟁하고 있다.-옮긴이

서 충동적으로 상품을 구매하는 행동인 '인터넷 네트워크 쇼핑'이라는 네트워크 용어에서 상징적으로 드러나는 것처럼 아마존은 구매 행위의 기본값을 바꾸어놓았다. 이는 구글이 상담consult의 기본값을 도서나 사전을 읽는 것에서 구글링이라는 네트워크상의 검색 행위로 바꾼 사태와 유사하다. 전자 상거래의 가능성의 극한까지 가보면 소매의 상식을 뒤엎었다는 점이 아마존의 공적 중 하나임에 틀림없다. 그러나 그것이 반드시 아마존의 공적인 것도, 최대의 성과인 것도 아니다.

우리가 보는 관점에서 아마존이 정보사회에 남긴 가장 큰 효과는 유통 개념의 변용과 이에 따른 사회 구조재편의 길을 보여준 점이다. 그러나 여기서 말하는 물류란 운송 · 물류 업계에서 칭하는 물건의 공간적 이동이나 경영학에서 말하는 B2C 비즈니스모델*이 아니다. 이런 의미에서 유통을 해석할 때에는 앞서 본 유통 대붕괴, 유통 대전쟁과 같은 표어에 나타난 것처럼 업계의 소문이나 벤처기업을 둘러싼 성공비결, 교훈 등을 아마존으로부터 찾을 수 없다.

주의할 것은 아마존의 비즈니스모델을 추종하며 경쟁 중인 요도바시ヨドバシ 닷컴이나 아스쿨ASKUL의 로하코LOHACO 또한 아마존이 개척한 유통의 지평, 무대 위에서 경쟁력을 강화하고 있다는 점이다. 서두에서 다룬 야마토 운송 또한 이 지평에 속한 사건에 불과하다. 그리고 우리가 이 장에서 다룰 것 또한 다름 아닌 아마존이 선도적으로 개척한 유통의 새로운 **지평**이다. 다음에서 우리는 아마존을 정

* 기업이 소비자를 상대로 수행하는 인터넷 네트워크 비즈니스로 가상의 공간인 인터넷 네트워크에 상점을 개설하여 소비자에게 상품을 판매하는 형태의 비즈니스로 오프라인망을 함께 갖추기도 한다.-옮긴이

보사회에서 유통 개념 자체의 변용을 보여주는 현상, 나아가 정보사회 단계에 이른 자본주의를 점유하는 징후로 파악한다. 그러나 사태의 의의를 왜곡하지 않기 위해 운송·물류업계나 기업의 차원에서 논의하지 않고 아마존이라는 문제를 매체론·사회철학의 각도에서 접근하고자 한다.

1 아마존의 지향

아마존 효과의 근본적 위상

아마존에는 14개의 리더십 원칙으로 불리는 사훈이 있지만,* 서두에서 내건 고객제일Customer Obsession이라는 신조는 고객에 대한 어필뿐 아니라 경영이념의 핵심이다. 이 고객제일이라는 사훈은 '고객은 신이다'와 같은 정신론이 아니다. 이는 낮은 가격low price, 빠른 배송fast delivery, 광범위한 구색 맞추기vast selection라는 세 개의 구체적인 서비스로 구현되고, 일상적으로 실천되며, 부단히 서비스를 개선할 것을 전 사원에게 요구하는 기능을한다.** 그리고 앞서 말한 세 개의 서비스 개선을 담당하는 것이 넓은 의미의 기술혁신Innovation이다. 아마존이 인공지능Alexa이나 클라우드서비스Amazon Web Service, 아마존 웹

* https://www.amazon.jobs/jp/principles

** 2017년 5월 5일에 개최된 인터넷 네트워크 협회 주최의 제프 베이조스 챗Jeff Bezos Firesids Chat에서 한 그의 발언을 참고. https://www.youtube.com/watch?v=LqL3tyCQ1yY(현재, 비공개 동영상).

서비스AWS, 드론Prime air 같은 최신기술 개발에 여념이 없고 그 도입에 적극적인 점, 그리고 이익이 최저 수준까지 떨어지더라도 기술혁신에 투자한다는 사실은 결국 앞선 세 개의 서비스 향상을 통한 고객제일 정책의 실천으로 수렴된다. 정곡을 찌르자면 2000년 블루 오리진이라는 신생기업을 세우고 출범한 우주여행 서비스조차 아마존의 창업자이자 현 CEO인 제프 베이조스Jeff Bezos 개인의 꿈의 실현이라기보다는 우주여행을 다양한 상품 중 하나로 더해 이를 조기에 제공한다는 세 번째 항목 구색 맞추기의 실천이라고 볼 수 있다.

여기서 다시 문제가 되는 것은 고객제일이라는 아마존의 사훈이 무엇을 의미하느냐는 점이다. 반복하지만 나는 거기에서 극단적인 경영 의도나 기업성공의 비결을 탐색할 취지는 없다. 내가 묻고자 하는 것은 고객제일이라는 아마존의 정책이 정보사회에서 결과적으로 무엇을 실현시켜나가고 있는가라는 사회철학적 함의, 이른바 아마존 효과Amazon Effect의 근본적 위상을 매체론적 시각에서 도출하는 것이다. 더구나 그 효과를 베이조스는 충분히 자각하고 있다.

확실히 아마존은 상품 종류마다 쪼개진, 제조에서 구입 · 도매 · 소매를 거치는 유통의 흐름을 단일화하고 나아가 이를 지원하는 생산과 소매부문에서 '실시간Just In Time' 방식, 즉 때를 가리지 않고 시시각각 변하는 고객의 요구에 즉시 응할 수 있는 물류 네트워크의 구축을 기획한다. 앞서 본 인공지능, 아마존 웹서비스, 드론 등으로 대표되는 신규 기술의 도입과 끝없는 사업화는 이런 물류 네트워크 구축의 이정표이다(그리고 우주사업의 잠재력에 따른 네트워크의 확장이 최후의 도달지점이 된다). 그리고 거기서 나타난 과도한 왜곡이 바로 야마토 운송의 배송을 둘러싼 일련의 소동이다.

그러나 물류망의 전 지구적 잠재력은 아마존의 전매특허가 아니라 선행자인 유피에스UPS, 페덱스FedEx, 디에이치엘DHL을 시초로 한다. 여기서 유의해야 할 것이 아마존의 사훈인 고객제일이다. 아마존의 독자성은 생산자나 물건의 주인보다 소비자와 고객을 축으로 물류망을 재편하는 전략에 있다. 즉, 지구 규모라는 공간적 폭이 문제가 아니라 특정 시점에서 상품을 필요로 하는 고객 한 사람, 한 사람의 거주지라는 '모세혈관'과 같은 미세한 수준에서 신속하고 실수 없는 배송을 실현하고자 한다(즉, 라스트 1마일). 공급에서도 전 지구적이고 조밀하게 끊이지 않는 물류 네트워크의 구축을 지향한다. 나는 앞선 저작에서 구글이 범용지식을 통해 세계재편을 기획한다는 점을 지적하였지만,* 아마존은 구글의 기획에 비견될 정도로 공급망 구축을 통한 '세계=사회' 재편을 향해 돌진하고 있다.

물건의 정보와 '실질'의 괴리

우리는 다시 고객제일의 함의를 살펴볼 필요가 있다. 아마존이 초점을 맞춘 B2C 영역을 중심으로 논하겠지만 유통이란 일반적으로 그것 자체로 완결된 물건인 상품이 생산자에서 중매인을 거쳐 소비자나 고객의 손에 쥐어지는 물리적 · 공간적인 이동 과정으로 취급된다. 그러나 이 유통 도식은 어디까지나 생산자(≒물건주인) 내지 배송업자의 시선에서나 성립하는 것임에 유의할 필요가 있다. 물론 정보

---

* 졸저, 『情報社会の哲学: グーグル·ビッグデータ·人工知能』, (勁草書房) 제1장(국역본, 『정보사회의 철학』, 박영스토리)을 참고.

사회 성립 이전, 즉 네트워크 매체로서의 인터넷 네트워크가 보급되기 전 단계라면 앞의 도식은 고객에게도 유효했을 것이다. 왜냐하면 고객은 상품 구매 시 소매점에서 실제로 물건의 좋고 나쁨을 확인하고 구매를 결정하여 자택으로 배송을 의뢰할 것이기 때문이다. 타인이 권해준 광고CM나 전단지 등을 보는 것이 구매의 계기가 된 경우 역시 물건에 대한 직접 확인 과정만을 생략한 것이라고 볼 수 있다. 일용품 등 동일 상품을 계속 구입하는 경우에도 처음에는 확인 과정이 빠지지 않는다. 이런 과정을 따를 경우 물건은 자기동일성을 확보하여 자기 완결적 존재로서 처음부터 고객 앞에 나타난다. 이후 구매라는 방법을 통해 즉시 구입할 수 있으며, 물건의 부피가 크거나 사용 시기가 중요할 경우에는 배송을 통해 물리적으로 받으면 된다. 즉, 이 과정에서는 고객이 주인의 위치를 점한다. 어쨌든 이상의 경우 유통은 예외 없이 자기 완결적인 물건의 공간적 이송 · 이동—즉, '물'류—으로 표상된다.

그런데 전자 상거래의 일반화로 네트워크 매체의 사정이 바뀐다. 상품이 그때까지 보유했던 자기 완결적 물성이 '흔들리기' 시작해 정보성과 물성이 괴리를 일으키기 시작한 것이다. 어떻게 된 걸까? 사례와 함께 구체적으로 살펴보자. 예컨대, 오븐토스터를 아마존에서 구입한다 치자. 검색창에 오븐토스터를 입력하면 천 건이 넘는 상품이 사진 · 가격과 더불어 수십 쪽에 걸쳐 표시된다. 화력조절 기능의 유 · 무를 묻고 유를 선택하면 14건으로 추려진다. 이번에는 상품 사진을 하나하나 클릭하여 제품의 사양이나 디자인, 가격을 확인한다. 링크를 통해 제조사 홈페이지로 가서 제품의 상세한 사양을 검토하고 PDF 형식의 매뉴얼을 다운로드하여 조작성이나 유지보수의 용이

함, 애프터서비스 여부를 확인한다. 이런 작업을 거쳐 추린 몇 건의 상품에 대해 사용자 후기나 그 평가를 비교한다. 리뷰를 올린 사용자에게 상품에 관해 묻는 것도 가능하다. 이렇게 상품의 구입을 결정하는 것이 '인터넷 네트워크 쇼핑'이다. 결제가 완료되면 메시지로 배송예정일이 전달되고, 화면에 표시된다. 이후 배송을 기다린다.

이런 일련의 단계를 거칠 필요가 있는 것은 상품이 실제로 손에 들어오기에 앞서 정보의 형태로 이미 고객 앞에 '존재'하기 때문이다. 이후 그 존재에 '실질'을 충당한다. 이 경우 **고객에게** 유통이란 현전하는 실물이 아닌 정보로서의 상품에 '실질'이 충당되는 과정이라고 할 수 있다. 물론 가전제품 판매점이나 백화점 등의 대규모 소매점에 가보면 상품에 대한 사전 비교검색도 가능하지만, 여러 종류의 상품구매 시 개별 소매점에 가는 것은 비현실적이며 애초 고객의 이런 수고를 생략할 목적으로 기업을 세운 것이 아마존이다.* 요컨대, **전면화된** 전자 상거래에서는 늘 물건(=상품)의 정보가 그 '실질'에 선행하며 이를 통해 기존의 자기 완결적 물건(=상품)이 정보와 실질적으로 괴리되는 정지 현상을 일으킨다. 물건은 정보로 지연된 것이라고 해도 좋다. 그리고 물건(=상품)에 이런 괴리, '지연'을 일으키는 작동 자체가 **고객의 관점에서** 혹은 **정보사회의 고유한 의미에서**의 유통이다.**

---

* 이 점에 관해서는 후에 이동과 장소의 수렴이라는 문제로 다시 주제화하기로 한다.

** 유통에 대한 엄밀한 규정은 이 장 후반부에 다룬다.

고객제일의 근본적 사고: 물류의 매체화

이런 관점에서 볼 때 아마존의 이른바 '구색 맞추기Selection'는 반드시 물리적 · 물질적 재고Stock를 의미하지 않는다. 그것은 오히려 고객이 다면적vielseitig이고 범용적인durchgängig 정보를 바탕으로 상품을 사전에 자원으로 구성할 수 있게 다양한 선택지를 최대한 제공하는 '정보 풀'이다. 또한, 상품이 정보로서 고객 앞에 이미 '존재'하는 이상 그것은 '실질'적으로 가급적 빠르게 충당되어야만 한다. 상품의 당일배송이 가능해진 회원제 서비스인 아마존 프라임Amazon Prime, 한 시간 내로 배송하는 프라임 나우Prime Now, 컴퓨터나 스마트폰이 없는 장소에서도 일용품 당일 배송을 의뢰할 수 있는 대시 버튼Dash Button 등 신속성에 대한 아마존의 거의 강박적인 집착도 상품의 괴리와 '지연'을 줄여 단번에 물건의 소유를 완성시키려는 **고객의 심리**를 충동질하는 고객제일주의에 적합한 서비스이다. 더구나 고객이 그 간편함과 스피드에 적응함으로써 고객의 구매빈도와 원하는 상품의 영역이 다시 확대되어 유통 사이클이 가속된다. 또, 아마존은 정보에 고객이 실제로 만족하는 충당이 이루어지지 않는 어긋남이 발생할 경우 구매취소(반품), 별도의 실질에 의한 충당(교환)이라는 프로그램을 갖추고 있다. 간단한 반품, 교환이라는 프로그램의 존재 자체가 상품의 정보와 실질의 괴리를 단단히 묶어주는 증거인 것이다.

아마존이 선도해온 전자 상거래의 전면화에 따라 상품구매라는 작동이 앞서 다룬 것처럼 구매자의 장소적 · 공간적 이동을 수반하지 않고, 상품이 컴퓨터나 스마트폰 화면상의 정보로 구성되고, 그리고 사후적인 실질의 충당으로 변모할 때 유통은 물류와 같은 고유의 시공간을 가진 독자적 과정이 아니게 된다. 이는 고객이 강하게 의식할 필요가 없는 투명한 과정—기존의 물건을 '그림'에 비유할 때 그 자체가 '캔버스'가 되어버린—으로 바뀐다.

이런 의미에서 정보사회의 유통이란 말의 원뜻은 병참Logistics, 즉 전시의 병기나 병사 본래의 기능을 꺼내 쓰기 위해 필요한 것이었지만 현재는 그 자체로 전선의 배후에서 매복하며 탄약·식료품 공급을 담당하는 후방지원부대—이 경우 단순한 정보로서의 물건(=상품)에 실질적인 기능을 부여하는 비가시적인 '소재' 공급 네트워크—로 부를 수 있다. 이는 컴퓨터의 유저 인터페이스가 진공관을 소재로 삼는 에니악ENIAC으로 대표되는 여명기의 플러그나 다이얼에서, 메인프레임 시대의 펀치카드나 테이프를 거쳐 디스플레이와 키보드를 통한 명령지시메시지command prompt로, 그리고 개인컴퓨터 시대에 들어와 그래픽 유저 인터페이스GUI와 마우스, 다시 스마트폰 시대의 음성입력으로 이동함에 따라 인터페이스의 물성 자체가 희박해지고 차차 투명해지는 과정에 비유된다. 고객제일(유저 프렌들리)을 철저히 할 때 고객(유저)에 의해 유통과정(인터페이스)은 '사라질 수' 있다.

역설적이게도 아마존과 베이조스가 고객제일을 목표로 세운 것은 물류 네트워크의 전면화·보편화에 따른 유통과정 자체의 소거 때문이다. 물론 모든 것이 소멸한 것은 아니다. 수도망이나 전력망 그리고 인터넷 네트워크처럼 물류망이 물류 네트워크로서 사회 인프라화함에 따라 이것들은 진부해지고 '투명화'된다. 우리는 이런 사태를 물류의 매체화라고 부를 수 있다.*

---

* 매체화에 대한 상세한 규정은 뒤에 하기로 한다.

유통과 소통

간과할 수 없는 것은 아마존이 책이라는 정보재에서 전자 상거래 사업을 일으켰다는 점이다. 이 사실은 아마존이 추구하는 물류 모델이 물건이 아니라 정보라는 정황증거이다. 전자책 단말기의 대명사인 킨들Kindle, 고객과의 소통 과정에서 동영상Amazon Video이나 음악 전송Amazon Music 같은 고객의 바람에 부응하는 인공지능 알렉사를 탑재한 스마트 스피커Amazon Echo 그리고 아마존이 꾸준히 제공해온 서비스 라인업도 정보 모델의 물류전략 맥락에서 충분히 이해된다. 여기서 상기할 것은 사회철학자 니클라스 루만이 정보 모델에 입각해 채용한 소통의 근본적 전환이다. 루만은 기존의 소통 도식, 즉 송신자가 발화한 메시지가 음성이나 잉크 같은 물리적 매체로 '봉해져' 수신자에게 전달되는 소통을 실정에 맞지 않는 전이Übertragung 모델로 낮게 평가한다. 이에 관한 상세한 논의는 별도의 저서에서 한 바 있지만,* 중요한 점은 송신자를 주인으로, 수신자를 수취인으로, 그리고 메시지를 상품으로 각각 대체하면 명확해지듯 전이 모델이 소통 과정에서 물건의 물리적·공간적 이동을 강하게 견지한다는 점이다. 루만이 전이 모델로 부른 이러한 도식을 나는 '소포의 비유'로 부른 바 있지만,** 이때 염두에 둔 것은 지금 검토하는 택배로 대표되는 물류였다. 자, 그러면 루만은 기존의 이러한 소통을 어떻게 전환할까? 다름 아닌 '수신자' 중심의 구도로 대체하기이다!

루만에 따르면 소통은 **수신자에게** 정보Information와 통보Mitteilung

---

* 졸저 『メディアの哲学: ルーマン社会システム論の射程と限界』(NTT출판) 2.6.14절을 참고.

** 앞의 책 0.0.2절.

의 차이와 다름없는,* 알고 보면 메시지의 공간적 이동이 일절 수반되지 않는 것이다. 예컨대, 그녀의 모근이 미세하게 떨리는 것을 내가 느낄 때는 이미 소통이 일어나고 있다. 그것은 단순한 지각 이상의 어떤 것etwas Mehr, etwas Anderes으로서 나는 그것에서 노여움이라는 그녀의 의도를 감지한다. 이 의도의 감지야말로 '정보/통보'의 차이이다. 그녀에게서 나로 이르는 메시지의 전이는 일절 일어나지 않았다. 모근의 떨림은 매우 단순한 생리현상일 수도 있기에 애초 나는 그녀의 '마음속에' 무엇이 일어나는가를 확인할 방법을 원리적으로 가지고 있지 않다. 제3자적 시각에서 볼 때 이 경우의 의도란 수신자인 '나' 측의 정보에 입각해 구성한 것 이상일 수 없다.

소통을 파악하는 데 있어서 '송신자' 중심의 전이 도식(=소포의 비유)에서 수신자 중심의 정보 모델로의 전환이 아마존의 유통 지침인 고객제일(수신자 중심)과 완전히 겹친다는 점을 쉽게 알아차릴 수 있다. 우리가 여기서 확인하려는 것은 첫째, 소통과 유통의 평행성, 둘째, 고객제일(수신자 중심)이라는 시각이 자기 완결적인 물건을 전제로 물건 중심의 세계관에서 정보에 의한 정보적 세계관으로 이동하고 있다는 점이다.** 소통과 물류에 공통적으로 발생하는 이런 변용의 근거는 궁극적으로 정보사회라는 매체 패러다임에 기반한다. 즉, 네트워크매체가 상호행위Interaktion를 포함한 소통의 장면에서 사람이

---

* 엄밀히 말하자면, 정보의 선택Selektion der Information과 통보의 선택Selektion der Mitteilung의 사이이다.

** 정보적 세계관에 관해서는 『基礎情報学のヴァイアビリティ: ネオ·サイバネティクによる開放系と閉鎖系の架橋』(西垣通 외 편, 東京大学出版部)에 수록된 졸저 「情報的世界観と基礎情報学」을 참고.

벌이는 이동이나 장소 개념을 해체함에 따라, 거리 개념을 무화해나가는 물류 네트워크 또한 물건의 이동이나 장소 개념을 변용시키며 유통 개념을 환골탈태시키고 있는 것이다.*

2 유통의 사회철학

매체와 유통

여기서 우리는 아마존이라는 문제 자체에서 빠져나와 그것으로 바뀐 유통 패러다임이 정보사회 단계에 돌입한 자본주의를 어떻게 재편하는가를 검토하고자 한다. 그 전 단계로서 아마존이 갖는 의의를 확인하기 위해서는 귀납적 · 발견적인 방식이 아닌 학설사적이며 원리적 · 연역적인 방식을 동원할 필요가 있다. 우리는 앞서 아마존을 보면서 정보사회의 유통을 사전에 정보로 구성된 물건에 대한 실질의 충당이라고 규정했다. 그러나 우리가 이 규정을 보다 엄밀히 이해하기 위해서는 루만이 사회체계이론에서 보여준 유통Zirkulation 개념을 살펴보아야 할 것이다.** 루만은 게슈탈트 심리학자인 프리츠 하이더Fritz Heider의 논의를 자신의 논의에 도입한다. 그에 따르면 세계에

---

* 사실 물건에게 장소와 이동의 변용은 사람의 장소와 이동에 의해 피드백된 것이지만 이 기제에 관해서는 뒤에서 다루기로 한다.

** Luhmann, N., *Die Gesellschaft der Gesellschaft*, S.390f. 또, 졸저 『メディアの哲学』 2.6.10을 참고.

존재하는 모든 수준의 사물Ding은 형식Form*과 미디어Medium, Media라는 두 계기의 위계적 결합으로 파악되며, 루만은 이를 응용하여 '사회체계론=소통'으로 발전시킨다. 루만에게 사회의 단위요소는 인간의 행위가 아니라 소통이기 때문에, 사회란 소통의 연쇄적 접속과 동의어이다. 루만은 특정 시기 이후 연쇄적 소통의 작동을 하이더에게서 빌려 와 '형식/매체'의 구별에 입각해 파악하기 시작한다. 경제체계라는 사회체계의 하위 체계(기능적 분화 체계)를 예로 들 수 있다.**

루만의 사회체계론에서 구매라는 경제적 행위 또한 소통으로 간주되지만, 경제적 소통은 화폐Geld라는 매체의 유통Zirkulation에 의해 지속된다. 다만 이 경우 유통이란 화폐라는 실재의 물리적·공간적 이동이나 전이를 (결과적으로는 함의하더라도) 직접적으로 뜻하지 않는다. 화폐가 매체라는 것은 그것이 이른바 무정형의 소재적 존재로서 거래나 구매라는 형식이 거기에 함입嵌入될 때를 말한다. 구체적인 지불이라는 경제적 소통의 결과 무정형의 화폐와 긴밀한 결합이 일어날 때를 말하는 것이다. 거래가 종결되면 화폐는 긴밀한 결합이 해체되어 지불가능성이라는 느슨한 결합 상태, 즉 잠재태Potentialität가 된다. 그리고 이어서 새로운 형식의 함입, 즉 거래나 구매를 대기하는 상태가 된다. 때문에, 매체란 해당 경제체제 내부에서 어떤 형식의 실현을 위해 사용되는 무정형의 소재로서 느슨한 동일성을 확보한 상태로 함입과 해제를 반복한다. 예컨대, 모래 덩어리라는 매체에 산이

---

* 하이더의 서술을 충실히 따르자면 엄밀히 통일성Einheit이나 핵심Kern이다. 형식Form은 루만의 독해를 통해 재규정된 것이다.

** Luhmann, N., *Wirtschaft der Gesellschaft*, 315ff. 및 *Die Gesellschaft der Gesellschaft*, S.190f.를 함께 참고.

나 성城이라는 형식이 함입되는 이미지를 그릴 수 있다. 루만은 유통을 형식의 함입으로 인한 매체의 반복적 사용 가능성, 곧 시간을 머금은 소재의 고차원적 함입과 해제로 이해한다.

사물의 수평적 이동에서 매체를 통한 수직적 구성의 운동으로

이러한 유통에 대한 탐구를 루만에게 한정할 필요는 없다. 마르크스 또한 유통을 동일하게 파악한다.*** 단순상품 시장과 (이것이 반복되는) '물-물W-W′'교환, 개별 상품 구매G-W나 판매W-G와 같은 단편적 작동에서 유통은 확실히 상품소유자 간의 물리적 · 공간적 이동—'물'류!—이라는 형태를 취한다. 하지만 특별한 상품인 화폐 시장이 전면화됨에 따라 개별 구매나 판매의 단편이 연속적으로 접속할 때(…G-W-G…) 사태는 크게 바뀐다. 이 단계에서 개별 구매나 판매는 가치Wert나 자본das Kapital의 현상형태Erscheinungsformen, 곧 순환적인 변형계열Metamorphosenreihe로 나타나게 되는 것이다. 이때 우리가 놓치지 말아야 할 것은 마르크스의 앞선 유통 규정에서 가치나 자본이 '하이더=루만'이 말한 매체와 유비적인 관계를 맺으며, 마찬가지로 상품Ware이나 화폐Geld—노동력 · 생산수단으로부터 생산요소Produktionselemente—를 매체로 함입시키는 모든 형식으로 볼 수 있다는 점이다. 마르크스는 루만과 달리 화폐보다 하위의 매체로 가치(자본)를 기준으로 한다는 점에 주목하지만 여기서 중요한 것은 양자의

*** Marx, K., & Engels, F., *Das Kapital Kritik der politischen Ökonomie*, Erster Buch, Erster Abschnitt, Das Geld und die Warenzirkulation. 및 Buch II : Der Ziirkulationsprozeß des Kapitals를 참고.

차이보다 구도의 동형성이다. 문제의 초점은 지금까지 상품이 자기완결체로서의 사물로 간주되어 유통이 생산이나 소비와 **존재론적으로** 분리되어 물건의 본질과 관계없는 외재적이고 우발적인 과정—즉, 물류—으로 생각되어왔다는 점이다. 루만과 마르크스는 자기완결성을 부정하고 대신 그것을 접속Anschluss이나 과정Prozeß이라는 관계의 네트워크(=체계)로 파악한다. 이때 유통 또한 물건의 수평적 전이에서 '소재=매체' 형식에 입각한 수직적 포섭과 해제의 반복적 운동으로 크게 바뀐다.

기호의 경제학비판

앞서 그려본 새로운 유통의 모습은 단순한 개념조작이나 탁상공론이 아니다. 실제로 이미 특별한 상품인 화폐가 비트코인이라는 형태로 유통되는 정보 모델, 즉 '형식/매체'의 함입과 해제라는 구도를 실현하고 있다. 자본주의 초기부터 화폐의 결제는 어음의 출현과 더불어 단순한 물건의 물리적 · 공간적 전이 · 이동에서 이탈하여 생겨난 것이지만, 근래 들어 비트코인의 등장과 보급은 결정적인 추세를 보여준다. 비트코인의 유통은 물건의 이동을 일절 수반하지 않는다. 유저 전원이 소지한 블록Block이라고 불리는 출납장부상에서 10분 단위로 모든 유저의 사용이력과 잔고 정보가 동기화되어 교환 가능한 형태가 된다. 그러나 그것만으로는 유통이 생겨나지 않는다. 유통을 하기 위해서는 작업증명(PoW. Proof-of-Work)*이라고 불리는 가치창

* 새로운 블록block을 블록체인blockchain에 추가하는 작업을 완료했음을 증명하는 합의 알고

조 작동, 즉 화폐발행이 필수요건이다. 각 블록의 정보 형식에 '작업증명'에 의한 가치 실질이 미디어로 충당되어야 최초의 유통이 가능하다.*

나는 앞서 새로운 형태의 유통인 정보의 선행성을 강조한 바 있다. 그렇다고 해서 화폐나 상품의 상징성이나 기호성을 주장하는 것은 아니다. 상징, 기호와 같은 형식에서는 유통의 역동성이 생겨나지 않는다. 형식을 채우는 실질이 늘 갱신되는 체제, 이른바 '대사代謝' 체제가 유통에 빠질 수 없다. 그런 의미에서 새로운 유통을 파악하는 일은 '형식=형상εἶδος'의 주도성과 더불어 '매체=질료ὕλη'성을 옹호하는 것이기도 하다. 칸트의 유명한 경구를 응용하자면 "실질 없는 정보는 공허하며 형식 없는 매체는 맹목적이다."

이상의 사실에 주목할 때, 우리는 노동이나 생산물의 주체성 · 자명성을 토대로 생산 본위를 주장했던 마르크스의 자본주의 비판을 갱신한 장 보드리야르Jean Baudrillard의 기호나 상징 경제학**을 생각해 볼 수 있다. 그런데 보드리야르는 정보사회화된 자본주의 단계에서 유통의 형식만을 강조함으로써 그 매체적 성격 · 소재성을 간과하고

리즘. 블록체인에서 거래 기록 정보에 무작위 특성을 가진 논스nonce값과 해시hash 알고리즘을 적용시켜 설정된 난이도를 충족하는 해시값을 도출하는 방식을 말한다. 블록 생성자(채굴자 또는 검증자)들이 컴퓨터 연산으로 블록체인의 블록 헤더에 제시된 난이도 조건을 만족하는 블록 해시값을 경쟁을 통해 찾으면 새로운 블록을 추가하는 작업이 완료되고 보상을 받는다.-옮긴이

* 비트코인의 본질에 대한 해명과 정보사회에서의 의의에 관해서는 3장을 참고.

** Baudrillard, J., *Le Système des objets*, 1968. (번역 『사물의 체계: 기호의 소비』, 호세이대학출판부). *La Société de consommation*, 1970. (번역 『소비사회의 신화와 구조』, 키노쿠니야서점). *Pour une critique de l'économie du signe*, 1972. (번역 『기호의 경제학비판, 호세이대학출판부). *Le Miroir de la production*, 1973. (번역 『생산의 거울』, 호세이대학출판부)를 참고.

있다. 유통에서 정보(≒기호, 상징)가 주도한다는 주장은 생산을 유통에 비해 비본질적인 것으로 간주하는 것이나 다름없다.

상품의 부품별 생산(컴포넌트화)에 따른 소비자주문(BTO, Built To Order) 방식을 취하는 델DELL의 개인용 컴퓨터, 의류 업계에서 약진하고 있는 조조ZOZO가 인터넷 네트워크를 통해 고객의 신체정보를 얻어 만드는 고객맞춤형 의복ZOZOSUIT 등을 떠올려 보면 확실히 보드리야르가 주장하듯 유통에서 정보가 생산을 뛰어넘은 것으로 볼 수도 있다. 그러나 생산 본위의 시대에서 도요타의 간판인 즉각 대응방식(JIT: Just In Time)이나 그 발전형인 서플라이체인 매니지먼트*와 같이 아날로그 시대에 존재하던 유통방식 또한 정보를 축으로 생산 공정을 가상으로 묶어—이른바 가상통합Virtual Integration—생산과 정보는 앞으로도 문제없이 동거할 것이다.

보드리야르의 유통관은 결국 아직 정보가 전면화되지 않은 1970~1990년대의 광고가 범람하던 대중매체 패러다임이나 버블 경제기 이데올로기의 산물이다. 정보사회의 최신단계인 유통의 본질은 보드리야르가 말한 '생산이냐, 소비냐' 혹은 '노동이냐, 상징이냐'와 같은 단순한 양자택일의 구도로 파악하기 어렵다. 실제 아마존을 필두로 델이나 조조의 최신 상품 유통기획 및 비트코인이라는 화폐의 새로운 유통 형태 모두 생산(≒노동≒가치창조)이 종언을 맞이했다는 주장에 힘을 실어주고 있다. 그렇다면 문제의 초점은 다음과 같다. 지금까지는 과정이 생산자의 시점에서 생산, 유통, 소비라는 세 국면으로 나뉘어 있었다. 생산은 물건의 생성을, 유통은 물건의 이동을,

* 제품이 원료 단계에서 소비자에게 도착하기까지의 모든 과정을 연결한 것.-옮긴이

그리고 소비는 물건의 소진을 각각 실행하는 장면, 다시 말해 과정은 물건이 주도하는 시공간적 장면 전환으로 상징된다. 그러나 정보 자본주의의 최전선에서는 이런 관점이 실효성을 잃고 소비자(=고객)의 관점에서 모든 과정이 재편된다.

제1절에서 다룬 아마존을 다시 살펴보자. 소비자 관점의 과정에서는 고객이 개별적으로 담은 상품 정보가 물건(=상품)의 존재에 앞서(이 점이 중요하다!) 전 과정을 주도한다. 이때 생산, 유통, 소비는 시공간적으로 분리된 세 개의 장면이 아니라 정보(=형식)로서의 물건에 실질을 공급함으로써 상품을 물건으로 완성시켜주는 세 개의 질료적 '계기=매체'로 바뀐다. 세 개의 질료적 계기와 같은 '생산, 유통. 소비'는 물건에서 긴밀히 결합되어 있기에 분리 불가능하다.* 우리는 이 일체화된 질료적 세 가지 계기가 매체이자 형식인 정보를 만족함으로써 잠재태δύναμις에 불과한 정보로서의 물건이 현실태ενέργεια인 본래의 물건으로 완성되는 과정, 이를 정보사회의 고유한 유통으로 파악할 수 있다.

---

* 이런 언급에 대해 당연히 소비나 유통은 결국 계기로서의 생산과 달리 고객의 선택에 불과하다고 생각할 수 있으며, 정보에 의해 상품 구성에 **앞서** 완성된 '물건=상품'이라는 주장에 의구심을 가질 수 있다. 나 또한 현 상황에서 이 주장을 강하게 밀어붙일 수는 없다. 그러나 비트코인 보급의 도움을 받아 물건으로서의 상품이 아직 영향을 끼치지 못하는 단계에서 생산에 대한 투자(혹은 생산물의 판매)를 행하는 이른바 킥스타터Kickstarter로 상징되는 클라우드 펀딩이 활발한 점에 비추어볼 때 현 상황은 과도기이며 장기적으로는 생산 또한 유통의 한 계기로 들어갈 것이다.

이동과 장소의 수축

정보는 공간적 이동을 무화한다. 바꿔 말해, 정보는 **이동하지 않는다**. 정보재와 현물재 간의 상이한 특성도 여기서 비롯한다. 즉, 현물재와 달리 정보재는 양도하더라도 재산이 손 위에 남고(즉, '양도=복제'가 된다), 양도 시 재산의 수가 증가하여 가치의 체감을 초래한다. 재물의 가치를 보존하기 위해 양도 자체를 제한하지만 일정 시간이 경과한 후 정보를 없애야 한다. 최근 논의가 한창인 저작권 문제는 이 정보재의 가치체감 문제에 대한 법적 표현이다. 정보사회에서는 정보재가 규모나 영향력 면에서 현물재를 뛰어넘은 결과 변하지 않는 재산의 증식이 일반화된다. 그러나 문제는 거기에 그치지 않는다. 움직이지 않는 재산의 증식은 동시에 인간의 '불활성화inert'*를 야기한다.

영상이라는 정보재를 예로 들어보자. 발터 벤야민Walter Benjamin은 영화라는 복제기술의 본질을 전시가치Ausstellungswert로 보고 고전적 예술, 예컨대 회화의 특성인 제의가치Kultwert와 비교하였다. 우리는 영화가 회화와 달리 **본질적으로** 상품인 동시에 정보재라는 점을 늘 염두에 두지만 벤야민의 '전시가치/제의가치'라는 구별은 감상자의 공간적 이동에 관한 것이다. 우리가 루브르로 특별히 발길을 옮겨 모나리자를 감상하는 것은 그것이 거기가 아니면 없기 때문이며(유일성), 그 행위는 기독교인이 예루살렘을 향하는 순례와 같다.** 이에 비

* '불활성'이라는 화학적 비유는 이동과 교섭을 가능한 한 피한다는 가치론적으로 중립적인 의미에서 사용되고 있으며 비생산적이라거나 외톨이 같은 가치론적으로 부정적인 뉘앙스는 현재 문맥에 넣지 않았음에 유의해주길 바란다.

** Benjamin, W., 'Das Kunstwerk im Zeitalter seiner technischen Reproduzierbarkeit'

해 영화는 그 본질적 복수성 때문에 상영하는 곳이 복수로 존재한다. 우리는 가장 가까운 영화관에 가면 되는데 이는 우리가 대상 쪽으로 이동하는 것이 아니라 반대로 대상이 우리에게 다가오는 것이다. 이 이동 특성을 벤야민은 전시가치라고 부른다.*

그러나 정보사회에 들어서면서 사태는 다시 진전을 보인다. 역시 우리는 영화관이라는 장소로 잘 이동하지 않는다(대부분의 사람들은 일 년에 몇 차례밖에 안 간다). DVD 재생장치(경우에 따라 홈시어터)가 집에 있기 때문이다. 영상이라는 상품의 감상자에게 다가가는 일이 영화관을 경유해 가정까지 도달한 것이다. 다시 넷플릭스Netflix나 훌루Hulu로 대표되는 VODVideo on Demand의 등장과 보급은 영상에서 물성의 잔재를 불식해 완전한 정보재로 바꾸어 결국 이동이나 장소성을 일소하였다. 영상이 스마트폰이나 태블릿 등 기기에 관계없이 빙의되기에 감상자의 실시간 위치에 따라 영상도 따라다닐 수 있다.

영화라는 고전적 정보재에 나타난 사람의 이동과 장소의 수렴현상은 당연히 현물재의 영역에도 미치고 있다. 백화점으로 대표되는 대형소매점의 폐점이나 규모의 축소가 잇따라 일어나고 있고 이는 우리가 영화관에 가지 않는 현상과 나란한 사태이다. 영화관에서 자택의 DVD 재생장치로 옮겨간 것처럼 구매행위 또한 대도시 백화점

(1936)를 참고. 다만 나는 제의가치와 아우라Aura 개념을 중첩시켜 그의 생각에 유보점을 두고 싶다. 이 점에 관해서는 졸저 『情報社会は何か?: メディア論への前哨』(NTT出版), 2-13 「アウラと遊戯空間: ベンヤミン写真論の再検討」 절을 참고해주기 바란다.

* 미디어적 패러다임의 추이가 장소성에 미치는 효과에 관해서는 조슈아 메이로비츠의 다음 논문도 참고할 것. Meyrowitz, J., *No Sense of Place: The Impact of Electronic Media on Social Behavior*, 1985. (번역 『場所感の喪失(上): 電子メディアが社会的行動へ及ぼす影響』, 新曜社.).

에서 근교의 아울렛으로 전이가 일어나고 있다. 고객은 구매 시에도 장소의 이동을 싫어하기 시작했다. 그리고 영상이라는 정보재의 영역에 나타난 정보성의 최대화와 물성의 희박화에 사람들의 '불활성'화*가 수반된다. 현물재 영역에서도 생겨난 이러한 현상, 바로 그 최전선에 아마존이 있다.**

정보의 한계

하지만 정보사회가 진전한다 해도 사회가 정보만으로 구성되는 것은 결코 있을 수 없는 일이다. 왜냐하면 정보는 성층구조를 이루어

---

* 반대로, 지리학자인 마누엘 카스텔이 제창한 흐름공간space of flows이나 비릴리오의 드로몰로지dromologie에서는 이동의 최대화·고속화가 정보사회의 특성으로 나오지만 이는 정보사회의 특성을 세계의 지리적·공간적 총합(글로벌화!)으로 보는 월러스틴류의 세계파악(세계체제)에 불과하다. 그러나 정보사회를 세계사회Weltgesellschaft, 즉 연쇄적 소통의 총체로 보는 입장을 따르면 공간적 총합의 이완, 이로 인한 이동과 장소의 무화 자체가 정보사회의 고유한 특성으로 부상한다. 이 경우 속도는 이동을 무화하기 위한 **수단** 내지 공간적 총합의 효과로 파악된다. 이 점에 관해서는 Luhmann, N., Globalization or World Society? How to conceive of modern society, in *international Review of Sociology*, March 1997, Vol. 7 Issue 1, p. 67. 졸역「グローバリゼーションか, それとも世界社会か: 現代社会をどう概念化するか？」(『現代思想』 2014년 12월호, 특집「社会学の行方」에 수록) 및 졸저『メディアの哲学』2 · 4 · 6 · 3「テレコミュニケーションと世界社会」절, 또 Castells, M., *The Informational City: Information Technology, Economic Restructuring, and the Urban-Regional Process*, 1989. 그리고 Virilio, P., *L'Horizon négatif: essai de dromoscopie*, 1984(번역『ネガティブ·ポジション: 速度と知覚の変容』, 産業圖書)도 참고.

** 이미 독자는 느꼈겠지만 정보사회에서 이런 이동과 장소의 수축은 감상이나 구매의 영역을 넘어 노동이라는 생산 현장까지 미치고 있다. 업계의 화제가 된 부업 금지령 해제 경향이 그것이다. 이는 재택근무를 포함한 노동에 있어서의 이동, 장소의 수축이 성립되어야 가능한 것이다. 또, 나는 이런 사람들의 이동, 장소의 수축현상 끝에 그 극한으로서 인간의 소재화·소자화가 기다리고 있다고 생각한다.

사회적으로 편성되고 위에서든 아래에서든 어떤 한계에 의해 평면화되기 때문이다. 위쪽에서 정보의 한계를 평면화하는 것은 가치이다. 가치는 결코 정보에서 생겨나지 않는다. 가치는 정보와 종류를 달리하는 독자적 존재Dasein로서, 정보를 토대Fundament로 삼는 것은 가능해도 그것과는 일치하지 않는 각별한 존립체Gebilde이다. 비트코인이 이를 단적으로 보여준다.*

한편 아래쪽에서 정보의 한계를 정하는 것은 물질, 엄밀히는 질료, 우리 표현으로는 매체이다. 현물재가 아무리 정보로 환원되더라도 그것이 완전히 정보로 용해되는 사태는 원리상 있을 수 없다. 거기에는 반드시 '정보=형식'의 잔여Residuum인 '질료=매체'가 남아 있기 때문이다. 물론 매체란 어디까지나 형식과의 구별에서만 유의미한 계기이며 그것을 **존재하는 것**으로 간단히 분리하기는 불가능하다. 그럼에도 매체성이 유통에서 정보의 주도성을 지탱하는 동시에 물질성을 담보함에 따라 정보의 독재를 제약한다.

제1절에서 우리는 유통이 사회 인프라화함에 따라 투명해져 물건으로서의 상품처럼 될 것이라는 점, 아마존과 베이조스 또한 이를 의도한다는 점을 확인했다. 그러나 이는 어디까지나 고객의 입장für es을 따른 이야기이다. 같은 사태를 제3자적 시각에서für uns 볼 때 정보사회의 유통은 물건의 이송이나 질료적 소재의 공급망, 즉 미디어의 네트워크로 나타난다. 그리고 이때 물건은 고객의 입장을 채용했을 때와는 반대로 네트워크의 노드, 공급망의 결절점에 불과한 것이 된다. 이는 마치 네트워크 패러다임에서 인터넷 네트워크상의 개

---

* 이 점에 관해서는 이 책 제3장을 참고.

별 유저들이 각각의 시점에서만für es 주체적으로 정보발신을 행하는 것이면서도 사태 측면에서는für uns 네트워크에서 비인칭적이고 연쇄적인 소통의 구성물, 그 효과로 분리되어 나온 것과 같다. 그런 의미에서 유통은 소통과 더불어 정보사회의 기둥을 이루는 등근원적gleichursprünglich 지평을 구성한다.

2장

유행의 종언과 기호의 변용

유행의 종언?

일본기호학회가 개최하는 연차대회 중 2017년의 주제는 '유행의 종언?: 디지털매체 시대의 패션'이었다.* 이 학회가 매년 학술대회에서 다룬 주제에는 저널리즘적 의미에서 그해의 화제가 되었던 사상이나 현상들이 많다. 예컨대, 2011년에는 이른바 게임화gamification 현상을 의식하여 '게임화의 세계'라는 주제를 내걸었고 2014년에는 긴 도움닫기 기간을 거쳐 착실히 보급되기 시작한 전자도서를 주제로 한 '하이브리드 리딩'을, 2016년에는 자민당과 일본 유신회를 중심으로 가결된 IR추진법안**, 이른바 '카지노 법안'을 염두에 둔 '도박'을 내건 바 있다. 그런 의미에서 이 학회의 대회 주제는 정보사회의 표층에서 변화하는 논점을 소재로 한다는 점에서 마치 그에 관한 색인

---

* 대회실행위원장: 고마 교코高馬京子(메이지대학), 2017년 5월 20~21일, 메이지대학에서 개최. 나도 21일 최종세션인 「디지털미디어 시대의 패션」에 이 학회 고마 교코 및 패널인 요시오카 히로시吉岡洋(교토대학), 아티스트인 아야노 스도須藤絢乃와 함께 참가하였다. 당일 세션 기록은 『叢書セミオトポス14: 転生するモード: デジタルメディア時代のファッション』(新曜社. 2019) 을 참고.

** 이른바 통합형 리조트(Integrated Resort) 법안으로, 약 2000~5000평 규모의 리조트 내 카지노 도입을 골자로 한 것으로 일본 내 여러 지자체들이 외국자본을 등에 업고 홍보에 열을 올려 내홍 끝에 통과된 법안이다.-옮긴이

같다.

실제 유행의 종언을 다룰 만한 징후가 여기저기서 보인다. 물론 학술대회가 개최된 2017년에 유행한 것은 카키색과 레몬옐로우 무늬였고, 2018년 봄여름 유행은 핑크, 옐로, 그린, 블루, 화이트, 라벤더 같은(파스텔 칼라가 아닌) 담색이었으며, 무늬는 도트와 깅엄체크였다. 가을겨울 유행 컬러로는 보르도, 카키, 머스타드, 그리고 테라코타의 베이크드 컬러 무늬 같이 지난해에 이어 시크한 무늬, 체크무늬, 레지멘탈 스트라이프가 유행할 것으로 예상되었다. 특별한 소스로는 여름의 경우 레드, 비비드한 바이올렛, 라벤더, 레몬옐로우가 거론되었고 가을겨울에는 네이비블루를 추천하였다.

트위기Twiggy로 상징되는 1960년대의 미니*, 핑키Pinky와 더 킬러스The Killers로 대표되는 70년대의 나팔바지처럼 어떤 유행을 체현한 아이콘이 단일한 패션 아이템으로 대중을 사로잡은 단순명쾌했던 구도는 기대하기 어렵더라도 80년대 버블기의 보디 콘셔스body-conscious나 원숄더one shoulder** 같은 확실한 유행의 종식, 그리고 그 교체를 관리하는 힘을 현재의 유행은 상실하고 말았다. 어떤 유행도 판에 박은 것처럼 유행색, 유행무늬, 마스터 아이템, 최신 코디의 반복으로 유행 자체라기보다 유행을 구성하는 부분과 그 편성 목록에 불과하다. 이는 유행을 주도한다기보다 유저에게 유행의 주도권을 위임했다고

---

* 1949년 9월 19일생인 레슬리 로슨Lesley Lawson 여사는 트위기라는 별명으로 알려진 영국의 모델 겸 배우, 가수이다. 트위기는 몸무게가 50kg도 채 안 나가 잔가지처럼 연약하다는 뜻으로 지어진 별명으로, 어린아이 같은 몸매는 1960년대의 새로운 분위기에 완벽하게 부합했다. 이런 의미에서 '미니'가 시대의 아이콘으로 자리 잡았다.-옮긴이

** 보디 콘셔스는 신체에 대한 의식을, 원숄더는 한쪽 어깨를 노출하는 패션을 말한다.-옮긴이

보는 편이 옳다.

유행의 발생지인 브랜드의 기반이 무너진 점도 현저하다. 오트쿠튀르haute couture나 프레타포르테prêt-à-porter, 밀라노 컬렉션은 물론 여전히 건재하다. 그러나 이는 경제적 양극화 현상이 패션 분야에서 증명된 것이다. 즉, 가진 이들의 유행은 극히 한정적인 셀럽들의 모임 속에서만 유통 · 소비되며 80년대처럼 가진 게 없는 대다수에게는 해당 없는 일이다. 지난 세기부터 가난한 이들 사이에 침투한 대표적인 브랜드가 무인양품 그리고 금세기 들어 가파르게 성장한 유니클로, 약진을 거듭하는 조조인 것을 떠올려보면 알 수 있듯 성공한 신흥 스토어 브랜드는 전통적인 고급 브랜드처럼 콘텐츠 중심의 브랜드가 아니라 새로운 유통모델을 상징한다.

이처럼 유행의 경쟁규칙과 틀이 변하는 가운데 기존의 브랜드에 치명적인 것은 유행의 자가 중독 현상이다. 예컨대, 2017년 유니클로는 프랑스 브랜드의 이름이기도 한 디자이너 이네스 드 라 프레상쥬Ines de La Fressange와의 콜라보에서 신작을 발표했다. 고급의류 브랜드인 해리스 트위드Harris Tweed의 로고가 이른바 '100엔 숍'이나 패션지 부록에 하찮게 나온 사태마저 생겨났다. 이들은 어쨌든 기존의 전통적 브랜드가 그 권위를 관리하기 불가능해진 현상을 보여준다.

오해하지 말아야 할 것은 이런 사태가 80년대에 일반화된 고급 브랜드가 대중적 브랜드로 전락한 것이 아니라는 점이다. 예컨대, 예능 분야에서 와타나베 나오미渡辺直美는 비욘세를 흉내 냈고, '아야야'라는 애칭으로 불리는 마츠우라 아야松浦亜弥의 공기 같은 연기는 하

루나 아이가 모사했다.* 비욘세라는 본래 인물에서 와타나베가 연상되어 웃음이 나오고, 본래의 아야야는 없어지고 하루나 아이はるな愛만 남긴 복제를 통해 흉내의 대상이나 모델의 가치폭락이 생겨난다. 비욘세나 아야야가 권위를 누리는 사이에는 복제본이 패러디(=권위 비판, 야유)로 기능하지만 이것이 전면화될 때 본래의 유명인은 모델이 아닌 가십거리로 전락한다.

이런 논의는 일견 실물을 결여한 기호라는 장 보드리야르의 시뮬라크르론simulacre을 연상케 한다. 그러나 이것만이 아니다. 보드리야르에게 기호의 자율성을 담보하는 것은 대중매체였다. 기호의 배후에는 늘 대중매체의 위계적이고 권위적인 구조가 존재했기에 유행은 단일성 · 절대성 · 안정성을 획득하여 관리가 가능해졌다. 이에 비해 현재의 복제물과 패러디의 범람은 원리적으로 관리 불가능하다. 왜냐하면 기존의 대중매체가 정점인 권위적 구조를 무화하는 인터넷 네트워크라는 새로운 매체 패러다임이 범람의 원천이기 때문이다.

이 장에서는 황혼을 맞이한 유행을 주제로 '유행이란 과연 무엇인가' 혹은 '유행이란 무엇**이었는가**'라는 물음에 대한 답을 매체론 · 사회철학적 시각에서 구하고자 한다. 그렇다고 해서 이 장의 주제가 패션에 한정되지는 않는다. 유행이란 패션 영역에 한정되지 않고 문화 전반을 아우르는 현상이며 다만 패션 분야에서 가장 순수한 형태로 나타난다. 즉 유행의 본질이 패션에 집중적으로 표현될 뿐이다. 많은 지면을 패션 분석에 할애하겠지만 이 장의 중심적 과제는 어디

---

* 와타나베 나오미는 일본의 가수, 1인 예능인, 코미디언이다. 요시모토 크리에이티브 에이전시 소속으로 도쿄 요시모토총합예능학원 12기 출신이다. 마츠우라 아야는 효고현 히메지시 출신인 일본의 여자 아이돌이다.-옮긴이

까지나 문화영역 전반으로 관심을 넓혀 유행의 사회적 기능을 해명하는 일이다. 물론 여기에는 왜 패션이 유행과 동일시되는가라는 물음도 포함된다.

이 장이 다루는 또 하나의 과제는 기호의 문제이다. 유행은 의복이라는 가정학의 일부분 혹은 디자인이라는 미학의 하위분류로 논의되어온 긴 역사가 있다. 최근 브랜드 관리나 상품론의 관점에서 경영학이나 무역학의 논의대상이기도 하다. 또 역사학에서는 주변사처럼 다루어져왔다. 그러나 롤랑 바르트Roland Barthes의 기념비적 저작인 『유행의 체계』(1967년)의 출간* 이후, 유행은 문화기호론의 틀로 이야기되어 왔으며 이 저작 이래로 적어도 그것을 무시하는 말은 나오지 않게 되었다. 앞서 말한 보드리야르의 유행론**도 기호로서의 유행이라는 바르트 이래의 틀을 계승한 논의이다. 문제는 정보사회의 최신단계에서 유행은 문화기호론의 틀로 다루기 어렵다는 점이다. 왜냐하면 문화기호론의 논점, 예컨대 기호의 권력성이나 기호의 유통, 시뮬라크르로서의 기호 및 기호의 시학과 같은 주제조차 사실 암묵적으로 대중매체의 위계적이고 권위적인 구조를 전제하기 때문이다. 현재의 정보사회에서 네트워크 구조는 대전제인 권위적 구조를 무화해나가고 있다. 앞서의 인식에 기반하여 이 장의 후반에서는 유행을 포함한 네트워크 패러다임에서 기호의 변용이 우리에게 끼칠 영향 및 문화 전반의 과제를 살펴보고자 한다.

---

* Barthes, R., *Système de la mode*, 1967. (번역 『モードの体系: その言語表現になる記号学的分析』, みすず書房).

** Baudrillard, J., *L'échange symbolique et la mort*, 1976. (번역 『象徴交換と死』, 筑摩書房) 제3부 「La mode ou la féerie du code」(「モード, もしくはコードの夢幻境」).

1 유행의 역사적 전개 과정

유행의 탄생: 17세기의 궁정과 취미

어원학적으로 볼 때 유행이라는 말은 실체substantia의 우발적 양태를 뜻하는 라틴어 모두스modus에서 유래한다. 이 양태로서의 모두스는 기체ύποκείμενον의 존재를 전제로 하며 '기체=실체'는 불변의 본질임에 비해 모두스는 상황에 따라 변하는 '가상'에 지나지 않는다. 이 구도는 현재 우리가 패션 분야에서 쓰고 있는 유행이라는 말에 직접 연결되는 17세기 프랑스에서 등장한 여성형 명사인 라 모드la mode, 즉 라틴어 모두스의 직계인 남성형 명사 '르 모드le mode'에서 분기된 파생어이다. 프랑스에서 등장한 이 여성형 명사인 모드는 17세기 중반 유럽 전역에 널리 퍼졌지만 당초 패션 분야에 한정되지 않고 언행, 행동거지, 작법 등 일상생활 전반에 걸쳐 사용되었다. 또, 그것이 현재처럼 구체적인 유행물이나 유행현상을 가리키는 것이 아니라 신기함과 변용을 중첩시킨 사회생활이나 새로운 생각 혹은 태도를 표현한 것임에 주목할 필요가 있다. 그리고 이 점이야말로 가장 중요한데 유행이라는 말은 많은 경우 모멸적 함의를 수반한다. 유행에 담긴 모멸적 함축에 대해서는 설명이 필요하다.

13~16세기까지 유럽은 실질적으로 교회권력의 지배를 받았다. 기존의 계층질서를 안정적으로 유지하고자 교회는 많은 나라에서 사치금지령을 공포하였다. 교회를 중심으로 하는 이런 봉건적 질서

하에서는 유행이 존재할 여지가 없었다. 구약성서에서 말하길 "하늘 아래 새로운 것은 없다.Nihil sub sole novum."* 그런데 국민국가 형성에 수반되는 관료층 귀족의 대두, 화폐경제의 침투에 따른 사치금지령의 무화, 교회의 강압으로 인한 지루한 일상의 반복에 귀족과 부유층은 독창성과 신기함으로 저항하였다. 그 문화적 현상이야말로 유행에 다름없다. 야코프 부르크하르트Jacob Burckhardt 등의 보고에 따르면,** 유행이라는 말이 실제로 사용되는가 아닌가와 무관하게 당시 행동거지나 의복에 대한 엄밀한 제한과 사치금지령을 무시하고 화려한 의복을 입는 등 인습에 대한 저항이 이미 15세기 무렵 이탈리아의 자유도시를 필두로 16세기 북부도시에도 정착되었다고 한다. 17세기 들어 프랑스 궁정이 발상지로서의 지위를 단번에 거머쥘 때까지 유행은 궁정에서의 의복이나 행동거지, 외교술을 포함한 공적 생활의 미적 판단능력인 취미(taste[영], goût[프], Gusto[독], gustus[라]) 영역에서 정착됨과 동시에 이로부터 취미에서 늘 신기함과 변화를 구하는 태도를 취하게 된다.***

---

* 전도서 1:9.

** Burckhardt, J., *Cultur der Renaissance*, 1878. (번역 『イタリア·ルネサンス文化』, 中央公論社), Hartmann, L., *Alamode-Teuffel*, 1675.

*** 에레나 에스포지토Elena Esposito는 「유행의 철학」에서 짐멜Georg Simmel의 지적을 부연하면서 궁정미술에서 지금까지의 고전적 유행의 안정성에 대해 마니에리즘manièrisme(세련미의 예술적 이상을 이르는 말. 이 용어는 우선 16세기 후반 이탈리아와 프랑스에서 주로 발전한 미술학파에 적용되었다.-옮긴이)과 바로크의 등장은 각각 비틀기나 운동을 대치시킴으로써 취미에서 유행의 탄생을 상징한다고 설명한다. Esposito, E., *Die Verbindlichkeit des Voruebergehenden: Paradoxien der Mode*, Suhrkamp, 2004. Kapitel 3. Ⅱ. Barock und Schein. 또, Simmel, G., 'Philosophie der Mode', in *Reihe Moderne Zeitfragen*, Hrsg. Hans Landsberg, No 11, 1905.

18세기의 유행: 취미와 천재

앞서 유행이 늘 모멸적인 뉘앙스를 띤다고 말하였다. 취미는 중세의 격언 "취미는 사람 나름De gustibus non est disputadum" 직역하자면 '취미에 관해 말하는 것은 쓸모없다'라는 말이 보여주는 것처럼 오랜 기간 이성적 판단범위 밖에 있었다. 이는 취미에 관해서는 '무엇이든 좋다Anything goes'라는 상대주의가 지배한다는 뜻은 아니다. 예컨대, 프랑스에서는 프랑수아 드 라 로슈푸코François de la Rochefoucauld나 라 브뤼예르La bruyère, 블레즈 파스칼Blaise Pascal 등의 궁정인 · 사상가가 탁월한 미적 판단능력인 좋은 취미bon goût를 제창함과 더불어,* 그 배후에 있는 도덕적 성실함honnêté이 뒷받침될 필요성을 언급하면서 이런 성실함과 좋은 취미를 체현한 인격을 신사Honnêté homme라고 부르고 이상으로 삼았다. 영국과 스페인에서도 마찬가지 주장이 도덕론자인 앤서니 애슐리 쿠퍼Anthony Ashley Cooper=샤프츠베리Shaftesbury**나 신학자 발타사르 그라시안Baltasar Gracián에 의해 설파되기도 하였다.***

여기서 주목할 것은 유행이 좋은 취미의 반대편에 위치한다는

---

* F. de La Rochefoucauld, *Réflexions ou Sentences et Marximes morales*, 1678. (번역 『ラロシュフコー箴言集』, 岩波書店). J. de la Bruyère, 'Discours sur Théophraste und Des Ouvrages de l'Esprit', in: *Les Charactères ou les Mœurs de ce Siècle*, 1688. (번역 『カラクテール: 当世風俗誌』, 岩波書店). Pascal, B., *Pensees et opuscules* ed. Brunschvicg, 35. (번역 『パンセ』, 中央公論社).

** 앤서니 애슐리 쿠퍼가 본명이다. -옮긴이

*** Shaftesbury, A., *Characteristicks of men, manners, opinions, times*, 1723. Gracián, B., *El Discreto*(*L'homme universel*), 1646.

점이다. 즉, 도덕적 인격을 등에 업은 취미가 좋은 취미인 데 반해 이를 결여한 표층적이고 고양이 눈처럼 변하는 취미가 바로 유행인 것이다. 이 사실에서 유행은 그 어원인 모두스modus를 계승한 '불변의 실체 vs 변이하는 양상'이라는 도식의 흔적을 여전히 가진 동시에, 취미 영역에서 극히 불명예스런 대접을 받고 있음을 알 수 있다. 유행 개념이 서서히 들어선 독일에서도 그것은 역시 불명예스런 지위에 처해 있었다. 예컨대, 칸트는 1798년에 출판된 『인간학』의 「취미Geschmack에 관한 주석」에서 유행취미Modegeschmack를 허영Eitelkeit, 우둔함Thorheit, 별난 사람Sonderling, 익살꾼Narr과 같이 일상적으로 꺼리는 말로 표현한다.*

그런데 18세기 후반 프랑스에서 이변이 일어난다. 백과전서파 등이 천재génie 개념을 취미와 대비시킴으로써 취미 개념의 격하가 벌어진 것이다. 즉, 천재가 진정으로 자발적인 아름다움의 창조를 펼치는 데에 비해 취미는 그 모방에 불과하며 인습에 얽매인 나쁜 것에 지나지 않는다는 것이다. '천재 vs 취미'라는 이 구도는 프랑스에서는 소설가 스탕달이나 스탈부인, 영국에서는 보수정치사상가 에드먼드 버크Edmund Burke, 독일에서는 역사철학자인 요한 고트프리트 헤르더Johann Gottfried Herder 등**에 의해 유럽 전반에 널리 수용되었다. 문제는

---

* Kant, I., *Anthropologie in pragmatischer Hinsicht*, 1798. (번역 『実用的見地からの人間学』, 岩波書店) §71.

** Standhals, *Racine et Shakespears*, 1823-5. (번역 『ラシーヌとシェイクスピア』, 青木書店) Mme de Staël, *De la Littérature considérée dans ses rapports avec les Institutions sociales*, 1800. Burke, E., A philosophical enquiry into the origin of our ideas of sublime and beautiful, 1757. (번역 『崇高と美の観念の起源』, みすず書房). Herder, J. G. Über die Ursachen des gesunkenen Geschmacks bei verschiedenen Völkern, 1773,

유행의 처우이다. 유행 또한 취미 개념과 연결되어 격하될 것으로 생각할 수 있지만 오히려 그 지위는 상대적인 상승을 겪는다. 왜일까?

천재 개념과의 대립관계 속에서 취미 개념에 가해진 역사적 제약이 백일하에 드러난다. 생각해보면 취미는 심미적 공동체의 신사들이 만든 상류층—자신들의 탁월한 미의식을 상호 인정하는 집단—의 존립을 위한 필수항목으로 전제된다. 이에 비해 천재 개념은 신사와 달리 계층을 묻지 않는 생물학적 범주이다. 그것은 초계급적이고 초사회적인 개념이다. 그리고 사실 유행 또한 아름다움의 기준에 관해 타자 지향적이고 순수한 모방인 한에서 초계급적이고 초사회적일 수 있다. 여기에 '(좋은) 취미'를 도출해내는 방식으로 '천재 vs 유행'의 대립관계가 성립하기에 이른다. 물론 유행은 천재를 모방한 것에 지나지 않는 열등한 위치에 있지만 취미에 대해서는 초계급성에 입각해 우월한 지위를 누리거나 엄밀히 말해 포함한다. 여기서 '천재 vs 유행(≒취미)'라는 도식이 성립하는 것이다.

중요한 것은 이 대립이 취미에서 계급 위에 걸터앉아 모방을 실현한다는 점에 있다. 이 시기 사회는 시민혁명을 거쳐 신분적 계급사회에서 루만이 말하는 '기능적 분화사회=세계사회'로 바뀌기 시작했다. 대중매체의 발달로 국경을 넘어 정보가 전달되고, 그 결과 균질

1775. 그러나 헤르더와 동시대인인 칸트는 이 입장에 순수하게 동조하지는 않는다. 앞서 본 『인간학』(1798년)에서 취미는 경험적이라기보다 실용적인 개념으로 규정되지만 이에 앞서 발표된 『판단력비판』(1790년)에서 그는 취미 개념을 '아리스토텔레스=토마스 아퀴나스' 이후의 전통적인 공통감각sensus communis과 연계시켜 간주관적인 방향에서 초월화함으로써 취미판단Geschmacksurteil으로 승화시킬 방도를 탐구한다. 이 경우 취미 개념은 초월론화됨으로써 천재라는 경험적 소질의 지평을 벗어나게 되며 양자는 대립관계를 이루게 된다. Kant, I., *Kritik der Urteilskraft*, 1890. (번역 『判断力批判』, 岩波書店 외).

적이고 개성 없는 대중이 생겨나 이들을 중심으로 단일한 상품경제 시장이 확대되었다. 천재가 나왔으며 그에게서 체현된 개성을 사회 전반이 모방하는, 다시 말해 사회제도로 유행이 정착되고 불가피한 현상이 된 것이다. 여기서 유행은 새로운 단계를 맞이한다.

19세기의 유행: 취미와의 결별과 자본주의의 조직화

19세기 후반 프리드리히 니체가 좋은 취미를 최종적으로 확인함과 동시에* 유행이 당대의 필요악임을 설파한 것은** 그의 시대 인식의 적확성을 증명한다. 니체의 탁월한 직관적 단언에 실질을 부여한 것은 동시대의 미학자 프리드리히 테오도르 폰 비저Fredrich Theodor Von Wieser이다. 비저는 한시기 헤겔 좌파에 속했던 체계적 미학자였지만*** 유행에 관한 선구적인 평론인 『유행과 시니시즘』에서 유행과 취미의 관계를 분석한 바 있다.**** 비저의 저작은 자신의 시각으로 야회복, 모자, 허리띠, 수염같이 경험적인 세부물에 관해 산만하게 논의를 전

---

* 예컨대, Nietzsche, F., *Die fröhliche Wissenschaft*, 1882. (번역 『悅ばしき知識』, 筑摩書房 외) Aphorismen 39, 77, 101, 329.

** 예컨대, Nietzsche, F., *Menschliches, Allzumenschliches*, 1878. (번역 『人間的, あまりに人間的』, 筑摩書房 외) Zweiter Band, Vemischte Meinungen und Sprüche, Aphorismus 209 및 Der Wanderer und sein Schatten, Aphorismus 215 또한 *Morgenröthe*, 1881. (번역 『曙光』, 筑摩書房 외) Aphorismus 544.

*** Vischer, Friedrich Theodor, *Aesthetik der Wissenschaft des Schönen.* 6 Teile, 1846.

**** Vischer, Friedrich Theodor, 'Wieder einmal über die Mode', In *Mode und Cynismus, Beiträge zur Kenntniß unserer Culturformen und Sitten-begriffe*, Zweiter Abdruck, 1879, 1-46.

개했으며 사실과 평가가 혼재되어 난삽하기 그지없다. 그는 기분 내키는 대로 보이는 유행 현상에서 아프리오리a priori한 요소, 곧 법칙을 도출한다. 한 가지 전략은 유행의 내용을 취미로 파악하고 거기에서 도덕적 원리를 탐구하는 것이다. 비저는 예의Anstand와 수치Scham를 유행에 내재하는 도덕원리로 간주하고 그 기준을 자연Natur에서 구하지만 이 시도가 성공했다고 말하기는 어렵다. 그것은 지난 세기의 도식인 '(좋은) 취미 vs 유행'을 반복한 것에 지나지 않기 때문이다.

다른 한편으로 그는 유행에 나타난 '자유와 구속의 이율배반'을 지적하면서 유행이 자유로운 선택을 허락하는 상대성을 지니면서도 한편으론 사람들을 구속하는 성질 또한 지닌 점에서 그 아프리오리함을 찾는다. 이 관점은 의복Kleidung과 유행에 관한 그의 명확한 구별에도 나타난다. 의복은 경험적 구체성을 가지기에 가치판단이나 평가가 가능하다. 이에 비해 유행은 시대의 고유하고도 복합적인 문화적 총체이기에 사람들은 그것을 비판적 태도로 보면서도 사실의 하나로 간주하면서 수용하지 않을 수 없다. 즉, 유행이란 이른바 아들러Max adler가 말하는 '사회적 아프리오리das Sozial-Apriori'*이다.

유행을 취미와 결부시킴으로써 그 내용에 도덕적 · 미학적 가치를 새겨 넣는 방식이 아니라, 양자를 분리시켜 유행에서 소재적 계기를 넘어 이를 순수한 형식으로 추출했다는 점이야말로 비저의 공적이다. 다만 유행의 내용 · 실질에 구애되는 것은 시대적 제약이라는 주장을 그의 독일적 취미에 대한 저속함, 허영, 권위주의를 비판하는

* Adler, Max., *Das Rätsel der Gesellschaft. Zur erkenntnis-kritischen Grundlegung der Sozialwissenschaft,* 1936. 졸저 『情報社会の哲学: グーグル·ビッグデータ·人工知能』, (勁草書房) 종장, 각주 35번도 참고할 것.

시니시즘의 근거로 본다면 어쩔 수 없다. 어쨌든 비저는 유행을 다른 무엇, 예컨대 취미나 천재와의 비교가 아닌 유행 자체로 이해하는 이론적 틀을 제시하였다. 그의 논의는 이후 전개된 베블런Thorstein Bunde Veblen, 베르너 좀바르트Werner Sombart,* 짐멜의 유행론에 비해 과도기적인 것으로 평가할 수 있으며 사상사적으로도 무시할 수 없다.

19세기 말에 자본주의를 움직인 원인으로 유행을 파악하고자 한 논조가 두드러졌다. 그중 하나가 베블런의 과시conspicuousness이론이며,** 다른 하나는 거의 동시대에 좀바르트가 내놓은 유행의 수요형성Bedarfsgestaltung이론이다.*** 베블런의 유행론이 그의 대표작인 『유한계급론』 제7장 '금력과시문화를 표현하는 의복'에서 개진되며 좀바르트 또한 사치를 주제로 한 저작****이 있다는 점에서 양자의 유행론을 간단히 사치라는 범주로 묶고 싶다는 유혹이 생긴다. 하지만 양쪽 모두 유행을 사치와 직결시키지는 않는다. 우선 베블런부터 보자.

베블런은 자본주의 경제의 진전을 인간이 생득적으로 갖춘 과시 본능의 전개가 낳은 성과로 파악한다. 과시 본능은 역사적으로 과시

---

* 독일의 사회학자이자 경제학자(1863-1941). 사상적으로 처음에는 마르크스주의에 호의적이었으나 점차 반대 입장으로 돌아섰으며, 경제사회의 전체적인 파악을 위하여 '경제 체제'의 개념을 제기하여 역사와 이론의 종합을 꾀하였음.-옮긴이

** Veblen, Thorstein., *The Theory of the Leisure Class*, 1899. (번역 『有閑階級の理論』, 講談社学術文庫 외).

*** Sombart, Werner., 'Wirthschaft und Mode: Ein Beitrag zur Theorie der modernen Bedafsgestaltung', In *Grenzfragen das Nerven-und Seelenlebens. Einzel-Darstellungen für Gebildete aller Stände*. Zwölftes Heft, 1902.

**** Sombart, W., *Liebe, Luxus und Kapitalismus*, 1912. (번역 『恋愛と贅沢と資本主義』, 講談社学術文庫).

적 여가Conspicuous Leisure에서 과시적 소비Conspicuous Consumption로 진화하였고 이 과정에서 대리 여가Vicarious Leisure가 파생되었다고 본다. 한마디로 그는 유행 현상을 과시 원리에 입각해 설명하였다. 그러나 그의 시각이 과시라는 소비자의 생득적 심성에 두어져 있기에, 유행 자체보다 소비자가 구체적으로 접하는 '과시재'인 의복dress을 매개로 한 유행에 집중하였다.

문제의 초점은 이렇다. **유행**하는 의복은 왜 비실용적이고 저속한가? 또, 왜 의복의 **유행**은 단기간에 바뀌는가? 베블런에 따르면 유행의 교체속도가 빠른 것은 과시적 소비 기회를 늘리기 위해서이며 또 그것이 비실용적이고 저속한 것은 효용이 아닌 소비가 목적이기 때문이다. 유행의 본질을 소재로서의 의복 자체의 실용적 효용이 아닌, 과시재라는 의복의 비실용적 형식에서 구한다는 점에서 비저와 마찬가지의 유행관이 엿보인다. 그러나 이런 베블런의 분석에 대해 우리는 자본주의, 특히 미국의 소비만능주의에 대한 냉소적 입장을 취할 필요가 있다. 소비자는 과시 목적으로 의복을 소비하지만 결과적으로 유행의 지배에 휘둘린다. 즉, 과시를 위해 결국 유행에 순응하기 때문에, 대부분 기호를 포기하고 거기에 종속된다. 이로부터 도망치기 위해 다시 새로운 유행으로 가는 일이 반복된다. 그리고 행운인지 불행인지 이 반복과정을 통해 미국 자본주의는 봄날을 구가하고 있다.

좀바르트는 어떨까? 그는 르네상스기와 비교하면서 당대 유행의 특징을 세 가지로 추린다. 우선 그 대상이 사치품이 아니라 여러 종류의 일용품이라는 것이다. 다음으로 유행이 계급이나 신분차를 넘어 보급됨에 따라 균질화Egalisirung를 실현했다는 점이다. 마지막으로 유행(특히 여성복)의 교체 주기가 빨라진 점이다. 이로부터 좀바르트는, 자본주의에서 유행이란 유한계급이나 특권계급에 한정된 지난날의 현상일 수 없으며 사회전체를 파고든 대량소비사회를 편제하는 구동력이라는 것, 또 그것은 결코 표층적 현상이 아닌 취미 · 생산 · 소비를 포함한 사회심층에 이르는 혁명적 변용의 징후라고 설파한다. 바로 이러한 논의 위에서 비저의 유행에 대한 정의—"유행은 시대의 고유하고도 복합적인 문화적 총체"—를 답습하면서 그것이 내재한 논리를 다음과 같이 정식화한다.

(1) 유행의 교체는 사회적 양상을 만들어낸다.
(2) 유행은 수요를 불러일으키지만 그것은 내발적이며 획일적이다.
(3) 유행의 교체와 획일성은 상관적이다.

이 정식은 설명이 필요하다. 우선 (1)번의 경우 유행의 교체를 실현하기 위한 직업제도나 사회적 장치가 필요하다고 설명한다. 좀바르트는 유행의 발상지가 파리라고 지적한다.* 파리에서 퍼진 유행은 유럽 여러 도시를 거쳐 러시아에서 끝나는 주기를 반복한다. 그리고 이 주기를 실제로 떠받치는 것은 의복장인집단이다. 유행은 의복장인의 단계에서 사전에 마무리된다는 의미에서 기술 수준의 사회적 인프라로 자리 잡는다. 또, 유행잡지로 대표되는 대중매체가 유행의 기제를 움직인다는 점을 좀바르트가 일찍이 지적한 것도 간과할 수

* 사실 이 점에 관해서는 비저가 좀바르트에 앞서 주의를 환기시킨 바 있다. Vischer, *Ibid.*

없다. (2)번은 유행의 수요가 사회의 외부에서 들어오는 것이 아니라 기업가의 주도에 의해 내발적으로 생겨나며 그 기제가 사회에 붙박힌다는 점을 지적하고 있다. 좀바르트는 유행에서 디자이너의 중요성을 환기시키는데, 이는 이 시기 유행의 기점이 천재라는 사회의 일탈적 존재에서 디자이너라는 사회적 직업인으로 바뀌었음을 보여주는 것이다. 유행은 이런 사회내부에서 완결되는 반복적 기제를 통해 영국왕실에서 프랑스의 고급 살롱에 이르는 수요의 획일화를 낳는다. (3)번은 (1)번에서 본 유행의 조급하고 유동적인 기제와 (2)번에서 실현된 대중의 획일적 안정성이 일견 모순처럼 보이지만 사실 상보적으로 기능한다는 점을 가리킨다. 마지막 논점은 비저의 유행론에서 '자유와 구속의 이율배반'에 대한 논의와도 공명하지만 좀바르트의 논의는 단순하지 않다. 이 논점에 대한 충분한 해명은 다음에서 보게 될 짐멜의 과제가 된다.

짐멜의 유행론: 우월과 귀속의 변증법

베블런과 좀바르트는 비저가 유행의 소재로서의 옷이나 내용으로서의 취미를 순수화한 점을 검토하면서, 유행이 경제와 문화 영역에 침투하여 자본주의를 움직이는 형식이 되었다고 말한다. 베블런은 사용가치라는 내용이 아니라 과시적 가치라는 형식을 구현한 것이 의복임을 파악하였다. 이로부터 유행의 빈번한 교체의 필연성을 도출함으로써 이를 과시적 심성에 기반한 자본주의의 구동요소로 보았다. 그에게 유행 현상은 어디까지나 의복의 과시적 가치(궁극적으로는 인간에게 고유한 과시 본능)를 통해 설명 가능하기에 그것은 각자가 지닌 본능에 따른 결과의 합이라고 할 수 있다. 이에도 불구하고 결과적으로 개인을 집단적 심성으로 동화시킨다는 역설을 보여준다. 그리고 이를 통해 자본주의도 확대되어나간다.

좀바르트는 베블런과 달리 유행을 개인의 본능적 심성이 아닌 수요환기의 사회적 기제로 파악한다. 베블런에게 형식은 의복이라는 상품의 형식—더구나 그 형식은 유행 자체가 아니라 최종적으로는 유행의 결실인 잠재태로서의 과시적 가치이다—인 데 비해, 좀바르트에게 형식은 사회의 형식으로 확장된다는 점에 주의하자. 즉, 형식으로서의 유행은 사회전체를 그 소재로 조직화하면서 자본주의를 움직이는 하나의 거대한 체계이며, 그 결과 균질한 대중에게서 나온 대량소비사회가 출현한다. 그리고 여기서 또한 유행은 변화 · 교체를 통해 변이하고, 동시에 개인이 균질적인 대중으로 묶여나가는 모순적 요소가 발생한다.

양자의 논의에서 떠오르는 것은 유행이 '과시 vs 범용', '개성 vs 균질', '개인 vs 대중', '변이 vs 안정'과 같은 상호 모순된 대립을 포괄하면서 성립한다는 점이다. 19세기 말부터 20세기 초에 걸친 유행을 논한 사회학자 게오르그 짐멜의 과제는 이런 역설을 해명하는 데 있었다. 짐멜은 세기의 변화 앞에서 총 4권의 유행론을 내놓았다. 열거하자면 『유행의 심리학에 기대어: 사회학적 연구』(1895년),* 『유행』

* Simmel, Georg: 'Zur Psychologie der Mode-Soziologische Studie' ex: *Die Zeit. Wiener Wochenschrift für Politik, Volkswirtschaft, Wissenschaft und Kunst*. 5. Band 1895, Nr. 54 vom 12. 10; S. 22-24.

(1904년),* 『유행의 철학』(1905년),** 『여성과 유행』(1908년)***이다. 이하에서는 여러 논점을 망라하고 있는 1905년의 『유행의 철학』을 중심으로 그의 유행관을 재구성해보자. 즉, 짐멜의 저작과 별도의 실제 서술 순서, 핵심개념을 단순히 설명하는 데에서 그치지 않고 해명이 필요한 것에 대해서는 해설을 덧붙이고자 한다.

짐멜에 따르면 지금까지 유행론은 어디까지나 개인의 의복이나 그것을 따르는 심리같이 소재적인 면에 갇혀 있었다. 그러나 중요한 것은 유행의 형식적 기능Funktion에 있다. 이 관점에서 볼 때 유행은 이중의 기능Doppelfunktion을 지닌다. 즉, 동종화 기능으로서의 모방Nachahmung과 특수화 기능으로서의 차이화Differenzierung다. 구체적으로 말해 유행은 어떤 문화적 계층 내부에서 차이화 기능에 입각해 우열을 들여오는 동시에 모방 기능을 통해 각 개인을 접속시켜 계층의 동일성을 만든다. 베블런의 과시란 유행에서 차이화 기능을 생물학적으로 실체화한 것에 다름 아니다. 그러나 차이화와 모방의 양 기능 내지 그것들이 실현한 사회적 분리Absonderung와 통합Zusammenschließung 어느 한쪽이 결여된다면 유행은 성립할 수 없다.****

---

* Simmel, G., 'Fashion', in American Journal of Sociology, Vol. 62: pp. 541-558, 1957. (번역 「流行」, 『ジンメル著作集 制七卷: 文化の哲学』, 白水社에 수록).

** Simmel, G., 'Philosophie der Mode', in *Reihe Moderne Zeitfragen*. Hrsg. Hans Landsberg, No 11, 1905.

*** Simmel, G., 'Die Frau und die Mode' ex: *Das Magazin. Monatszeitschrift für Literatur, Musik, Kunst und Kultur,* hrsg. von Herwarth Walden, 77. Jg., No. 5, 1908, S. 82-83. (번역 「女性と流行」, 『ジンメル·コレクション』, 筑摩書房에 수록).

**** 이 점에 관해 짐멜은 인상적인 사례를 든다. 1390년 무렵 피렌체에서는 모두가 개성을 중시하고, 각자의 모습 그대로를 존중하였기에 사회적 **통합**의 필요성이 없었다. 때문에, 유행이 존재

베블런이 지적한 것처럼, 유행이 순수한 기능인 이상 그것은 사회적 편의나 실용적 효용과는 무관하다. 유행이 만일 어떤 내용이나 실질을 지니는 것처럼 보인다 해도 이는 유행의 내부에서만 유효한 허구적 성격의 것에 불과하다. 예컨대, 어떤 유행이 에콜로지ecology나 펑크PUNK라는 특징을 띤다 해도 이는 정치적 생태운동이나 반체제적 실천과는 관계없다. 이처럼 유행의 개념이 자주 외부의 개입을 받는 것은 **유행 내부에 효용성이 없는**, 즉 순수한 차이화 기능이 있기 때문이다. 이는 초기 화폐가 해당 사회에서는 산출되지 않는 희귀물인 조개나 돌 혹은 외부 공동체에서 가져온 철이나 천 같은 것이었음을 상기해보면 알 수 있다. 순수한 가치의 담지체는 화폐유통이나 유행에서 구체적 효용이 없는 희소물인 것이다. 이 사실은 유행의 발상지가 파리—이 경우 파리는 단순한 지명이 아닌 일류 메종과 오트쿠튀르 및 그들의 작품을 평가하고 판매하는 셀럽들로 구성된 미적 취미 공동체를 뜻한다—라는 특권적 외부라는 사실의 해명에도 기여한다.

현상으로서의 유행은 소수가 발명한 것을 다수가 모방하여 일반화해가는 과정이지만 그것이 달성된 시점에서 주기는 종결된다. 유행의 전파란 차이화의 확대 과정이지만 차이화가 사회 전반을 덮을 때 더 이상 차이는 존재하지 않는다. 차이화 과정은 동시에 차이의 말소(≒엔트로피 확대) 과정이기도 하다. 이것이야말로 유행의 과정이 다시 차이를 낳아 다음 주기를 만들어냄으로써 그것이 영원히 반복될 수밖에 없는 이유이다.

하지 않았다. 또, 베네치아에서도 유행은 없었는데 상층계급에서 일체 검정색 복장을 명하였기에 사회적 **분화**가 금지되었다.

시간의 관점에서 보자면 유행은 '영원의 현재'를 실현해간다고 할 수 있다. 발명 시 한 사람만 존재하던 시점에서 차이화가 널리 퍼져 모든 것이 균질화되면 유행은 더 이상 존재할 수 없게 된다. 유행은 양자의 차이Zwischen, 차이화 과정이 구동 중인 사이(=현재)에만 존재하고 이 현재를 영원히 연장하는 프로그램이다.

때문에, 유행에서 볼 수 있는 유일한 가치는 변화와 교체가 낳은 신기함Neuheit뿐이다. 왜냐하면 신기함만이 '영원의 현재'를 실현하기 때문이다. 그 이외의 도덕적, 미적, 실용적, 사상적인 실질적 가치는 유행과 무관하다. 그러나 화폐가치만은 예외이다. 다른 실질적 가치와 달리 화폐가치는 신기함이라는 가치와 교환 가능하기 때문이다. 즉, 우리는 화폐를 통해서만 신기함을 얻을 수 있다. 그리고 신기함이라는 유행의 가치는 개개의 구체적인 상품을 빠른 주기로 바꿔준다. 차이화가 종료된 상품을 시장에서 끌어내리고 새 상품을 투입하여 새로운 차이화를 창출하는 것이다. 상품의 교체를 연장하는 일, 짐멜의 말대로 "교체 자체는 교체되지 않는다Der Wechsel selbst nicht wechselt"는 원칙을 통해 유행의 영원성이 담보된다.* 내용이 없다는 점에서 화폐가치와 친화성이 높은 유행의 신기함이라는 가치는 화폐가치와 교환을 반복함으로써, 한편으로는 '영원의 현재'를 연장하고 다른 한편으로는 화폐가치의 증식에 이바지하여 자본주의를 움직인다.

---

* 꼼데가르송의 패션 디자이너 가와쿠보 레이川久保玲는 자주 자신의 디자인에서 의도의 부재를 말하며 자신을 예술가가 아닌 비즈니스맨으로 공언하면서 새로운 것을 언제나 탐구한다고 고백한다. 이런 발언은 짐멜의 유행관에 비춰볼 때 핵심을 찌른 것이며 유행의 본질을 꿰뚫고 있다.

유행에 등을 돌린 사람은 반론을 펼 수도 있을 것이다. 그러나 반反유행(예컨대, 댄디즘*) 또한 유행의 존재를 전제로 한다는 점에서 그것에 속박되어 있다. 반유행도 하나의 유행인 것이다.** 당사자는für es 유행에 순응하면서도 거기에 저항하고, 그 개인은 유행의 차이화 기능에 묶인 채 우열을 향유하고 개성의 매혹에 빠진다. 그러나 제3자적 입장에서 볼 때für uns 이 사태는 유행의 한 기능인 모방 · 동종화를 통해 개인을 대중이라는 계층으로 귀속시키는 사회적 통합을 뜻한다. 이때 개인의 우월함(=개성)과 대중으로의 귀속(=범용)을 유행이 중재하여 사회적 차원에서 동거하게 해준다. 유행은 그 무내용 · 공허함으로 인해 블랙홀처럼 모든 대립을 삼켜 현대사회의 구조를 동적으로 유지하고 이를 재생산한다.

유행의 역설적 구조는 베블런이나 좀바르트의 소론에서 '관대함 vs 균일함', '변이 vs 안정'이라는 모순되는 두 항의 대립으로 나타났다. 짐멜에게 이 구조는 사회 차원에서 지양된Aufheben 대립항이 함께 작동하여 사회적 구조를 재생산하고 유지 · 지속시키는 기제, 곧 동

---

* 댄디(dandy: 멋쟁이)에서 나온 말로, 세련된 복장과 몸가짐으로 일반사람에 대한 정신적 우월을 은연중에 과시하는 태도를 말한다. 19세기 초 영국에 나타난 브러멀Beau Brummel(1778~1840)이 댄디즘의 시조라고 하며, 당시 영국 사교계의 청년들 사이에 널리 유행했다. 시인 G.바이런George gordon Byron도 그 영향을 받아 「돈 후안 : Don Juan」을 썼다. 후에 댄디즘은 프랑스로 건너가 뮈세Alfred de Musset, T.고티에Theophile Gautier와 같은 작가들에게서 엿볼 수 있었으나, 프랑스에 있어서의 댄디즘은 당시 세간에 풍미하고 있던 부르주아적 취미와는 달리 예술가의 자존심을 보여주는 '정신적 귀족주의'라고 할 수 있다.-옮긴이

** 이쿠타 고사쿠生田耕作의 「ダンディズムの系譜」(『ダンディズム: 榮光と悲慘』, 中央公論社에 수록). Kempf., R., *Dandies: Baudelaire et Cie*, 1977(번역 『ダンディ: ある男たちの美学』, 講談社). Baudelaire, C., *Le Peintre de la vie modern*, 1863-9(번역 「現代生活の画家」, 『ボードレール批評2』, 筑摩書房에 수록).

일성(대중)과 비동일성(개성) 간의 동일화(유행)를 실현하는 유행의 변증법으로서 긍정적인 의미를 갖는다.

막스 베버는 잘 알려진 것처럼 프로테스탄트적 청빈과 근면이 자본주의 성립을 촉진했다는 논지를 전개한 바 있지만,* 그의 틀은 자본주의의 성립과 견인에 있어서 '물질주도 vs 관념주도' 혹은 '상부구조 vs 하부구조'라는 고색창연한 도식에 묶여 있었다. 이런 도식은 궁극적으로는 '사물 vs 마음'의 속류 이원론, 에밀 라스크Emil Lask의 이른바 두 세계설Zwei-Welten-Theorie에 이른다.**

지금까지 본 베블런, 좀바르트 및 짐멜의 논의는 상품의 '질료ὕλη/형상εἶδος'적 계기에 대한 구별, 루만식으로 말해 '체계/형식'의 구별을 잠재적으로 전제하거나 라스크가 말하는 두 요소설Zwei-Elementen-Theorie과 같은 것이다. 상품경제 혹은 고도화된 자본주의***에서 질료성에서 형상성으로 그 중점이 이동했음을 볼 수 있다. 유행은 끝없이 순화된 형상성의 수준에 위치하는 사회현상이다. 베블런은 어떤 단계의 자본주의에서 현저해진 상품의 형상적 계기를 현시적 가치로 발견했지만, 여기에는 다윈의 진화론적 영향도 있거니와 그

---

* Weber, Max., *Die protestantische Ethik und der Geist des Kapitalismus*, 1905. (번역 『プロテスタンティズムの倫理と資本主義情神』, 岩波書店).

** Lask, E., *Die Logik der Philosophie und die Kategorienlehre. Eine Studie über den Herrschaftsbereich der logischen Form*, 1911. (번역 『哲學の論理學並びに範疇論: 論理的形式の 統治領域に關する研究』, 岩波書店).

*** 나는 좀바르트의 주저 『근대자본주의』(*Der Moderne Kapitalismus*, 3. Bd., 1902. 번역 『近世資本主義』, 生活社)에 제출된, 지금도 여전히 많이 쓰이고 있는 '후기자본주의Spätkapitalismus'라는 말과 개념을 난센스라고 생각하여 쓰지 않겠다. 이 말이 자본주의의 종언이라는 단순한 희망을 표명하고 낙관적인 입장에 불과하기 때문이다. 현실을 보면 변이가 쉬운 자본주의는 그렇게 간단히 끝나지 않을 것이다.

것이 인간에게 고유한 본능적 소질로 실체화되어 개인에게 귀속된다. 좀바르트는 이 형상적인 면을 상품에서 경제체계 전체로 확장하여 유행과 등치시켰다. 즉, 그는 유행을 상품의 실질적 내용과 무관하며 사회에 붙박힌 상품교체의 주기적 과정이자 기제로 보고 정기적인 수요발생을 통해 자본주의가 확대재생산된다고 생각하였다. 짐멜은 좀바르트의 구도를 갱신하여 화폐가 체현한 내용(=사용가치Gebrauchswert)이 없는 순수한 가치, 곧 교환가치Tauschwert야말로 유행의 독특한 위상임을 통찰하였다. 정확히 사회적 편익과 구체적 실질을 결여한 상품의 신기함이 화폐의 교환을 형상적 수준으로 끌어올림에 따라 자본주의는 새로운 단계를 맞이하게 된다. 그것이 20세기 후반에 전면화된 기호의 자본주의이다.

2 유행에서 기호로

20세기의 유행(1): 기호의 권력

이른바 기호의 자본주의에서는 형상성으로서 비중을 늘려가는 기호가 중심에 선다. 왜 기호signe인가? 그 이유를 구조주의 언어학자 페르디낭 드 소쉬르Ferdinand de Saussure의 논의에서 찾아보자.* 소쉬

* 기호 이론가의 한 사람인 찰스 샌더스 퍼스Charles Sanders peirce는 어떻게 보았을까? 퍼스의 기호학Semiotics은 현재 문맥에서 고려 대상일 수밖에 없다. 그의 유명한 삼항도식 '기호Sign-해석항Interpretant-대상Object'은 사실 실천적 주체의 환경적응을 보여주는 도식이다. 해석자인 주체에 의해 대상은 예외 없이—마르틴 하이데거Martin Heidegger식으로 말해—쓸모 있

르의 기호론sémiologie에 따르면 기호가 가치 있는 이유는 질료성, 예컨대 기호가 지시하는 실재나 심적 내용(표상적 이미지) 때문이 아니라 형상성, 즉 기호나 시니피앙signifiant의 수준에서 실현된 차이의 체계Système de différences 때문이다. 기호란 실재에 대한 열등한 모방이나 거기에 붙은 딱지가 아닌 그것의 차이화 기능 자체이며 그 효과로서의 실재를 표출한다. 이 논의가 앞서 본 짐멜의 '유행의 차이화Differenzierung' 기능과 공명함은 누가 봐도 명백하다. 기호의 자본주의는 이런 구조주의적 언어해석 모델을 상품경제나 화폐만이 아니라 패션, 문예, 영화와 같은 문화영역 전반에 적용하였다. 이런 유행은 문화기호론의 대상이다.

문화기호론에서 유행론의 중심은 독일에서 프랑스로 이동한다. 문화기호론의 틀을 형성하는 데 커다란 영향을 끼치고 분과로서의 토대를 놓은 이는 롤랑 바르트와 장 보드리야르 두 사람이다. 사제관계인 두 사람의 논의가 가진 공통점은 우선 (1) 유행의 전파에 부과된 대중매체의 역할에 대한 지적이다. (2) 대중의 유행수요에 맞춰 발휘된 기호의 권력성에 대한 환기이다. (3) 유행을 기호의 차이화 운

는 상태에 놓인 존재자Zuhandenes, 즉 구체적 실천으로 결실을 맺은 해석을 촉진하는 '신호Signal'적 존재로서 **그러한 한에서** 무언가를 고지하는 기호이기도 하다. 이런 의미에서 퍼스의 삼항도식은 조지 미드George Herbert Mead의 태도습득Attitude-taking과도 연결되는 행동주의적이고 생리학적인 기호파악이다. 그리고 바로 이 점에서 퍼스는 실용주의자이다. 질 들뢰즈Gilles Deleuze는 그의 저작인 『시네마』(*Cinema1: L'Image-mouvement*, 1983. 번역 『시네마1: 운동이미지』, 호세이다이고쿠슈판) 서두에서 지나치게 퍼스의 기호를 높이 평가한다. 그러나 들뢰즈는 앞서 본 이유에서 퍼스를 완전히 오해하고 있다. 문제는 퍼스가 결국 대상항을 실재로 봄으로써 '사물 vs 마음'의 이원론, 두 세계설의 틀에 얽매여 있으며 기호를 형상성의 수준에 정위하지 않고 질료성에 종속시키고 만다는 점이다. 기호를 주제로 한 교과서에서는 퍼스와 소쉬르가 나란히 소개되지만 양자의 기호는 패러다임이나 영역 자체가 다르다. 주제의 단순한 표면적 유사함을 표명하는 것은 두 사람 모두에 대한 실례일 것이다.

동으로 간주함으로써 패션 영역에서 문화 영역 전반으로 유행 기능을 확장한 점이다. (4) '기호=유행'의 자율성과 현실에 대한 그 우위성을 강조하였다. 우선 바르트의 논의부터 검토해보자. 『유행의 체계』를 중심으로 연관 저작을 고려하면서 바르트 유행론을 재구성할 것이다.

바르트 유행론의 대표작은 잘 알려진 것처럼 『유행의 체계』이지만 여기서 다루어야 할 것은 그 자신이 고백한 것처럼 이 저작이 본래 의복만이 아니라 주거나 식사를 포함한 현대사회 일상을 관통하는 기호 기능 전반을 분석하는 포괄적 프로젝트의 일부였다는 점이다.* 이 사실 하나만 보더라도 당시 유행 개념이 패션부문으로 수렴되지 않았음을 알 수 있다. 짐멜도 지적한 것처럼 상품이 유행의 유일한 가치인 신기함의 담지체가 되기 위해서는 그 밖의 사회적 편익, 실용성 따위는 불필요하다. 패션이 유행의 이상적 체현이라는 점은 그 '하찮음unsignificance=무용함' 때문이다. 유행이 패션을 넘어 다른 영역에 밀어닥치는 일은 이 시기 자본주의에서 무용성이 상품계 전체에 만연해 있음을 보여준다.

패션 영역을 넘어선 유행 개념은 『유행의 체계』에서 바르트가 채용한 방법론에도 엿보인다. 『유행의 체계』를 정독한 사람이면 누구나 놀라지 않을 수 없는 것은 의복 자체를 논하지 않는다는 사실이

---

* Barthes, R., *Coures*, 'Inventaires des systèmes contemporains de signification: systèmes d'objets(vêtement, nourriture, logement), Ecole pratique des hautes études', 1962-1963. (번역 「現代の意味作用体系総覧: 事物の体系(衣服, 食物, 住居): 高等研究院 における講義の報告」, 『ロラン・バルト著作集4: 記号学の夢 1958-1964』, みすず書房에 수록).

다. 이 사실로 인해 이 작품을 실패작으로 보기도 하지만 이는 단견에 불과하다. 바르트는 소쉬르 기호론을 참고하면서 언어와의 유비관계를 통해 의복vêtement에 '옷차림habillement/복식costume'이라는 상위의 구별을 도입한다. 옷차림은 소쉬르 기호론이 말하는 '개별 발화parole'로서 각 사람이 실제로 입는 의복을 말한다. 이에 비해 복식은 말 그대로 문법규칙을 포함한 기호체계langue에 대응되며 이 상위에 유행이 자리한다.* 즉, 개별 의복을 통해 유행에 천착하는 것은 애초 무리한 이야기인 것이다. 그러나 의복과 유행의 구별은 18세기 비저가 이미 행한 바가 있기에 그렇게 새로운 것은 아니다.

바르트의 독창성은 유행을 패션잡지의 언어사용에 대한 통사법 속에서 탐구한 점에 있다. 물론 유행은 그 외에도 디자이너가 집의 소재를 마감하는 공정couture이나 그라비어**의 사진 혹은 일러스트 등에서도 가능하지만 전자는 유행 분석이 창작의 장면에 한정된다는 이유로 각하된다. 후자의 경우도 영상 분석 시 결국 언어로 매개되지 않을 수 없다는 이유로 단념된다. 여기서 바르트의 탐구 방침에 얼마간의 망설임이 없지는 않았다. 그러나 중요한 것은 그가 유행을 가능하게 해주는 것이 형상성으로서의 차이화 코드 내지 의미라는 점을 지적했다는 것이다. 즉, 질료성으로서의 직물이나 종이 혹은 모델이 아님을 알고 있었다는 점이다. 따라서 이 방법의 채용은 별도의 함의

---

* Barthes, R., 'Histoire et sociologie du Vêtement: Quelques observations méthodologiques' In *Annales, Économies, Sociétés, Civilisations*. 12e année, N. 3, 1957. pp. 430-441. (번역 「衣服の歴史と社会学: いくつかの方法論的考察」, 『ロラン・バルト著作集3』, みすず書房에 수록).

** 그라비어gravure 인쇄란 사진 제판에 의한 오목판 인쇄를 말한다.-옮긴이

를 지니게 된다. 즉, 형상적 영역으로서의 유행이 질료적인 영역에서 독립한 자기지시적 폐쇄 다시 말해 유행이란 하나의 **닫힌** 체계를 이루게 된다.

바르트는 『엘르*Elle*』, 『르 자르댕 데 모드*Le Jardin des Modes*』, 『보그*Vogue*』와 같이 최신유행을 전파하는 패션잡지*에 나타난 유행 언어의 고유한 통사법을 분석한다. 그가 활용한 것은 '코드code/수사rhétorique'와 '시니피앙signifiant/시니피에signifié'라는 소쉬르 기호론의 두 가지 구별이다. 전자에서 코드는 유행의 차이화 기능의 본체이다. 이에 비해 수사는 코드를 수식하는 통사법이다. 즉, 집이나 복식 등의 유행 그룹이 생성한 코드가 대중매체를 통해 대중에게 알려지는 과정에서 수사로 상승하는 과정은 많은 경우 스토리를 통해 가상적으로 구성해낸 것이다. 예컨대, 어깨가 보이는 드레스는 파티장에서 대중의 시선을 한 몸에 받고자 하는 것이라는 식으로 말이다. 그런 의미에서 수사는 비평이나 광고의 통사법이라고 할 수 있다. 어쨌든 유행의 본질은 수사를 떼어낼 때 드러나는 코드에 잠재해 있다. 그리고 코드의 수준에는 '시니피앙/시니피에'라는 제2의 구별이 확인된다.

이 경우 시니피앙이란 기호로서의 의복이며 시니피에란 기호로서의 의복이 표시하는 의미이다. 시니피앙의 위치에는 연푸른 플레어슬리브 커트 앤드 소운, 진녹색의 숏 블루종, 하이웨이스트 보텀

---

* 『엘르』와 『보그』는 일본어판을 포함해 현재도 간행 중이지만 『르 자르댕 데 모드』는 1997년에 휴간했다.

스, 벨 보텀스 진* 같은 다양한 의복이 대입 가능하다. 여기서는 유행의 본체가 차이화의 네트워크를 이루어 시니피앙의 체계로 표현된다. 다른 한 편 시니피에의 위치에는 의복 이외의 언어가 대입된다. 시니피에도 다양한 말을 대입시킬 수 있지만 바르트는 시니피앙의 위치를 점할 수 있는 말을 두 개의 계열로 나눈다. 첫째, '연푸른 플레어슬리브 커트 앤드 소운'(시니피앙)은 '캐주얼한 장면에 최적이고'(시니피에), '진녹색의 숏 블루종'(시니피앙)은 '공식적 장면에 걸맞은'(시니피에) 것처럼 의복의 실용성이나 착용 상황을 보여주는 단어군이며 이는 의복과 현실세계를 연결한다. 둘째, '하이웨이스트 보텀스'(시니피앙)가 '멋쟁이'(시니피에)를, '벨 보텀스 진'(시니피앙)이 '탐탁지 않은'(시니피에)과 같이 의복을 유행으로 평가하는 어군이다. 사실 두 번째 계열의 시니피앙은 말하기에 따라서는 변이라고 할 수 있는—바르트가 의미의 빈곤이라고 부른—'유행 중à la mode/유행에 뒤처진 démode'이라는 두 개의 척도를 가진 코드이다. 바르트는 전자인 시니피앙 계열과 시니피에 계열의 조합을 세트A(ensemble A)라고 부르고 의복과 세계monde를 결부시킨 통사법('의복=세계'로 표기)으로 간주한다. 이에 비해 후자인 시니피앙 계열과 시니피에 계열의 조합을 세트B(ensemble B)라고 부르고 이 조합이야말로 의복과 유행의 본질적 관계를 표현하는 통사법('의복=유행'으로 표기)이라고 생각한다.

여기서 유행이 세계를 뜻하는 '세트A'인 동시에 자신을 뜻하는

---

* 플레어슬리브는 어깨끈이 달린 스타일의 여성용 속의복, 커드 앤드 소운은 니트 소재를 재단cut, 봉제sew하여 만들어지는 의복의 총칭, 또는 그 기술을 지칭한다. 블루종은 벨트를 사용하여 입는 점퍼 비슷한 윗옷을 지칭한다. 벨보텀스는 바지 아랫단이 넓은 나팔바지를 지칭한다.-옮긴이

'세트B'라는 양의적 체계임을 통사론적 구조에서 볼 수 있다. 바르트는 세트A의 경우 유행은 현실세계에서 행위의 프로그램을 구성하고, B의 경우 사치스런 구경거리라고 말하며 세트B의 비실용적 성격을 강조한다. 그럼에도 불구하고 유행은 세계에 대해 닫혀 있고, 재귀적 체계를 이룰 때 가장 완전한 체계를 얻으며, 반대로 세계에 대해 열릴 때 그것이 붕괴하여, 세트B에 유행의 본질이 집중적으로 표현된다고 말한다. 그러면 세트B는 유행의 본질을 어떻게 개시하는가? 바르트에 따르면 세트B란 논리학에서 말하는 동어반복tautologie 형식에 다름 아니다. 즉, 그것은 '유행은 유행이다'의 반복일 뿐이다. 다만 여기에는 시니피앙의 위치에서 이것저것 바뀌면서 최신의 유행을 체현하는 의복이 대입된다. '과거를 대신하여 현재를 위치 짓는 건망증적 대입작업'이다. 이를 통해 짐멜이 설파한 유행의 '유일한 가치=신기함'이 보증된다. 또, 세트B의 동어반복성은 유행의 폐쇄성, 자기지시성의 표현이기도 하지만 중요한 것은 그것이 신탁적 단언이라는 점이다. 바르트의 말을 빌리자면 그것은 법loi이다. 달리 말해 이는 기호로서 유행의 권력성을 현재화한 것이다. 이렇게 유행의 동어반복적 통사는 그 자기지시성, 법으로서의 규범적 단정성 및 권력성을 지닌다.

바르트는 실질적 문단 등단작인 『현대사회의 신화』*에서 이미 기호가 대중에게 알려지거나 인식되지 않은 채 다양한 현상이나 생활 속에서 '이데올로기'를 강요하여 이식한다는 그 권력성을 폭로하고 고발하였다. 『유행의 체계』는 패션 분야에서 이런 기호 권력의 행사,

* Barthes, T., *Mythologies*, 1957. (번역 『현대사회의 신화』, 미츠즈쇼보).

즉 메종과 디자이너가 날조한 코드를 대중매체가 화려한 수사로 꾸며 대중이 수용하도록 하는 논리를 통사 분석의 형태로 수행했다는 점에서 『현대사회의 신화』의 연장선상에 있다. 이 사실은 그의 "유행은 두 개의 의식 간의 불일치 위에 성립한다"는 말에 정확히 각인되어 있다.*

20세기의 유행(2): 기호의 자율과 현실에 대한 우위

보드리야르는 세트B의 동어반복성으로 현재화된 유행의 자기지시성과 그것이 뜻하는 기호의 권력성을 바르트가 강조한 것에 대해 유행의 자기지시성 논제를 수용하면서도 그와는 다른 방향의 논의를 전개해나간다. 즉, 그는 바르트가 남긴 차이화의 끊임없는 운동인 유행이 패션을 넘어 사회 모든 영역으로 흘러든 현대사회를 기호론의 틀로 삼는 동시에 어떤 사태의 도래를 정식화할 길을 열었다.

바르트는 유행의 자기지시적 폐쇄, 즉 유행이 내부에서 닫혀 상품이 '사회적 편익=실용적 효용'을 잃고 내부의 실질적 의미를 상실하게 될 것으로 예견하였다. 이런 유행의 자율성은 바르트에게 유행과 현실의 병립이라는 형태로 파악된다. 물론, 바르트가 내심 세트B의 우위를 말하고자 했더라도 이를 옹호하는 논의는 유행 체계의 세계지향적인—루만의 용어를 활용해보자면 타자지시적인fremdreferenziell—세트A와 자기지시적인selbstreferenziell 세트B의 병치이

---

* "La mode … repose sur une disparité des consciences"가 원문이다(*Système de la mode*, Avant-Propos). 이 경우 '두 개의 의식'이란 말할 것도 없이 메종이나 디자이너 등 유행의 코드를 낳는 권위의 의식과 그것을 희희낙락하게 받아들이는 대중의 의식이다.

다. 보드리야르는 이렇듯 애매한 바르트의 논의에 비해 유행의 현실에 대한 우위를 명확히 선언한다.

현실에 대한 유행의 우위란 차이화 코드가 의복에 한정되지 않고, 모든 상품을 뒤덮어 상품의 사회적 편익이나 실질적 효용을 능가하여 신기함이라는 공허한 가치만 드러나는 사태를 가리킨다. 여기서 그치지 않는다. 마르크스가 『자본론』 서두에서 설파한 것처럼 현실세계가 상품의 엄청난 집적체ungeheure Warensammlung인 이상,* 유행이 전면화될 때 현실세계 자체는 기호의 차이화 운동이 낳은 결과물로 나타난다. 지금까지 현실의 모방에 불과했던 기호가 이제는 현실을 산출하는 것이다. 현실과 기호의 역전으로 생겨난 기호의 차이화 운동과 그 결과물인 현실, 보다 정확히는 사물이 동반되지 않는 시뮬라크르simulacre로 부르는 기호의 연쇄로 구성된 현실, 이를 보드리야르는 하이퍼리얼리티hyperréalité라고 부른다. 하이퍼리얼리티는 일반적으로 오리지널을 결여한 복사가 지닌, 허구에 입각해 현실이 운용되는 모종의 가상현실로 이미지화되었지만 경제적 시각에서 그것은 차이화 운동으로서의 유행이 사회의 전 영역에 침투하는 사태, 즉 현실에 대한 기호의 우위와 패권을 뜻한다. 이렇게 20세기 말미—일본의 경우 버블경제기—에 유행은 사회를 뒤덮게 되었다. 이와 나란히 패션론의 다른 이름인 유행론 또한 총체적 문화를 기호현상으로 분석하는 문화기호론으로 흡수된다.

---

* Marx, K., *Das Kapital*, 1864.

문화기호론과 그 한계

1950년대 말 이후, 특히 1980년대부터 문화기호론이 기호를 논하는 틀이 되었다. 이 장 서두에서 말한 것처럼, 지금까지 다루어온 유행의 문제 또한 문화기호론의 주제 중 하나인 영화나 사진, 애니메이션 등과 나란히 취급되었다.* 문화기호론의 틀을 제공한 것은 앞서 다룬 바르트와 보드리야르이지만 사태를 복잡하게 만드는 것은 문화기호론이 하나의 분과학문이라는 확신을 가지기 어렵다는 점이다. 좋게 말해 다의성을 띠고, 나쁘게 말해 여러 설이 뒤범벅된 양상을 띠기 때문이다. 문화기호론의 범주에 드는 이론으로는 바르트나 보드리야르 외에도 움베르토 에코Umberto Eco, 스튜어트 홀Stuart Hall, 조르주 바타유Georges Bataille, 유리 로트만Juri Lotman 등의 작업이 있으며, 일본에서도 이케가미 요시히코池上嘉彦, 야마구치 마사오山口昌男, 마루야마 게이사부로丸山圭三郎 등이 언어학이나 인류학적 관점에서 문화기호론으로 불릴 만한 저서를 남겼다.

문제는 그들이 구상하는 문화기호론의 틀이 각기 다르다는 점이다. 공통의 틀을 상정하려 든다면 그들의 의도는 흩어져버리고 결과적으로 최대공약수적이고 범용적인, 그리고 교과서적인 찌꺼기만 남게 된다. 예컨대, 에코는 소쉬르의 구조주의적 기호론은 물론 분류학적인 퍼스의 기호학이나 클로드 섀넌Claude Shannon의 커뮤니케이션 이

---

* 나 또한 2014년부터 근무지인 메이지대학에서 기호론이라는 과목을 담당하고 있지만, 당초 다른 대학의 강의계획서를 모방해 전반부에서는 소쉬르 vs 퍼스의 기호에 대한 차이를 포함한 언어와 기호의 관계를, 후반부에서는 영화나 패션, 애니메이션 같은 사례를 기반으로 한 문화기호론 개요를 강의하였다. 그러나 2016년부터 기존의 논의를 가르치는 것에 대한 큰 위화감을 느끼기 시작한 것이 이 주제를 다루게 된 동기의 하나이다. 때문에, 문화기호론에 대한 다소간의 도발적 발언을 양해해주길 바란다.

론에서 부호이론까지 동원하여 체계적이지는 않더라도 망라적인 문화기호론을 구축하였다. 그러나 사실 그것은 코드 생성이론으로서의 새로운 시학Poetics의 구축 혹은 코드 개념에 입각한 전통적인 창작학ποιητική의 쇄신이다.[*] 이케가미의 문화기호론도 이에 준한다.[**] 한편, 문화연구의 기수인 홀은 텔레비전 영상의 기호론적 분석으로 유명하지만 그의 의도는 마르크스의 자본의 유통과정 분석이나 에코의 시학적 기호론, 안토니오 그람시의 헤게모니론을 결합한 '기호 생산 → 기호 유통 → 기호 재생산' 기제의 폭로와 기호의 '확신범적=전략적인' 오독을 조장하는 유통과정으로부터의 탈피를 실천하는 데 있었다.[***] 또, 바타유는 독자적인 인류학적 접근법으로 포틀래치potlatch로 대표되는 증여나 상징교환의 기호론적 분석을 수행하였고, 보드리야르에게 큰 영향을 끼쳤다.[****] 로트만의 구조주의 언어학적 틀에서 전개된 문학의 기호론적 분석이나,[*****] 야마구치의 '중심-주변' 개념을 축으로 한 문화창조 기호론,[******] 마루야마의 소쉬르 기호론에 대한

---

* Eco, Umberto., *Trattato di semiotica generale*, 1975. (번역 『記号論』, 岩波書店)

** 池上嘉彦, 『詩學と文化記号論: 言語學からのパースペクティブ』(筑摩書房)

*** Hall, Stuart(1980). 'Encoding/Decoding'. In: Hall, D. Hobson, A. Lowe, and P. Willis(eds). *Culture, Media, Language: Working Papers in Cultural Studies*, 1972-79. pp. 128-138.

**** Bataille, Georges., *La Part moudite*, 1949. (번역 『呪われた部分』, 二見書房)

***** Lotman, Yuri., *Universe of the Mind: A Semiotic Theory of Culture*, Indiana Univ Pr., 1990.

****** 山口昌男, 『文化と両義性』, (岩波書店, 1975), 『文化の詩學 I·II』 (岩波書店, 1983)

단념적 독해에서 도출된 '문화=페티시즘'론* 또한 안이한 유형화를 거부하고 각자 고유한 시각을 보여준다.

그럼에도 여기서 말하는 여러 이론을 문화기호론의 범주로 포괄하는 이유는 앞서 거론한 것들이 어떤 전제를 공유하고 있기 때문이다. 이 전제는 기호와 대중매체가 공범관계에 있다는 점을 '자명시=비주제화'한다. 앞서의 이론들 모두가 현재의 정보사회에서 실효성을 잃은 이유는 기호가 대중매체에 지나치게 경도되어 있기 때문이리라.

기호와 대중매체

다시 유행 이야기로 돌아가 보자. 비저의 유행론에서 본 것처럼 유행과 취미는 자주 혼동되어왔음에도 불구하고 매우 다르다. 취미는 계급 · 계층적 사회구조를 필수항목으로 전제한다. 물론 계층적 사회에서도 하위계층의 상위계층에 대한 취미의 모방이 생겨나지만—이른바 취미에서 균등이익이론Trickle-Down Theory—취미의 모방은 결코 사회의 계층적 구조를 훼손하지 않고 오히려 온존한다. 그것은 자본주의 경제의 틀이지만 엄밀한 의미에서 유행은 아니다. 유행은 루만이 말한 기능적 분화 사회인 근대사회에, 시기적으로는 19세기 후반에 처음 출현하였다. 우리는 베블런, 좀바르트 및 짐멜의 유행론이 19세기 말 처음 등장한 것임을 상기할 필요가 있다. 유행으로서의 모방은 취미의 모방과 달리 계급이나 계층을 **넘어서** 일어난다. 그러

---

* 丸山圭三郎,『文化のフェティシズム』(勁草書房, 1984)

나 이는 오히려 계급무화적인 방향으로 작동한다. 취미의 모방이 수직적vertical으로 일어나는 데 비해 유행의 모방은 수평적horizontal으로 일어난다.*

그렇다고 유행의 모방에서 위계가 없는 것은 아니다. 취미의 모방은 마치 폭포수의 급류처럼 사회계층의 상위에서 하위로 벌컥 **자연발생적으로** 생겨나 단층적이고 위계적인 모양을 띤다. 때문에, 모방의 전파 과정에서 다양한 변이체variant가 분기할 수 있다. 이에 비해 유행에서 모방은 사회 외부의—물론 실제로는 사회 틀에 맞춰서—특권적 권위(샤넬Chanel, 지방시Givenchy, 아르마니Armani, 발렌티노Valentino 같은 메종과 일류 디자이너들)를 출발점으로 **엄밀하게 동일한** 유행이 상품이라는 기호로 일거에 대중에게 확산된다. 이 동일성이 브랜드 가치와 의장권 · 상표권의 근거가 된다. 이들은 전역에 평등하게 미친다. 이렇게 균질한 대중이라는 단일한 계층이 형성된다. 중요한 것은 이 모방이 취미의 경우처럼 자연발생적인 것이 아니라 사회에 내장된 프로그램으로서 사회를 애초부터 유지 · 존립시켜 준다는 점이다. 그리고 특권적 권위라는 사회의 특이점과 대중이라는 균질한 평면을 연결하는 것, 특이점에서 출발한 기호로서의 유행, 그 동일성을 깨트리지 않은 채 일거에 전파되는 특성, 그것이야말로 대

---

* 20세기에 들어 취미·계층 개념의 중요성을 일관되게 제창해온 사회학자는 피에르 부르디외이다. 그의 논의의 바탕에는 아비투스habitus를 둘러싼 신체적 문제계가 크게 존재한다. 부르디외는 유럽이 아직 견고한 계층사회라며 취미·계층에 대해 부정적인 논조를 세우지만, 신체성을 축으로 한 취미나 계층은 현재의 정보사회에서 전면화된 차이의 말소, 통합의 이완에 저항하는 최후의 거점이 될 가능성이 있다. Bourdieu, Pierre., *La Distinction: critique sociale du jugement*, 1979. (번역 『ディスタンクシオン: 社會的判斷力批判』 藤原書店)을 참고. 또, 이 장의 '형상성에서 질료성으로'도 참고할 것.

중매체이다.* 여기서 우리는 특권적 특이점을 중심으로 대중을 하방 주변부에 두는, 원뿔 이미지로 표현된 바 있는 대중매체의 고유한 정보유통 위계와 그 규약을 '방-송'이라고 불렀음을 상기해볼 필요가 있다.**

20세기는 내용을 결여한 차이화 프로그램인 기호로서의 유행이 대중매체인 '방-송'체제에 입각해 패션 분야를 넘어 모든 상품영역으로 확대된 세기였다. 바르트와 보드리야르의 유행론은 대중매체가 담당한 역할을 포함해 지난 세기 사회와 문화의 구조를 가장 깊은 곳에서 건드린 이론이다. 다수의 문화기호론은 문화형성이나 문화수용에 있어서 대중매체가 맡은 역할을 모르지는 않았지만 이를 알았다 해도 과소평가했다. 이들 입장은 예외 없이 대중매체의 '방-송'체제를 의심하지 않고 자명한 전제로 본다. 반대로 말해 이는 자신의 이론적 토대가 되는 전제를 자명시하고, 모르는 것은 정당한 평가를

---

* 와시다 기요카즈鷲田清一는 유행론에서 유행이라는 문화가 신체라는 자연에 대해 모범으로서 나타남을 보여주는 전형적 사례로 19세기 말 빅토리아기 영국에서의 코르셋 유행을 거론한다. 와시다의 유행론은 질료성, 특히 신체에 초점을 맞추는 경향이 있지만 형상성을 주제화하는 이 장의 맥락에서 보자면 그가 거론한 사례는 기호의 권력성의 한 예인 동시에 그만큼 영국에서 대중매체가 제도적 권위를 띤다는 역사적 사실을 고려할 때 유행의 규범적 권력을 지탱하는 것이 대중매체임을 보여주는 사례라 할 수 있다. 鷲田清一, 『モードの迷宮』, 筑摩書房을 참고.

** 유행으로서의 저널리즘 또한 20세기 초에 이미 활발했던 적이 있다. 자신도 잡지기자였던 베스트셀러 작가 비키 바움Vicki Baum이 1930년 발표한 희곡 『파리광장 13번지』에는 20세기 초 유행을 둘러싼 세간의 상황이 묘사되어 있다. Baum, Vickie., *Pariser Platz 13: Eine Komödie aus dem Schönheitssalon und andere Texte über Kosmetik, Alter und Mode*, 2012를 참고. 부록인 바움의 유행에 관한 기사 및 편저자인 줄리아 베르칙Julia Bertschik의 뛰어난 해제인 Die Ironie hinter der Fassade, Vicki Baums neusachliche Komödie aus dem Schönheitssalon "Pariser Platz 13"(1930)도 참고.

등한시했음을 뜻한다. 그런데 20세기 내내 융성했던 이 '기호-유행-대중매체'라는 삼위일체가 기능부전에 빠지고 말았다. 이는 20세기 들어 명확히 대중매체의 '방-송'체제에서 인터넷 네트워크의 고유한 정보유통구조인 네트워크로 패러다임이 전환했기 때문이다.* 삼위일체의 한 축인 '방-송'체제가 인터넷 네트워크로 대체됨에 따라 기호와 유행도 변질을 피할 수 없게 되었다. 이제 두 항이 정보사회에서 어떤 변질을 겪고 있는지 살펴보기로 하자.

3 유행과 기호의 변용

기호와 가치

바르트에게 일상에 잠재한 기호의 권력에 대한 폭로와 고발은 사상사적으로 갑론을박의 시대였던 1960~1970년대 앙리 르페브르의 일상성quotidienneté 비판**의 계보와 연결된다. 이후 문화연구를 통한 하위문화에 잠재한 정치적 메시지에 대한 텍스트 분석과도 연결되었다. 하지만 바르트의 독창성은 르페브르나 문화연구에서 현저한 노골적인 정치적 메시지와는 가장 먼 분석대상을 선택했을 뿐 아니라 정치적인 입장표명을 피하고 원리적인 분석에 철저했다는 점에 있

* 서론을 참고.

** Lefebvre, Henri., *Critique de la vie quotddienne* I ~III, 1946~81. (번역『日常生活批判』, 現代思潮社)

다. 그리고 실제 그 성과는 충분히 나왔다. 바르트는 기호에서 권력의 문제와 가치의 문제가 분리되지 않는다는 것 혹은 '기호/가치'의 일체성이라는 통찰을 얻었다. 양자는 동전의 앞뒷면과도 같다.

실제로 오트쿠튀르(고급 양장점)나 유명한 메종은 하나의 '권위/권력'이기에 대중매체의 위계적인 '권위/권력'적 구조와 일체화되어 그해 유행의 발원지가 된다. 오트쿠튀르 콜렉션은 대중매체를 통해 세계에 '방-송'되고 저명한 메종에서 발표된 상품 또한 브랜드라는 가치를 유지 · 재생산할 수 있다. 즉, 대중매체의 '방-송'체제에 입각해 기호는 권력을 부여받는 동시에 가치의 담지자가 되는 것이다. 이 구조는 패션에만 머물지 않고 대중매체적 패러다임의 문화적 자산이 된다. 미야자키 하야오宮崎駿의 애니메이션 작품, 밥 딜런의 신보, 무라카미 하루키村上春樹의 새 소설 등이 그것이다. 이때 중요한 것은 '방-송'체제에서 이런 가치를 담은 기호는 반드시 (1) 작품이라는 자기 완결적 형태를 취한다. 거기에는 (2) 작품의 창작자인 권위자로서의 저자, 곧 '저자=권위Author-ity'가 존재한다. 나아가 이는 (3) 상품의 형태로 대중에게 배포된다는 점이다. 제3자가 볼 때 마셜매클루언의 핫한hot 매체란 이 "작품성-'저자=권위성'-작품성"이라는 삼중의 성질을 띤 문화적 자산이다. 그리고 문화기호론의 자명한 전제, 즉 암묵적으로 상정하는 것이 바로 이 핫한 성질이다.

그런데 인터넷 네트워크의 네트워크 구조는 이차원적 평평함에 입각해 대중매체의 '권위/권력'적 위계를 일거에 무너뜨린다. 왜냐하면 인터넷 네트워크란 네트워크의 노드인 개인이 그 신분이나 자격을 따지지 않고 발언하는 구조이기 때문이다. 관찰자 입장에서 이는 문화에서의 민주화 실현으로 볼 수 있다. 그러나 놓치지 말아야 할 것은 이때 네트워크가 '방-송'이 유지해온 '권위/권력'적 구조의 가치를 무화한다는 점이다. 이는 마치 세숫대야의 물(권력)을 단번에 아이(가치)에게 쏟은 것과 같다. 대중매체적 패러다임의 '권위/권력'은 다양한 비판에 직면하면서도 가치의 창조와 유통을 담보해왔다. 그러나 네트워크미디어가 이를 대체하면서 기존의 '권위/권력'이 상대화되고 가치도 상대화된다. 이 가치의 상대화는 지금까지 이어져온 문화적 자산의 핫함이라는 존재방식을 바꾼다.

문화적 자산에서 우선 네트워크를 유통시키는 작품성이 상실된다. 네트워크상에서 유통되는 문화적 자산은 맥락에서 유리된 스냅숏(거기에는 많은 경우 촬영자 본인이 포함되지만 이 점에 관해서는 뒤에 분석한다), 화면의 불필요한 부분을 제거하고 조정된 영상클립, 맥락을 결여한 중얼거림(치트) 등 자기완결성을 결여한 단편들에 불과하다. 이들은 작품이 가진 내적인 통일성으로서의 이야기Narrative를 지니고 있지 않다. 또, 거기에는 엄밀한 '저자=권위'도 없다. 물론, 업로드한 것은 특정한 개인이지만 네트워크가 원리적으로 익명을 기본값으로 가지는 동시에 네트워크상의 유통과정—예컨대, 리트윗이나 콘텐츠의 재업로드, 인용처가 없는 인용 등—에서 콘텐츠는 가공·왜곡되어 저자라는 제한이 무너져버리기 때문이다. 저자임을 주장하는 업로더가 나타나도 다른 노드를 통해 내려받는 것이 가능하다. 나아가 콘텐츠는 상품이 될 수 없다. 그것은 오히려 증여재로서 무료FREE 원칙이 적용된다. 물론 기업 등 '방-송' 패러다임에서 이동한 노드는 늘 콘텐츠의 상품화를 목표로 하지만 다른 노드는 이런 움직임을 늘 차가운 시선으로 맞이한다. 우리는 네트워크상에서 유통되는 문화적 자산이 가진 '단편성-익명성-무상성'이라는 삼중의 특성을 마셜 매클루언의 말을 빌려 쿨함cool이라고 부를 수 있다. 그리고 쿨한 특성을 가진 네트워크 자산들은 문화기호론의 이론 틀로 설명하는 것이 불가능하다.

엔터테인먼트에서 유희로

쿨한 네트워크 문화재의 분석을 조금 이어가 보자. 2016년에는 엔터테인먼트 분야에서 특필될 만한 사건이 연달아 일어났다. 신카이 마코토新海誠의 〈너의 이름은〉의 세계적 히트, 피코 타로ピコ太郎의 〈PPAP(Pen Pineapple Apple Pen)〉*의 세계적인 인기몰이, 밥 딜런의 노벨문학상 수상 직후 소동 및 일본 최고 아이돌 스맙SMAP의 해산에 관한 소동 등이다. 이 와중에 스맙의 해산과 〈PPAP〉의 붐은 예능분야에서 기획사와 대중매체라는 두 '권위/권력'의 결탁을 통한 경연 프로모션이나 여론몰이가 '네트워크 여론'에 어떤 영향도 끼치지 못함을 보여줌으로써 이 분야에서도 '방-송'체제의 기반이 무너졌음을 각인시켰다는 중요한 의미가 있다. 그런데 여기서 생각해볼 것은 왜 〈PPAP〉가 인기를 끌었는가라는 점이다.

피코 타로는 한 개인이 아닌 역사적 예능인의 별칭이다. 그러나 중요한 것은 그가 〈PPAP〉라는 예술을 상품으로 간주하지 않았다는 점이다. 이는 〈PPAP〉라는 작품의 짧음, 정확히는 그것이 순간 예술

---

* 1973년생인 일본의 희극인으로 본명은 고사카 다이마오坂大魔王이다. 본문에 소개된 곡은 https://www.youtube.com/watch?v=0E00Zuayv9Q에서 볼 수 있으며, 실물 사과나 파인애플 없이 마임과 같은 형태로 노래를 부른다는 점이 특징이다. 조회 수가 1억 5000만 회에 가깝다.-옮긴이

이라는 것과 '에어'air라는 것, 즉 실물인 사과나 파인애플을 기초로 한 것이 아니었다. 〈PPAP〉의 본질은 그것이 자기 완결적 작품이 아니라 이를 유튜브에서 보는 유저가 커버(=모방)한다는 점이다. 이 때문에, 작품은 짧아야만 하고 커버될 때 실물 사과나 파인애플을 요구할 필요가 없다. 즉, 〈PPAP〉 붐이란 피코 타로의 순간 예술에 대한 연속적 커버의 확대와 동의어이다. 실제 유튜브에서는 다양한 국적, 출신, 연령, 젠더의 팔로워들이 커버한 영상이 넘쳐난다. 만일 이 작품을 예능기획사가 기획했다면 성공하지 못했을 것이다. 커버 영상을 업로드하는 데에 저작권료를 요구했을 것이기 때문이다.

우리는 〈PPAP〉가 앞서 지적한 네트워크의 문화적 자산의 세 요소인 '단편성-익명성-무상성'을 겸비한 쿨한 특성을 띤다는 점을 알 수 있다. 여기서 다시 한 번 강조하고 싶은 것은 이것이 네트워크 체제에서 새로운 유행(=모방) 방식을 암시한다는 점이다.*

앞서 우리는 네트워크적인 문화적 자산에 나타난 작품성의 희박화와 그 단편화를 지적하였다. 이는 문화적 자산에서 자기 완결적 자기지시성(=이야기성)이 상실되고 단편성으로 대체된 콘텐츠 외부의 문맥이 갖는 중요성이 부상하고 있음을 뜻한다. 대중매체의 '방-송' 패러다임에서 **소비자**는 '저자=권위'가 창작한 **닫힌** 작품 세계를 구매하고 이를 엔터테인먼트로 수용해왔지만, 인터넷 네트워크 패러다임에서 **유저**는 **누군가**가 던진 단편적 소재를 이야깃거리삼아 외부에 건넴으로써 그 이야기의 잠재성Virtuality을 전개하는 유희Spiel를 누린

* 이 책을 교정 중인 2018년 11월 현재 <PPAP>의 본질인 이러한 동작의 연쇄적 모방을 어플리케이션화한 중국 바이트댄스Bytedance사가 개발한 동영상 공유 어플리케이션인 '틱톡'(TikTok)이 아시아권을 중심으로 폭발적으로 보급되기 시작했다는 점을 적어둔다.

다. 이렇게 문화적 자산은 네트워크 체제 속에서 엔터테인먼트 작품이기를 그치고 유희의 이야깃거리로 변신한다. 네트워크상의 이야기를 둘러싸고 유저들의 제창을 거쳐 순차적인 의미부여가 이루어지는 것이다. 이렇게 콘텐츠가 소통의 지속을 위한 이야깃거리로 변신함으로써 그 중점 또한 콘텐츠 자체의 질(=작품성)에서 그것이 잉태한 소통의 지속을 위한 환기력으로 미끄러져 들어간다. 이런 엔터테인먼트의 유희화,* 작품의 이야깃거리화가 동시에 탈시장화, 탈산업화를 함의한다는 점에도 주의해야 할 것이다. 또, 이는 문화적 자산이 작가성, 작품성과 더불어 예술적 가치와의 관계도 끊어버림을 뜻한다. 〈PPAP〉의 붐은 대중매체 이전에 계층적이고 수직적인 모방인 과거의 유행, 대중매체 시대의 수직적 계기와 수평적 계기가 만나는 원뿔형의 모방으로서 본래의 유행과는 다른 수직적 요소를 결여한 순수한 '수평적 모방=새로운 유행'을 전형적으로 보여주는 사례이다. 그리고 이는 노드 간의 무한한 연쇄적 소통으로 실현된다.

유희로서의 유행

정보사회에서 유희로서의 유행이 가진 함의를 구체적 사례를 통해 보자. 아티스트 아야노 스도須藤絢乃의 사진작품에는 정보사회에서 유희화하는 유행의 진상이 상징적으로 드러난다. 작품에는 다양한 상황을 배경으로 한 인물의 니숏이나 버스트숏(드물지만 풀 피규

* 엔터테인먼트와 유희의 개념적 차이에 관해서는 졸저 『情報社会とは何か?: メディア論への前哨(NTT出版) 2-15절을 참고하기 바란다.

어)* 등이 많지만 묘사된 것은 현실적 광경이 아닌 아야노의 기억 세계 · 심상세계의 재현이다. 작품에서 모방을 통해 재현된 것은 1980년대의 시부카지渋カジ(시부야캐주얼)**로서, 다니자키 준이치로谷崎潤一郎가 이상화한 선착장 양가의 풍경이라든가, 요츠야 시몬四谷シモン이나 구니요시 가네코金子國義, 시부사와 다츠히코澁澤龍彥의 엽기적 공상 세계 등 합리적 맥락을 따르지 않는다.*** 중요한 것은 다수의 피사체가 아야노 스도 본인을 메이크업한 것이라는 점이다. 표현된 작품세계가 어디까지나 아야노의 취미세계라는 점, 또 다수의 작품이 트위터Twitter나 텀블러tumblr 같은 SNS에서 발표된다는 점을 포함해 그녀의 작품세계는 자신의 이야깃거리화, 자기제시적 소통으로 성립한다. 물론 아야노의 작품이 작품인 이상 이는 완결성과 작가적 의도를 가진다. 우리는 그녀의 작품에서 콘텐츠가 자기제시를 위한 '소재=이야깃거리화'되고 있으며, 그것이 자신에게 영향을 끼치는 어떤 시대적 공기임을 읽어낼 수 있다. 동시에 과거의 유행이 대중매체를 필요로 했던 것처럼 현대의 유행은 스마트폰과 SNS라는 매체를 필요로 한다는 점 또한 알 수 있다. 즉, 유행의 서식지가 접속을 해제당한(OFF) 현실에서 접속 중인(ON) 잠재 세계로 이동하면서 카메라가 달린 스마트폰과 SNS가 잠재 세계로 들어가는 필수 아이템이 된 것

---

* 아야노 스도는 1986년생으로 일본의 사진가이자 미술가이다. 한편 니숏이란 인물의 머리끝에서 무릎 위까지의 상반신을 촬영한 것이며, 버스트 샷은 흉상을 말한다.-옮긴이

** 渋谷カジュアル의 약자로 1980년대 후반~1990년대 일본 젊은이들의 패션 스타일-옮긴이.

*** 다니자키 준이치로는 일본 메이지기에서 쇼와기에 걸친 소설가이며, 요츠야 시몬은 일본의 인형작가이자 배우이다. 구니요시 가네코는 이상한 나라의 엘리스처럼 코르셋 등 속박복을 입은 여성을 주로 묘사하는 화가로 그의 아틀리에 주소는 https://www.kuniyoshikaneko.com/이다. 시부사와 다츠히코는 일본의 소설가, 불문학자이자 평론가이다.-옮긴이

이다.*

여기서 약간의 우회로로 가보자. 이스트먼 코닥Eastman Kodak의 브라우니** 이래 일반적으로 카메라는 20세기 내내 보급되었지만 예술사진이나 보도사진과 구별되는 일반사진의 피사체와 그 보존형식은 다음과 같은 추세를 띤다. 즉, 사진기가 고가였던 1980년대 이전에 일반사진은 특별한 날에 사진관이나 여행 시 혹은 행사장의 카메라맨이 촬영하였다. 즉, 다수는 집합(기념) 사진이며 이는 현상된 포토프레임으로 환원된다. 이 시기 사진촬영이라는 행위는 비일상적인 의식 같은 것이었다. 1980년대에 들어서 빅히트한 '우츠시른데스(写ルンです)'***로 대표되는 렌즈 달린 프레임이 보급되면서 사진촬영의

---

* 작품은 왼쪽부터 찔레꽃, 무제, 환각Gespenster. 게재를 허락해준 아야노 스도와 갤러리 MEM에 감사드린다.

** 브라우니란 세로 9cm, 가로 6cm의 사진판 필름 혹은 브라우니판용의 롤필름을 말한다.-옮긴이

*** 1986년부터 판매된 일본의 필름카메라-옮긴이

기회는 극적으로 증대하여 거리마다 현상을 위한 DPE*숍이 생겨났다. 다수의 사진이 가까운 다른 이의 스냅숏 쇼트로서 책자형식 앨범이 되었다. 이와 더불어 이 시기 사진촬영은 비일상적 행위에서 일상적 행위로 이동한다. 그리고 21세기 들어 카메라는 스마트폰과 더불어 상시 휴대 가능한 것이 되었다. 또, 셀카봉과 내장 카메라로 인해 자기 자신이 가장 중요한 피사체로 떠올랐다. 그리고 촬영된 자신의 영상은 디지털 데이터로 업로드된다. 이렇게 정보사회에서 사진촬영이란 자기제시Self-presentation 행위가 된다. 유행이 된 인스타 영상은 정보사회의 사진촬영 행위에서 자아와 업로드가 자기제시에서 일체화되는 현상을 단적으로 보여준다.

자아란 본질적으로 자기의 소재화, 곧 자기 상像의 디지털한 기술적 개량과 가공, 곧 쌓는 행위이다. 그렇지만 자신의 영상을 업로드한다는 것은 의복, 화장, 헤어스타일, 얼굴 모습 등 일체의 신체 장식과 부위를 익명의 타자에게 제시하여 연쇄적 소통을 이어가는 이야기로 변신시킨다는 뜻이다.**

여기서 오해하지 말아야 할 것은 이 과정이 이상적인 모델을 전제로 거기에 가까워지는 행위가 아니라는 점이다. 거기에는 대중매체 시대의 유행으로 퇴보하는 지점이 있다. 또, 이는 사회학에서 자주 거론되어온 자기승인이나 상호승인을 구하는 행위도 아니다. 소

---

* 현상, 인화, 확대를 뜻하는 development, printing, enlargement의 앞머리 글자를 따서 만든 조어-옮긴이

** 화장과 얼굴에 관해 말하자면 자기를 이야깃거리로 만들어 메이크업과 얼굴을 고도로 조정하여 다양한 타자에게 변모된 것을 보여주는 자와친ざわちん의 퍼포먼스는 셀프 촬영의 본질을 희화화하여 체현한다.

통이 이어지는 각 노드는 연인이나 가까운 사람이 아니라 익명의 누군가이다. 구하고자 하는 것은 어디까지나 익명의 반응이며 이 반응이 다음 소통의 유닛으로 피드백된다. 제3자적으로für uns 이 과정은 자기 조작Self-Manipulation이라는 유희의 연쇄이지만 이때 가장 중요한 것은 연쇄적 소통이 끊기지 않게 하기 위해 자신은 이를 위한 '소재=연료'가 된다는 사실이다.

정보시대의 유행은 대중매체 시대에 보았던 권위적 코드의 전달이 아니다. 때문에, 이는 **바르트가 말한** 것처럼 법도, 규범적 존재도 아닌* 새로운 코드일 뿐이며 의미생성의 시학적 창조도 아니다. 이는 내면이 부재한 표층의 유희jeu de surface, 정확히는 소재의 유희jeu de matière에 불과하다. 본래 거기에는 승인받아야 할 내면을 가진 자기가 없다. 이때 연쇄적 소통의 접속을 통한 유행이 스며든 잠재적 차원은** 정보사회의 유희공간Spielraum으로 나타난다.*** 그러나 벤야민이 지적한 그것이 영화라는 자기 완결적 작품 세계를 모델로 보고 화이트칼라 계층(아니면 대중)의 현실도피 기제였던 데에 비해, 현재의 그것은 개인적인 공상(=요시모토 다카아키의 이른바 자기 환상)이 업로드를 통해 노출exposure되어 이야깃거리로 상호 공유되는 사회 환상이 생성되는 장소이다.

---

* 그러나 뒤에 보게 될 것처럼 이는 사회 환상이 되어 규범성을 얻는다. 사회 환상에 관해서는 이 책 제4장을 참고.

** 잠재성Virtuality의 함의와 엄밀한 정의에 관해서는 제6장 「VR혁명과 리얼리티의 잠재력」을 기다려주기 바란다.

*** Benjamin, W., 'Das Kunstwerk im Zeitalter seiner technischen Reproduzierbarkeit', 1930. (번역 「複製技術時代の芸術作品」, 品文社)

형상성에서 질료성으로

'기호-유행-대중매체'라는 삼위일체의 한 축을 이루는 대중매체가 인터넷 네트워크로 대체됨에 따라 바르트가 지적한 기호의 권력성을 잃고 결과적으로 대중매체의 '방-송'체제로 군림하던 권위주의적 유행도 유희적 유행으로 바뀌었다. 기호로서의 유행에서 보드리야르가 강조한 기호의 자율과 현실에 대한 우위 또한 당연히 네트워크 체제에서는 철회될 수밖에 없다. 이 절에서는 이것이 정보사회의 유행에 어떤 작용을 하는가를 생각해보고자 한다.

기호의 자율은 질료성에서 독립한 형상성, 예컨대 유행하는 의복으로부터의 독립을 의미하지만 기호의 현실에 대한 우위는 형상성이 질료성을 능가하여 세계의 주재원리가 되었다는 것을 뜻한다. 보드리야르의 시뮬라크르론, 하이퍼리얼리티론은 이런 사정을 이론화한 것이다. 20세기 대중매체 패러다임은 이런 형상성이 세계를 뒤덮는 과정으로서 일반적으로 글로벌화Globalism라고 부른다.

그런데 정보사회의 네트워크 패러다임에서 형상성과 질료성의 관계가 역전된다. 그런 하나의 현상이 앞서 지적한 작품의 이야깃거리로의 절하, 벤야민의 표현을 빌리자면 '저자=권위'라는 아우라Aura의 상실이다. 이때 콘텐츠나 이야깃거리가 소재성, 단편성을 함의한다는 점에 유의하자. 이런 사정은 기존의 '창작=시학ποιητική' 및 취미gustus의 방식을 크게 바꾸는 동시에 정보사회에서 가치의 소재라는 문제를 우리에게 부과한다.

우선 문예를 사례로 창작의 문제를 생각해보자. 문예 분야에서

는 기존 문단의 권위실추가 두드러지지만 이를 대체하는 문예 제도로 현재 주목받고 있는 것은 소설 투고이다. 주식회사 히나ヒナ 프로젝트의 '소설가가 될 수 있다면', 카도카와KADOKAWA 출판사의 '가쿠요무カクヨム',* 픽시브ピクシブ=pixiv와 겐토샤幻冬舎가 공동운영하는 '픽시브 문예', 디엔에이DeNA와 엔티티 도코모NTTドコモ가 공동 투자한 '에브리스타' 등이 이에 해당하지만 실질적으로는 크리에이터 지원양성사업이다. 기존의 문예에서는 문단과 독자 간에 넘을 수 없는 선이 존재했으며, 작가는 작품의 제공에, 독자는 그 소비에 전념하였다. 그리고 공급하는 작가가 되기 위해서는 고전 소설의 다독과 정독, 문장력 강화를 통해 아쿠타가와상芥川賞,** 나오키상直木賞과 같은 등용문을 통과해야만 했다. 그런데 현재 문예에서는 고전 교양도, 문체적 재능도 필요하지 않다. 요구되는 것은 해당 문예 작품에 대한 익명의 지지이다. 요컨대, 평판이다. 여기서는 문예에서 핫한 작품의 쿨한 이야깃거리화로의 전환이 두드러진다. 또, 독자와 집필자의 분절선도 애매하다. 독자와 집필자는 분리되지 않는 동일한 수준의 인물이며 그 역할은 이야기에 대한 지지의 양에 따라 매번 바뀐다. 이런 문예 동인이 소설 분야를 통째로 둘러싸버림으로써 집필자, 독자, 콘텐츠 모두 문예의 이야깃거리화에 동참하게 되는 비즈니스 모델로 둔갑하였다. 이런 경향은 문예 쪽만이 아니라 예능 쪽에도 나타난다.***

---

* '가쿠요무'는 무료로 소설을 쓰고, 읽을 수 있는 사이트 서비스이다. https://kakuyomu.jp/를 참고.-옮긴이

** 아쿠타가와 류노스케芥川竜之介를 기념하여 1935년 문예춘추文芸春秋사의 소설가 기쿠지 간菊池寛이 제정한 신인 문학상. 연 2회 수상함.-옮긴이

*** 학계에 만연하지 않기를 기원할 뿐이다.

취미의 영역에서는 형상성에서 질료성으로의 환원이 보다 명료하다. 취미란 본래 계층에의 귀속이 몸에 각인된 것으로서, 부르디외 등은 마치 아프리오리함처럼 눈에 띄는 취미의 유전적 상속제를 비판한 바 있다. 그런 의미에서 부르디외는 취미를 질료성의 영역에서 범주로 파악한다. 한편 대중매체의 '방-송'체제에서 유행은 취미로부터 구체적인 '실질=내용'을 걷어내고 차이화의 형식적 운동을 취함으로써 이를 형상성으로 변질시켰다. 더구나 그 내용의 공허함을 통해 유행이 된 취미는 보드리야르가 적절히 지적한 것처럼 패션을 넘어 전 문화영역을 뒤덮어버렸다. 여기서 취미는 유행 속에서 질료성으로 다시 변용하는 중이다. 이 사실을 단적으로 보여주는 것이 웹검색Web-Search이다.

웹검색이란 검색자의 선호Preference를 개시하는 행위이다. 검색사이트 운영기업, 예컨대 구글이나 아마존은 이런 검색자의 선호 이력을 빅데이터로 축적하여 데이터마이닝data mining, 전형적으로는 협업 필터링Collaborative Filtering을 통해 선호 패턴을 추출하고 취미 유형을 도출한다. 그 결과를 다시 유저에게 피드백하여 상품구매행위로 유도하는 비즈니스 모델이 구글의 검색연동광고이며, 아마존의 추천이다. 여기서 유의할 것은 이 경우 당사자가 자신의 취미를 모르더라도 인공지능에 의해 취미가 통계적으로 구성되며, 더구나 인격Personality과는 본질적으로 관계 없는 비인칭적이고 표층적인 기호 패턴에 불과하다는 점이다. 때문에, 이는 부르디외가 주장한 신체에 각인된 취미가 아니다. 이는 빅데이터라는 소재에서 사후적으로 구성된다는 의미에서 역시 질료성이라고 할 수 있다. 하지만 동시에 이는 취미 당사자의 인격적 개인과는 다른 위상으로 존재하며 나아가 인격적 개인을 규정한다—예컨대, 추천을 보고 자신의 기호를 바꾸면서 검색연동광고의 구입 버튼을 누를 때가 그러하다—는 점에서 초월론적tranzendental 성격을 띤다. 이는 어떤 종류의 규범성 내지 개인행위에 대한 구속성을 뜻한다. 나는 이를 사회 환상이라고 부르고자 한다.*

이모티콘과 정동情動의 공동체

또 하나의 문제가 남아 있다. 짐멜이 성립한 지 얼마 안 된, 대중매체 패러다임의 유행에서 본 사회의 차이화와 통합의 변증법은 정보사회의 유행에서도 기능할지 아니면 실효성을 잃을지가 그것이다.

우리는 온존될 것이라고 본다. 그러나 그 효과는 크게 바뀔 것이다. 기호의 차이화 기능은 대중매체 패러다임에서는 일정한 주기로 리듬감 있게 반복되었다. 이는 대중매체의 본질적인 리듬, 예컨대 조·석간신문 발행 주기나 정기적으로 방송되는 텔레비전 뉴스, 주간지·월간지의 간행 주기와도 연동된다. 패션 분야에서는 이 리듬이 연간 주기(올해의 유행), 짧게는 반년 주기(금년 봄·여름 유행컬러, 가을·겨울 코디)로 발동한다. 이 주기 덕분에 차이가 전달·확산되어 대중의 균질화라는 기능을 감당하고 이것이 소진될 때까지의 유예기간을 설정한다. 한 차이가 소실되면 새로운 차이가 창출되어 다음 유행 주기가 생겨난다. 반면 정보사회의 유행에서 차이화 기능은 테두리 바깥으로 폭주한다. 곧, 차이가 차이로 기능하기—차이화가 사회 전

* 사회 환상에 관해서는 이 책 제4장을 참고할 것.

체로 확산되어 소멸해버리기—전에 새로운 차이가 생겨나 버리는 것이다. 이 사태가 지그문트 바우만이 말한 액상화Liquidation이다.* 이 경우 차이화 속도가 지나치게 빨라지면 대중매체의 유행이 감당해온 대중의 균질화라는 통합 기능을 유행이 감당할 수 없게 된다. 균질화하기 전에 새로운 유행이 발동하여 그것이 유행의 교체를 따라잡지 못하기 때문이다. 이는 정보사회에서 통합이 별도의 길을 통해 성취된다는 것을 뜻한다.

유행의 기능적 담지체인 기호는 정보사회의 네트워크 체제 속에서 의미의 차이화와는 별개의 기능, 즉 정동情動적 동질화 기능을 발전시켜 나간다. 전자가 카를 뷜러Karl Bühler의 오르가논 모델Organonmodell**에서 기호의 상징Symbol–묘사Darstellung적 계기를 최대화한 것이라면, 후자는 징후Symptom–표출Ausdruck의 계기를 극대화한 것이다.*** 즉, 기호의 정서 표출성ausdrücksvoll이랄 수 있는 정동성emotional의 계기이다. 기호의 이런 정동적 계기는 손으로 쓴 문자라는 기호가 필적(편지)Handschrift을 통해 풍부해지는 현상을 통해 볼 수 있다. 손으로 쓴 문자 기호가 가진 이 기능을 토대로 루드비히 클라게스Ludwig Klages는 필적학Graphologies이라는 분야를 창시하여 연구하기에 이르렀

---

* Bauman, Z., *Liquid Modernity*, Polity Press, 2000. (번역『リキュード·モダニティ』, 大月書店)

** Bühler, K., *Sprachtheorie. Die Darstellungsfunktion der Sprache*, 1934. (번역『言語理論: 言語の敍述機能』, クロノス)

*** 하나의 계기는 신호Signal-환기Appell이다. 졸저『謎としての'現代': 情報社会時代の哲学入門』(春秋社) 제4장도 참고.

다.* 기호의 정동적 기능은 접촉하는 사람을 어떤 공통의 정동으로 묶는다. 이를 '마셜 매클루언-옹'류의 기호의 촉각적tactile 기능으로 불러도 좋고 '샤를 보들레르-벤야민'의 기호의 만물호응correspondance이나 아우라Aura라고 불러도 좋다.** 러브레터나 이력서를 손으로 쓰는 것도 여기에 근거를 둔다. 그런데 대중매체의 '방-송'체제에서 반포수단으로 활용되는 활자는 기호에서 정동적 기능을 불식시키고 논리적 '분절화=차이화' 기능만을 전일적 · 기형적으로 정향진화시킨 것이다. 이런 활자 기호의 특성을 마셜 매클루언은 선형적linear이라고 부르고 저주하였지만,*** 정보사회의 디지털 기호는 일찍이 손으로 쓴 문자가 지닌 정동 기능을 놀랍게도 부활시켰다. 바로 이모티콘emoticon이다.

네트워크상에서 교환되는 이모티콘에는 약어를 통한 감정표현, 예컨대 'w(warau, 웃음의 약어)'나 'lol(laugh out loud의 약어)', 최근에는 (웃음)의 약어인 '()', 특수문자를 사용한 제스처, 예컨대 'orz****(충격을 받아 땅에 무릎을 꿇은 모습)'나 '_|—|ｏ(위와 같이)' 등과 더불어 의성어, 예컨대 '푸푸푸pupupu'나 '하하haha' 등 인터넷 네트워크 여명기부

---

* Klages, Ludwig, *Handschrift und Charakter: Gemeinverständlicher Abriß der graphologieschen Technik*, 1917.

** Baudelaire, Charles-Pierre., 'Corresponances' in *Les Fleurs du mal*, 1857. (번역 「万物呼応」, 『惡の華』, 岩波書店에 수록), Benjamin, W., *Ibid*.

*** McLuhan, M., *The Gutenberg Galaxy: The Making of Typographic Man*, 1962. (번역 『グーテンベルクの銀河系: 活字人間の形成』, みすず書房), Ong, Walter., *The Presence of the Word: Some Prolegomena for Cultural and Religious History*, Academic Studies in Religion and the Social Order Global Publication, Binghamton Univ., 1967.

**** 한국에서는 OTL로 쓰인다.-옮긴이

터 써온 원초적인 것 외에도 최근에는 다양한 기본 세트를 활용한 페이스 문자나 거의 모자이크 화면에 가까운 것까지, 복잡한 아스키 아트AA(ASCⅡ art)나 단문문자 서비스SMS(Short Message Service)에서 사용되는 스탬프 등이 추가되어 다양해지고 있다. 그럼에도 이모티콘으로 할 수 있는 표현은 현저히 빈약하다. 그 이름이 보여주는 것처럼 이모티콘이 할 수 있는 것은 정동 환기에 한정된다. 즉, 메시지 수신자의 희로애락을 환기 · 증폭하여 같은 방향으로 이끄는 기능에 불과하다. 그러나 이 기능이 네트워크유저를 정동의 공동체로 묶어내고 있다. 빈번히 보이는 현상은 플레이밍Flaming이나 제사라고 불리는 특정 개인이나 집단을 향한 익명의 부정적 공격이다.* 이는 미국의 정치학자 캐스 선스타인Cass Robert Sunstein이 사이버 폭포라고 부른 것이다.** 특정한 개인이나 집단이 공격 대상이 되는 이유는 대부분의 경우 견강부회한 종류의 것들이다. 합리적 이유야 어쨌든 간에 정동의 출구만 존재한다면, 또 카타르시스만 얻을 수 있다면 그것으로 만족한다. 때로 이런 종류의 정동의 공동체는 정치적 입장을 취하기도 하지만 이데올로기에 천착하는 것에는 무관심하다. 정동의 공동체의 핵심은 구체적 내용을 결여한 **단순한 정동**에 불과하기 때문이다. 일본의 넷우익이 그 전형이지만 미국에서 도널드 트럼프Donald Trump 정권을 일군 것, 2011년 재스민 혁명을 성공시킨 것도 이런 종류의 정동의 공동체이다.***

---

* 플레이밍이란 디수기 의도적으로 악플을 다는 헹위를 밀한다.-옮긴이

** Sunstein, Cass R. *Republic.com*, Princeton University Press, 2001. (번역 『インターネットは民主主義の敵か』, 毎日新聞社.)

*** 정동의 공동체가 예외 없이 대중매체를 적으로 상정하는 점도 덧붙여둔다.

이상 우리가 살펴본 정보사회의 새로운 기호인 이모티콘에 관해 지적한 것은 다음 세 가지이다. 우선 정보사회에서는 모든 디지털 기호가 이모티콘화된다. 이 절 서두에서 거론한 이모티콘의 구체적 사례는 빙산의 일각에 불과하며 상징에 지나지 않는다. 이모티콘에 한정하지 않고 네트워크상에서 교환되는 메시지는 마셜 매클루언이 선형적이라고 부른, 일반적으로 활자가 담당했던 논리구조나 이야기식의 내용을 일찌감치 포기했다. 논리구조나 이야기를 전개하는 데에 필요한 정보량이 단일 메시지에 허용되는 물리적 용량을 초과해 버리기 때문이다. 예컨대, 트위터의 140자 제한 규칙이 그러하다. 또, 그 이상 장애가 되는 것은 네트워크상 메시지의 문맥 의존성과 쿨함이라는 특성이다. 즉, 개별 메시지는 그때마다의 상황에 따라 찰나의 반사적인 응답, 곧 정동 노출적인 연쇄적 소통을 이어가는 것으로서 콘텐츠가 행위를 완결하지 못하고 경계가 지속된다. 물론 네트워크상에서는 일부 선형적 콘텐츠도 있지만 이것들은 피디에프PDF, 워드WORD 같은 자기지시적 · 자기 완결적 형식으로 캡슐화된 첨부파일 형태로 유통된다. 이렇게 디지털 기호에서 이모티콘이 전면화된다.

다음으로 디지털 기호의 이모티콘화는 대중매체와는 다른 방식으로 사회의 균질화와 통합을 담당하지만 거기에는 고유한 특성과 한계가 확인된다. 대중매체의 '방-송'체제에서 유행이 기호를 통해 대중의 통합을 수행했던 것처럼 정보사회의 네트워크 체제에서 유행은 디지털 기호를 매개로 정동의 공동체를 통합하는 역할을 담당한다. 그러나 이 통합은 논리나 신조 같은 내면이 결여되어 있고, 정동을 핵심으로 삼기에 폭발적이고 순간적이다. 과거 유행에서는 새로운 차이가 기호를 바꿔가며 정기적으로 공급된 덕분에 통합이 유지되었지만 오늘날의 유행에서는 격정적이고 일시적인 집중이 간헐적으로 생겨난다는 점에서 통합력이 매우 떨어진다. 이모티콘이 독립성을 결여한 쿨한 기호인 것과 상황에 따라 존재할 수밖에 없는 사정이 맞물려 새로운 유행의 변형* 속에서 이따금 생겨나는 포말 같은 나약함과 무상함을 드러내는 것이다.

마지막으로 디지털 기호의 이모티콘화가 정보사회에서 질료성, 기호의 차원에서 우위를 나타낸다는 점이다. 이모티콘은 기호의 차이화 기능의 안쪽에서 엄격하게 기능하는 동일화 기능을 최대화한다. 이는 기호에서 우리를 차이화 이전의 혼탁한 '소재성=질료성' 혹은 문자의 '**살**chair'** 로 되돌려 소재의 유희jeu de matière의 차원을 연다. 이런 기호의 물질성이나 질료성, 즉 기호의 제멋대로인 의미에 주목하려는 시도는 대중매체 패러다임 초기 다다이즘이나 상징파가 실천한 캘리그램Calligramme*** 수법에도 있었다. 그러나 이는 결국 기호의 의미, 즉 기호의 차이화 기능의 보조수단으로 사용되는 것에 불과하다. 정보사회의 기호에서 질료성의 동일화 기능은**** 디지털 기호의 중심적 기능으로 격하됨과 동시에 정보사회를 **정동**사회로 바꾸는 중추

* 앞서 피디에프 형식이나 워드 형식은 디지털 기호가 본질적으로 가진 이런 유동성·액상성을 일시적으로 막기 위한 틀이다.

** '살'은 메를로-퐁티가 즐겨 쓰는 표현으로, 피아니스트의 머리와 손이 혼연일체가 된 상태, 곧 음표라는 기호와 그 실행이 분리되지 않은 상태의 손의 '살'을 가리킨다.-옮긴이

*** 위키피디아에서 캘리그램 작품들을 볼 수 있다. 아래 사이트를 참고할 것. https://fr.wikipedia.org/wiki/Fichier:Guillaume_Apollinaire_-_Calligramme_-_Saignante_fl%C3%A8che.png -옮긴이

**** 물론 제3자적으로für uns 볼 때 극소micro의 차이가 전혀 없는 것은 아니다. 그러나 이모티콘이 실현하는 동일화로 이런 차이를 취하기에는 부족하다.

역할을 담당하고 있다.

정보사회에서 가치의 문제

정보사회란 그 이름에 걸맞게 정보라는 형상성이 사회존립의 기축을 이루는 체제이다. 그리고 이 형상성의 사회적 기능은 차이화이다. 그레고리 베이트슨Gregory Bateson의 정의를 따르지 않더라도 정보란 차이를 낳는 차이A difference which makes a difference로서 정보라는 차이가 사회를 나눈다. 이 차이를 사회에 유통시키는 매개체가 기호이며, 유행은 차이를 사회 속에서 왕래토록 하면서 한편으로는 개인에게 개성과 우월이라는 환상을 심어줌과 동시에 다른 한편으로는 사회에 통합을 제공해주는 역설을 발휘한다. 그리고 새로운 차이를 정기적으로 공급하는 것이 각종 '저자=권위'이며, '방-송'이라는 기호 유통체제로 권위와 대중을 나누는 것이 대중매체였다.

정보사회는 기존의 '방-송'을 이차원적이고 무작위적인 디지털 기호 유통체제, 곧 네트워크로 대체하여 권위적인 위계를 기능정지시켜버림으로써 '창조=창작'에서 민주주의를 실현한 것으로 보인다. 그러나 창작에서 민주주의란 과연 무엇인가? 창작이란 새로운 가치의 생성이지만 이는 단순한 의미의 차이화 조작이 아니다. '정보=형상성'은 가치 생성원리가 아니다. 보드리야르가 주장하는 것과 달리 기호의 차이화 운동으로서의 유희로 가치가 생겨나는 것이 아니다. 대중매체 패러다임에서 단순한 정보에 가치를 부여하는 것은 위계적인 구조였다. 이 구조는 정보를 활자 기호로 압축하여 내용의 변경을 막는 동시에 '저자=권위'를 통해 작품으로서의 특권적 가치를 유지하였다. 문화기호론은 이런 구조를 명백한 전제로 수용한 상태에서 작품에 대한 기호론적 분석을 수행한다.

그러나 정보사회에서 이런 방법론은 효과가 없다. 왜냐하면 네트워크상의 어디에도 '저자=권위'를 통한 작품이 존재할 수 없기 때문이다. 일반화하자면 정보사회란 정보에서 의미의 차이화 기능을 극대화시킴과 더불어 그 차이화된 의미를 상대성의 도가니에 집어넣어 가치를 평준화시키는, 비유컨대 된장과 똥이 하나가 된 형국이다. 물론 과거에 빠져 위계적인 권위의 재구축을 몽상하는 것도 불가능하다. 이후 정보사회에서 가장 중요한 과제는 다음과 같다. 형상성의 차이화 속도를 끌어올리지 않고서도 질료성의 수준인 소재의 유희에서 어떻게 가치를 생성할 것인가.

3장

비트코인의 사회철학

비트코인에 대한 시각

비트코인이 유행어 목록에 올라갔던 2014년을 전후로 여러 가지 사건이 벌어지면서 비트코인은 부정적인 평가를 받기 시작했다. 우선, 그해 12월 시부야渋谷에 본거지를 둔 최대 규모의 비트코인 교환소인 마운틴 곡스가 해킹으로 대량의 코인을 잃으면서 경영이 마비되었다. 전년도 10월에는 비트코인 암거래 사이트인 실크로드Silk Road가 불법약물 취득과 살인청부에 연루되어 FBI에 적발됐다. 그럼에도 2018년 1월 가상화폐 넴NEM의 유출사건을 비웃듯 전문월간지가 곧바로 등장하기에 이른다. 이제 비트코인은 각계각층의 열광을 한 몸에 받게 되었다.

무정부주의적 자유를 신봉하는 이들도 1980년대 사이버펑크Cyberpunk를 비꼰 사이퍼펑크Cypherpunk를 필두로 비트코인을 보급하면서 정치화하고 있다. 중앙은행의 화폐발행 독점을 비판하고 지역화폐 부활을 대체할 수단으로 비트코인이나 알트코인을 개발하는가 하면, 비트코인을 금융기술Fintech의 가장 중요한 항목으로 보고 월가와 실리콘밸리에 침투하려는 세력도 있다. 이들은 현행체제 변혁을 경제 분야에서 실현하기 위한 열쇠로서 비트코인에 기술력에 대한 평가를 맡기자고 주장한다. 또, 실용적 관심에서 비트코인에 흥미를 보이는 층은 송금수수료가 높은 현행체제에 비해 낮은 비트코인 수수료를 높이 평가하면서 소액결제Micropayment의 희망을 피력하기도 한다.

현행 화폐 · 금융제도를 지배하는 층이나 기득권 층 또한 손을 놓고 있진 않다. 이들 또한 비트코인의 보급에 어떤 위기감을 느끼는 것은 다르지 않으며 그 기술을 사용할 만한 부분을 찾기 위해 노력 중이다. 비트코인이 실현한 단일 장애점Single Point of Failure이나 견고한 체계가 그만큼 탐나는 것이다. 개발자인 사토시 나카모토는 현행 화폐제도의 가장 큰 결함으로 인플레이션을 꼽고, 화폐가치의 만성적 하락을 멈추고자, 실비오 게젤Silvio Gesell*의 감가 상각되는 자유화폐Freigeld나 스탬프화폐에서 영감을 받아 비트코인을 만들었다.** 영향력은 경제 분야만으로 그치지 않는다. 비트코인의 핵심 기술인 블록체인을 본체에서 추출 · 정화하여 분산형 플랫폼에 독립시킨 분산형 자율조직(Decentralized Autonomous Organization, DAO), 스마트 계약Smart Contract이라는 형태로 기업이나 행정 외에도 조직운영이나 업무에 활용하고자 하는 움직임이 활발하다.

그러나 현 상황에서 그 지위가 불안정한 비트코인의 아류, 알트코인Alternative Coin이 2018년 11월 시점에서 2,000종을 넘고,*** 그중 다

---

* 화폐를 주로 연구한 벨기에 출신 독일 경제학자로서 훗날 존 메이너드 케인스John Maynard Keynes에게 많은 영향을 주었다. 금·은 등의 화폐소재로부터 화폐를 해방시켜, 화폐의 유통속도를 빠르게 하고, 구매력을 증가시킨다는 자유화폐 학설을 주장하였다.-옮긴이

** Gesell, S., *Die natürliche Wirtschaftsordung durch Freiland und Freigeld*. 1916. (번역『自由地と自由貨幣による自然的経済秩序』ぱる出版) 제안에 관해서는 예컨대, 이와무라 미즈루 岩村充,『中央銀行が終わる日: ビットコインと通貨の未來』, (新潮社, 2016)을 참고.

*** https://coinmarketcap.com/currencies/ (2018년 11월 17일 현재)

수가 투기대상이 되어버렸다. 기술 수준의 개량은 현재도 진행 중이다. 때문에, 이 장에서는 비트코인에 대한 기술적 수준의 평가는 물론 그것이 초래한 경제적 효과에 대한 언급은 삼가기로 한다. 다시 말해, 실제 비트코인이 보급·성공하는 문제와 그것이 실현된 현재의 체계에 대한 평가는 별개의 것으로 나는 이에 개입할 생각이 전혀 없다. 이 장에서 내가 말하고 싶은 것은 비트코인의 현재 그리고 미래에 정보사회에서 비트코인이 어떤 의의를 가질 것인가에 관한 사회철학적·매체론적 논의이다. 이는 비트코인에 대한 '학지'적 입장für uns의 관찰Beobachtung이라고 할 수 있다. 미리 말해두자면 비트코인의 사회철학적 의의를 살피는 작업은 정보 사회에서 새로운 가치공간 창설의 기제를 점진적으로 더듬어가는 길이 될 것이다.

1 사물과 기호

예비적 고찰: 문제의 소재

본론에 들어가기에 앞서 두 가지 구별, 곧 '물질/사물' 및 '비트코인/전자화폐'(이 장에서 이 구별의 상위개념은 디지털화폐)를 도입함으로써 사전에 오해를 막고 동시에 이 장에서 비트코인을 논하는 것이 왜 중요한가라는 문제Problematik의 초점을 맞추기로 한다.

화폐의 물질성과 사물성

디지털화폐의 20세기 형태인 전자화폐의 등장으로 마르크스가 말한 화폐로서의 화폐Geld als Geld가 가진 사물성이 배경으로 밀려나고 정보성 자체가 화폐의 본질로 부상하고 있다. 역사적으로 볼 때, 화폐의 형태는 일정한 사용가치를 가진 물품화폐(쌀 · 소금 등 단순상품시장에서 마르크스에게 이른바 일반적 등가형태인 것) → 조개 · 철(사용가치를 거의 상실한, 경우에 따라서는 주술적 성격을 지닌 희소재) → 금으로 대표되는 귀금속(즉, 사용가치를 완전히 상실했거나 '사용가치=교환가치' 같은 마르크스가 말한 화폐형태) → 지폐(이른바 신용화폐) → 전자화폐(이른바 플라스틱화폐)로 진화해왔다. 이에 따라 화폐는 구체적인 사용가치를 체화한embodier '물질성=사물성'을 상실해온 반면 '정보성=코드성'의 방향이 강화되었다. 그러나 우리가 본 디지털화폐의 금세기적(=네트워크적) 최신 형태인 비트코인은 '정보성=코드성'은 물론 이 물질성과 사물성을 겸비하게 되었다.

유의할 것은 이 경우 물질성과 사물성의 함의이다. 이야기를 간단히 이해하기 위해 화폐가 도량 단위로 확립된 현재를 살펴보자. 오백 원 금속화폐는 '오백 원'이라는 가치 정보를 동 · 아연 · 니켈 합금이라는 물질로 체화한embody 것이며, 만 원권은 '만 원' 분량의 가치 정보를 종이라는 물질에 체화시켜 놓은 것이다. 또, 전자화폐의 경우 디지털화된 가치 정보가 자성체나 IC칩이라는 물질에 박혀 있다. 어떤 경우라도 가치 정보는 물질과 분리되지 않은 채 양자가 **구별되는 동시에** 일체화되어 있다. 그러나 동전이나 지폐의 경우 구매, 교환 장면에서 정보와 물질이 분리되지 않고 일체화된 채로 상대방에게 일제히 양도되는(정확히는 그럴 수밖에 없는) 반면, 전자화폐의 경우 지불 시 쌍방의 당사자가 통신을 매개로 정보를 교환하지만 물질은 화폐소유자의 손에 그대로 남게 된다. 이런 일련의 일이 전자화폐에서는 가치 정보의 전송으로 **간주된다**는 점에서 동전이나 지폐와 다르다. 자성체나 IC칩은 어디까지나 전자화폐의 도구, 이른바 담는 용기나 지갑일 뿐 가치 정보가 체화된 물질이 아니라고 반론할 수 있겠지만, 이 경우에도 전자화폐 가치 '자체'의 전송을 액면 그대로 인정하기보다는 가치 정보 '자체'와 전자라는 비가시적이고 미시적인 물질, 정확히는 양자quantum 물질을 지지체support로 요청한다는 점을 잊지 말아야 한다. 어떻든 화폐는 정보와 물질의 혼합체로만 가능하다는 숙명을 가지며 이로부터 정보만 단순히 분리하는 것은 불가능하다.

쌍방이 공유하는 물질성의 경우 일상적 의식에 비춰 볼 때 전자화폐와 과거 화폐의 동일시를 망설이게 된다. 동전이나 지폐와 전자화폐 간의 이질성이 직관적으로 받아들여지기 때문이다. 중요한 것은 화폐에서 물질성과 사물성을 주의 깊게 구별해야 한다는 점이다. 동전이나 지폐에는 존재하고 전자화폐에는 존재하지 않는 것, 그것은 바로 물질성이 아니라 화폐의 사물성이다. 동전이나 화폐, 특히 금에서는 가치 정보와 물질의 뒤섞임이 벌어짐에도 불구하고 양자가 동일시된다. 혹은 마르크스가 말한 것처럼 물질과 가치 정보에 대한 오인Quidproquo이 일어난다. 이것이야말로 가치 정보가 아닌 합금이나 종이 같은 물질 자체가 욕망의 대상이 되는 사태이다. 우리는 이를 이른바 물신숭배Fetischismus, 곧 물질로서의 화폐가 가치의 체화물로서 다른 모든 상품을 압도하는 사태라고 칭한다.* 우리는 이런 가치

* Marx, K., *Das Kapital: Kritik der politischen Ökonomie*, Erstes Buch, Erstes Abschnitt, Erster Kapitel, 4. Der Fetischcharakter der Ware und sein Geheimnis.

정보(다만 이 가치 정보 개념은 후에 지양된다)와 물질 및 화폐체 간의 혼란스런 동일시를 화폐의 사물성이라고 부르고 화폐의 물질성과 구별하고자 한다. 화폐의 물질성은 애초부터 학지적 입장에서für uns 분석적 관찰을 통해 판명하는 **구성적 계기**인데 반해 사물성이란 화폐 **자체**가 우리의 일상적 의식에 대해für es 드러내는 존재론적 성격이다.

전자화폐의 등장으로 화폐의 물질적 계기인 전자기기 '내부'의 가치 정보의 증가와 감소, 혹은 전자기기 '간'의 가치 정보 전송은 사용자에게 화폐에서 정보적 계기와 물질적 계기의 구별을 자각하게 해주었다. 동시에 시장에서 유통되는 가치의 담지체가 물질이 아니라 정보임을 강하게 보여주었다. 모든 화폐에 가치 정보와 물질성의 구별이 적용됨에 따라 화폐의 본질 또한 정보의 보편성이라는 테제로 유도된다. 경제체제에서 이런 사태는 지지체로 기능하는 돌이나 점토, 파피루스, 양피지 같은 물질적 매체를 같은 것으로 간주해온 지식이 전신電信 기술의 등장으로 물질적 계기와 정보적 계기를 구별하고 이 과정에서 정보 자체가 본체로 간주되기에 이른다. 이 구별로 인해 화폐의 본질이 지식이 아닌 정보성을 통해 확인되는 엉뚱한 현상이 벌어지는 셈이다.

전자화폐와 비트코인

한 가지 덧붙일 것은 전자화폐로 인해 상실될 것으로 보였던 사물성이 비트코인에서 다시 부활했다는 점이다. 물론 비트코인도 전자화폐와 마찬가지로 전자라는 비가시적인 양자적 물질을 지지체로 가지며, 물질적 계기에서 만질 수 있는 유체성Leibhaftigkeit을 특징으로 하는 귀금속, 동전 · 지폐 같은 고전적 화폐와 명백한 단절을 보인다는 점에서 과거로의 단순한 회귀는 아니다. 독자에게 환기하고 싶은 것은 비트코인 개발자인 사토시 나카모토가 명확히 희소재인 금을 모델로 그것을 설계했다는 사실이다.* 발행 당시부터 결정된 2,100만 BTC(비트코인의 측량단위)라는 총 발행량 상한은 금 매장량을 추정한 것으로, 비트코인은 희소금속인 금과 마찬가지로 한정된 자원으로 설정된 것이다. 이에 따라 비트코인은 희소성 일반을 획득한다. 그리고 비트코인의 희소성을 창출하는 또 하나의 요인이 획득 시의 작업증명PoW; Proof-of-Work으로 불리는 고된 작업이다. 비트코인의 특수용어인 채굴mining이나 채굴자miner는 결코 단순한 비유가 아니다. 채굴은 추상적 인간노동이나 컴퓨터의 추상적 노동, 곧 에너지소비와 지출을 요구한다. 비트코인이 목적으로 삼는 것은 디지털 세계에서 금으로 대표되는 희소재를 재현 · 재구성하는 것으로, 희소재인 귀금속이 결국 화폐로 전환된다는 카를 폰 멩거Carl von Menger의 금에 대한 특권시를 바탕으로 한다.** 비트코인에서는 네트워크 노드에서 중앙처리장치CPU와 전력 같은 컴퓨터 수준의 물질 교환과 에너지 대사가

---

* Nakamoto, S., *Bitcoin: A Peer-to-Peer Electronic Cash System*, October 31, 2008 (http://nakamotoinstitute.org/bitcoin/#selection-7.4-19.22), 6 Incentive, 또한 그가 2010년 8월 10에 투고한 비트코인에 대한 이야기 'Bitcoinminting is thermodynamically perverse' (http://satoshi.nakamotoinstitute.org/posts/bitcointalk/327/#section-5.4-5.49)를 참고. 링크는 2018년 11월 17일 현재를 기준으로 함.

** Menger, C., *Grundsätze der Volkswirtschaftslehre*, Erester Auflage, (1871), 8 Capitel, *Zweiter Auflage*, (1923), 9 Capitel. Die Lehre vom Gelde. (번역 『一般理論経済学』, みすず書房)은 제2판이 저본이지만 초판의 「제8장」·제2판의 「제9장」에 나온 화폐이론은 두 판 번역이 서로 크게 다르지 않아 모두 사용하였다. 또, 같은 저자의 'On the Origins of Money', Economic Journal, volume2, (1892) p. 239-55. 특히, Ⅷ. How the Precious Metals became Money를 참고.

벌어지기에 고전파 경제학의 노동과는 위상을 달리하는 새로운 노동 가치설의 복권을 고려하지 않을 수 없다.

전자화폐와 비교할 때 비트코인에서 가치가 정보로 환원된다고 간단히 말하기는 어렵다. 이는 전자화폐가 일부 선불을 제외하고 대부분의 경우 신용을 매개로 한다는 점에서 특정한 개인에게 연결된, 따라서 여기저기 유통이 불가능한 대체수단에 불과하다는 점을 보면 알 수 있다. 확실히 전자화폐를 통한 상품구매나 지불은 단순한 전자적인 정보처리과정이다. 그러나 이 과정과 나란히 (예치금 제도의 경우 사후적으로) 예금계좌나 지갑에서 법정통화를 빼 간다는 점을 보면 그것이 결국 법정화폐를 통한 가명alias에 불과함을 알 수 있다. 그렇다면 전자화폐는 화폐의 네 가지 기능(척도 · 교환 · 저장 · 지불) 위에서 신용을 전제로 지불(결제) 기능을 담당하는 것에 불과하다.

즉, 전자화폐라는 기호 유통을 보증하는 것은 법정화폐이며 결국 이는 국가가 법으로 강제 통용력만 부여한다면 금이든, 종이든 상관없다는 게오르그 프리드리히 크나프Georg. F. Knapp류의 화폐국정설*을 따른다. 전자화폐는 단순히 유사화폐, 보조화폐에 불과한 것이다. 이처럼 전자화폐는 화폐라고 부르길 주저하게 만드는 면이 있다. 한편 비트코인은 불완전하다고 이야기되지만(예컨대, 이를 취급하는 점포수가 적어서 '교환=구매'에 불편이 있고, 투기의 대상으로서 교환비율이 불안정하고 저장하기에 위험성이 높다는 점), **원리적으로는** 네 가지 기능을 모두 가지고 있다.** 애초 비트코인이 투기대상은 아니었다는 사실이

---

* Knapp, G. F., *Staatliche Theorie das Geldes*, 1905. (번역 『貨幣國定學說』, 岩波書店).

** 다만 지불 기능에 관해서는 뒤에 나올 '신용과 신뢰'절의 서술처럼 제한과 유보를 덧붙일 수

그것의 사물성을 증명한다.* 이에 비해 전자화폐는 결코 투기대상이 될 수 없다. 비트코인의 출현은 '화폐는 화폐로 유통된다'와 같이 그 근거가 없는 자기지시적 반복의 자명성을 넘어 화폐의 사물성과 이를 구성하는 심층적이고 잠재적인 구조를 보여준다. 이런 의미에서 비트코인은 화폐관의 타당성을 묻는 시금석 역할을 한다. 디지털 화폐의 불완전태 · 선구적 형태에 불과한 전자화폐를 과대평가하여 화폐의 본질을 정보성에 근거해 비트코인을 바라보는 위험을 경계해야 할 것이다. 비트코인은 결코 전자화폐의 연장선상에서 등장한 후속 기술이 아니다. 이후 보게 될 것처럼 양자는 근본부터 다른 패러다임에 속한다.

다른 한편 비트코인의 문제를 '케인스인가 프리드리히 하이에크Friedrich Hayek인가'와 같이 화폐에 대한 '국가 관리주의 vs 무정부주의적이고 자유방임적인 투쟁원리'라는 구도로 환원하는 논의가 자주 등장한다. 그러나 이와 같은 시각에 설 때 예전의 지역화폐 붐 사례처럼 화폐 발행 자유화에 대한 시비 같은 정책적 틀로 이야기가 미끄

있다.

* 2016년 초 네트워크를 이용하는 개인 수준의 국제적 결제 서비스인 페이팔PayPal 이사로 취임하였으며 비트코인 지갑 자포Xapo의 최고 경영 책임자인 비트코인계의 풍운아 웬스 카사레스Wences Casare도 비트코인이 통화currency보다는 금으로 대표되는 '상품=사물commodity'과 유사한 물건이라는 화폐상품설에 가까운 해석을 내린다. (http://www.econtalk.org/archives/2015/07/wences_casares.html). 또, 2013년 중국 내 금융기관에서 비트코인 취급을 금지한 조치를 보면 비트코인에 대한 해석이 카사레스의 입장과 비슷한 것을 알 수 있다(중화인민은행이 2013년 12월에 발표한 '비트맵 위협에 대한 경계문关于防范比特币风险的通知', 银发[2013] 289호). http://www.miit.gov.cn/n1146295/n1652858/n1652930/n3757016/c3762245/content.html을 참고. 일반적으로 외국거래시장에서 투기적 행위가 느는 것이 단순한 정보조작이라 해도 화폐의 '사물성=상품성'을 말하는 것이며 화폐의 고유성이 단순히 정보라는 사실이 부정된다. 링크는 2018년 11월17일 현재를 기준으로 함.

러져버린다. 비트코인의 본질과 주요 문제들이 간과될 수밖에 없는 것이다. 비트코인이 지역화폐로 기획된 것이라 해도 일부를 공유할 뿐 사고와 구조 면에서 다르다는 점을 다음에서 살펴보자.

비트코인의 두 층위: 사물과 가치

비트코인은 사물성과 가치성이라는 두 층을 갖는다. 사물성은 **어떤 한정성이 부여된** 상품성이라고 말할 수 있다. 비트코인은 비가시적 · 불가촉적인 것이기 때문에, 일용품이 아닌 무한정적이고 희소성이 높은 금을 모델로 한다. 한편 가치성은 비트코인이 화폐로서 구매에 활용되고 축적 가능하며, 유통되고 경제수단으로 지불되는 근거를 가리킨다.

비트코인의 두 층이 흩어진 형태로 존재하더라도 기능적으로 따로 작동하는 것은 아니다. 실제로 양자는 비트코인의 필수 기능을 이루는 **계기**이기에 이들을 실제로 분리할 수는 없다. 예컨대, 비트코인의 사물성은 이미 가치성을 잠재적으로 '잉태하고' 있기에 상품성 또한 갖게 된다. 즉, 비트코인에서 사물성과 가치성이란 마치 게슈탈트심리학의 전경과 배경 관계를 이루는 것으로 양자는 문맥에 따라 드러나고 숨는 상대적 관계에 있다. 그래도 사물성이 가치성의 가능 조건이라는 점에서 전자가 보다 기초적이며 이른바 '우월한 게슈탈트gute Gestalt'라고 할 수 있다. 즉, 비트코인에서 사물성과 가치성은 사물 **층**을 토대로 가치 **층**이 겹쳐지는 층화구조를 이룬다. 이제 이런 사물 층과 가치 층이라는 비트코인의 특성에 맞춰 각 단계를 살펴보고자 한다. 지금까지 우리가 본 것은 '희박한 사물로서의 비트코인이 어떻게 가능한가'라는 과제의 규명이었다.

사물로서의 비트코인

이제 우리는 물질성과 사물성을 명확히 구별하면서 사물성을 결여한 전자화폐와 사물성을 띤 비트코인을 구별할 수 있다. 한편 물질성은 양쪽의 공통된 필수항목이자 계기임을 확인하였다. 그러나 전자화폐의 물질성이란 앞서 본 것처럼 일상적이고 가시적 · 가촉적인 물질성과 양상을 달리하는 전자라는 '물질', 곧 양자적 존재를 가리킨다. 양자역학에서 관측문제를 도출하지 않고서도 이런 질서를 띤 물질은 자기동일성을 갖지 않는다. 이는 도처에 존재하지만 특정한 방식으로 흔적 없이 사라져버린다. 이런 성가신 양자적 특성을 디지털한 존립체가 계승하여 무한한 복제를 산출한다. 이 사태는 비트코인에 있어서 치명적이다. 왜냐하면 조금도 다르지 않은 '분신'을 무한정 산출하는 '사물=상품'이란 존재할 수 없으며 만일 존재하더라도 이는 비트코인이 지향하는 희소성을 물거품으로 만들기 때문이다. 비트코인의 급선무는 자기동일성을 구성하는 일에 있다. 다만 이 자기동일성은 고유명 수준이 아닌 비트코인이라는 '종種' 수준의 익명적이고 불확정적인anonym인 자기동일성이며 당장 양적인 사분면에 존재한다. 즉, 'x 량의 BTC'라는 양적인 수준의 자기동일성이 그것이다. 이에 따라 비트코인의 무제한 증식과 발행량의 한계 설정을 무효화하려는 시도가 저지될 수 있다.

비트코인은 자기동일성의 획득, 그리고 이에 연동된 사물성의 취득을 소유자의 점유라는 사태를 통해 구현한다. 즉, 'x 량의 BTC가 자기동일성을 갖는다'는 사태를 '다른 몇 시가 아닌 바로 **이** 시각에, 다른 누구도 아닌 바로 **이** 소유자를 통해 x 량의 BTC를 점유한다'는 사태로 간주하여 사물성이 비트코인에 귀속되도록 한다.

여기서 말하는 소유자란 과연 누구인가? 그리고 비가시적이고 불가촉적인 비트코인의 점유란 어떤 사태를 말하는가? 이것이 핵심 문제이다. 결론적으로 말해 소유자란 비트코인 소유와 동시에 할당되는 주소이며 점유란 'x 량의 BTC'와 특정한 주소의 연결에 대한 다른 주소의 승인을 말한다. 이때 중요한 것은 첫째, '에이치티티피http'라는 규약에서 시작된 홈페이지 주소나 '앳'@을 넣은 메일 주소가 인터넷 네트워크 공간의 주소인 도메인 명을 주소로 삼는 것과 달리, 비트코인 소유자의 주소는 소유 시 생성되는 공개키, 앞 절에서 본 요약값을 기초로 단순한 영문, 숫자의 조합(1이나 3에서 시작하여 27~34자 길이의 문자열)에 지나지 않는다는 것이다. 즉, 비트코인의 주소는 장소가 **아니라** 어디까지나 공개키의 소유자인 **개인**을 **직접** 지정한다.* 둘째, 특정 양의 비트코인 점유는 배타적이고 물리적인 행위가 **아니라**(비트코인이 가촉적 물질이 아닌 이상 그 행위는 본래 불가능하다), 뒤에 나오게 될 블록체인Blockchain으로 불리는 장부—이 장부에는 타임스탬프Timestamp가 삽입되어 시간적인 한정도 생기지만 이에 관해서는 다루지 않기로 한다—에 기재된 연결 주소 간의 승인confirmation과 합의consent라는 간주관적인intersubjective 관찰과 기술로 가능하다는 점이다. 즉, 점유는 개인이 할 수 있는 것이 아니라 네트

---

* 다만 뒤에 보게 될 것처럼 이 **개인**은 실재세계에 사는 개인과 연결되어 있지만 일치하는 것은 아니라는 점에 주의해야 한다.

워크 전체에 걸친 간주관적 승인 · 합의를 매개로 가능한 사태이다. 이를 토대로 셋째, 가장 핵심적인 사안으로서 비트코인의 사물성은 불확정적anonym인 자기동일성을 가능성의 조건Bedingung der Möglichkeit으로 삼으며, 자기동일성은 비트코인 소유자의 점유를, 점유는 소유자들 상호 간의 승인과 합의를 가능하게 해주는 가능성의 조건이 된다는 점이다. 때문에, 비트코인의 존립은 어떤 층화된 구조를 매개로 하며, 현 단계에서 최상층인 사물성은 최하층인 주소를 노드 삼아 인터넷 네트워크와 **일치하지 않는** 지점까지 환원가능하다. 이 주소의 네트워크야말로 비트코인 존립의 지평Horizont을 이룬다.

이상 분석한 것은 비트코인이 지지체로서 물질적 계기 수준에서 전자의 양자효과에 입각한 개체적 자기동일성을 지니지 않는다는 사실을 알려준다. 다시 말해, 그것은 사물성을 결여했음에도 네트워크 공간에서 주소 상호 간에 대타적인 반영적reflexiv 규정을 매개로 '소유자=주소'를 통해 점유의 형태로 사물성을 **구성해낸다**는 사실을 알려준다. 인터넷 네트워크 공간을 기반으로 하면서도 이와 명확히 구별되는 '주소=비트코인 소유자'를 노드로 삼는 새로운 네트워크 공간이야말로 비트코인이라는 상품화폐의 '유통권=서식권Element'이다. 그것은 인터넷 네트워크라는 정보 공간 층에 겹쳐 있거나 이로부터 분화한ausdifferenzieren 가치 공간 층으로 이루어진 것이다. 그리고 이 가치 공간의 창출 · 분화를 실현하는 기술이야말로 다음 절에서 다루게 될 암호cryptograph이다. 가치 공간Wertraum이란 정보 공간Informationsraum이 **아닌** 암호 공간Kryptoraum을 가리킨다. 다음에서는 어떻게 암호기술로 비트코인에 사물성을 부여하는가를 살펴보고자 한다.

암호기술과 디지털화폐

물론 비트코인만이 아니라 전자화폐에도 암호기술은 사용된다. 그러나 비트코인에서 암호가 담당하는 역할은 전자화폐의 경우와 완전히 다르다. 이 절에서는 암호기술 자체가 지닌 사회적 의미까지 살펴보고자 한다. 전자화폐와 비교하여 비트코인 암호의 의의를 생각해보자. 암호학cryptgraphy에 대한 소양을 얼마간 가진 독자라면 새삼스런 서술이라고 느끼겠으나 필수항목이므로 잠시만 참아주길 바란다.

암호는 전시戰時에 통신이나 첩보 목적으로 개발된 역사적 배경을 가지고 있다. 영국이나 미국에서 실제로 이를 무기로 간주하여 공개나 수출이 금지된 시기가 있었던 점에서 그것이 본래 기밀 은닉을 위한 기술임을 알 수 있다. 때문에 아군과 적군이 상정되며, 적군이 그 내용을 모르도록 하기 위해 아군만을 위한 기밀공유 규약을 도출하는 것이 주 과제이다. 이때 가장 일반적으로 사용하는 방법이 공통키 암호방식이다. 아군 측의 송신자(암호학에서 상투적으로 앨리스라고 부르는)와 수신자(밥이라고 부르는) 간의 동일한 알고리즘 제어값을 공통키Common Key로 공유하고, 이를 이용해 앨리스는 평문을 암호화하고 밥은 암호문을 해독하여 원래의 평문을 얻는다. 기밀문서 상자에 자물쇠를 걸고 앨리스와 밥이 그 열쇠를 공유하는 이미지인 것이다. 구체적으로는 1970년대 초 개발되어 반세기 가깝게 사용한 데이터 암호화 표준인 'DES(Data Encryption Standard)' 알고리즘과 이후 개발된 보다 강력한 AES(Advanced Encryption Standard)가 여기에 해당한다. 이 방식은 공유키가 기밀보안의 유일한 생명선으로 분실하면 만

사를 제쳐놓아야 한다. 이 방식의 치명적 단점은 도난이나 분실 위험은 그렇다 쳐도 송수신자 간 공통키 인수인계가 꼭 이루어져야 한다는 점이다. 그렇지 않으면 아군 병사가 기밀을 공유할 수 없다. 이 단점을 극복하기 위해 개발된 것이 암호화와 해독에서 상이한 알고리즘 제어값(=키)을 이용한 공개키 암호방식이다.

이 방식은 두 개의 키, 즉 공개키Public Key와 비밀키Private Key를 동시에 생성하는 것이다. 공개키는 누구라도 입수 가능하지만 비밀키는 발행자의 수중에서 엄격하게 관리된다. 공개키로 암호화된 암호문은 동시에 생성된 비밀키를 써서 해독할 수 없고, 반대로 비밀키로 암호화된 암호문은 대응하는 공개키로 해독하는 것이 불가능하다. 예컨대, 앨리스가 밥과 비밀을 공유할 때 앨리스가 비밀키를, 밥이 공개키를 가지고 있다면 밥이 소유한, 앨리스의 공개키로 암호화된 암호문은 앨리스의 비밀키로 해독할 수 없다. 복수화되었다는 점을 제외하면 공통키 방식과 바뀐 것이 없다. 즉, 적군이 알 수 없도록 아군이 비밀을 공유한다는 점이다.

초점은 비밀 **내용**의 수준에서 이를 공유하는 '송신자-수신자'라는 **형식**의 수준으로 이동할 때 양상이 바뀐다는 점에 있다. 앨리스가 송부한 암호문을 밥이 앨리스의 공개키로 해독할 때 그가 알 수 있는 것은 암호문의 송부자가 **다른 누구도 아닌** 앨리스라는 사실이다. 왜냐하면 앨리스의 공개키로 해독할 수 있는 암호문은 앨리스의 비밀키로 암호화된 것에 한정되기 때문이다. 여기서 암호기술은 공개키 방식의 등장으로 은닉 기술에서 동일성 증명의 기술로 변용을 겪는다. 암호사에서 전환점을 이룬 이 방식을 최초로 적용한 것은 1970년대 말 개발되고 1980년대에 특허를 취득한, 개발자 세 명 이름의 머릿글자를 딴 'RSA 알고리즘'으로 1980년대 후반에 개발된 타원 곡선암호* 대다수가 이 방식을 채용한 것이다.

전자화폐에서 이용되는 것은 공개키 암호가 지닌 이 동일성 증명의 실용성이다. 전자화폐에서 요구하는 것은 발행기관이 전자화폐의 사용자에게 부여한 신용Credit으로서(왜냐하면 전자화폐의 출처나 근거인 사용자의 '내면 상태=지불 능력'이라는 지표 자체가 신용에 다름 아니기에),** 사용자의 신용을—즉, 신용을 부여받은 사용자의 동일성을—전자화폐를 사용할 때마다 증명해야 하기 때문이다. 예컨대, 전자화폐 사용자가 송부한 비밀키로 암호화한 송금 데이터(혹은 송금 데이터에 첨부된 본인 증명 데이터)를 받는 쪽이 지닌 공개키(물론 사용자의 비밀키와 짝인)로 해독하여 사용자의 신용과 동일성을 증명한다. 이 또한 공개키가 비밀키로도 조작될 가능성, 즉 키의 소유자가 실제로 신용을 부여받은 인물과 다를 우려가 있으며 이 의심을 배제하기 위해 키와 이를 소유한 실재(인물, 법인, 조직, 서버 등)의 일치를 증명하는 기관인 인증국(Certification Authority, CA)—베리사인VeriSign이 대표적이다—이 개입한다.

이로부터 전자화폐의 몇 가지 중요한 특성을 도출할 수 있다. 첫

* 타원곡선 암호방식은 약호로 'ECC(elliptic curve cryptosystem)'이며 1985년 밀러Victor miller와 코블리츠Neal Koblitz가 제안한 타원 곡선 기반 암호체계이다. 이산 대수에서 사용하는 유한체의 곱셈군을 타원 곡선군으로 대치한 암호 방식이다. 특히, 다른 암호 방식에 비해 더 짧은 키 사이즈임에도 대등한 안전도를 가진다. 예를 들어, RSA 1024 비트 키와 ECC 160 비트 키를 갖는 암호 방식은 대등한 안전도를 가진다는 것이다. 따라서 공개키 암호 방식에 적용될 경우 속도를 획기적으로 줄일 수 있어 무선 인터넷 네트워크를 비롯한 IC카드 등의 암호에 활용된다.-옮긴이

** 이런 사실 또한 전자화폐가 법정화폐의 유통에 의존하여 존재함을 증명하고 있다.

째, 전자화폐가 실재세계에서 구체적인 이력이나 직함을 가진 사용자의 고유명에 연결되어 있다는 점이다. 즉, 전자화폐에는 사용자의 이름이 들어가 있다. 이것이야말로 전자화폐가 여기저기 옮겨 다니며 유통될 수밖에 없는, 즉 소유자의 전이가 불가능하고* 앞서 말한 것처럼 정식 화폐명이 붙을 수 없는 이유이다. 둘째, 전자화폐는 실재세계에서 확증된 사용자의 존재, 곧 자기동일성을 필수항목으로 요구한다. 즉, 전자화폐는 실재세계를 존립의 모태로 삼는다. 바꿔 말해, 전자화폐는 디지털한 존립체로 있으면서 현실세계에 기생하는 존재에 불과하다. 셋째, 사용자의 자기동일성은 전자화폐 발행기관이 부여한 인증국을 통해 사용할 때마다 신용도를 확인하지만 발행기관이나 인증국이 여신 권한을 갖는 사실은 그것이 별도의 권위 Authority에 의존한다는 것을 보여준다. 즉, 전자화폐는 위계적인 계층구조를 띠며 이것이야말로 전자화폐의 성격이 화폐국정설에 속한다는 것을 알게 해준다.

경제체제의 환경으로서의 암호 공간

비트코인의 중심에는 암호기술이 들어가 있으며 그 방식은 전자화폐의 경우와 마찬가지로 공개키 암호—구체적으로는 타원곡선 DSA인 ECDSA(Elliptic Curve Digital Signature Algorithm) 알고리즘—이다. 그러나 그것이 의미하는 바는 전자화폐의 경우와 **전혀** 다르다. 앞서 비트코인의 사용 시 주소가 발행된다는 점을 보았으며 이는 공

* 앞서 본 것처럼 일반적으로 액면가가 소액인 프리페이드 카드는 제외한다.

개키 요약값에 기반하고 있다. 즉, 주소란 공개키의 별명Alisa인 것이다. 때문에, 비트코인의 사용에서 비밀키, 공개키, 주소라는 세 가지 값이 동시에 생성·발행되어 '주소≒공개키'가 되는데 문제는 그 의미에 있다. 주소가 할당될 때에 공개키와 더불어 그것이 네트워크에 공개된다는 것은 해당 주소가 비트코인의 유통권인 네트워크에 참여한다는 선언인 동시에 반대로 네트워크가 해당 주소를 새로운 노드로 수용한다는 것을 뜻한다.

다른 시각에서 보자면 비트코인의 유통권이 공개키(≒주소)를 노드로 삼는 네트워크라는 것이기도 하다. 이때 중요한 것은 주소가 나타내는 자기동일성이 고유명 수준의 개체적 동일성이 **아니라** 어디까지나 익명적이고 불확정적인 동일성에 불과하다는 점이다. 때문에, 실재세계의 인격적 개인과 비트코인 주소는 일대일 대응하지 않으며 희망하는 만큼의 주소를 인격적 개인이 만들어낼 수 있다.

단적으로 말해 비트코인을 쓸 때마다 주소를 생성할 수 있는 것이다. 이는 전자화폐에서 암호가 구체적 이력과 신분을 가진 인격적 개인과 전자화폐의 엄밀한 일대일 연결을 위해 신용을 매개로 확증하는 기술인 것과 달리, 비트코인의 암호기술은 익명의 주체가 구성하여 닫힌 경제권을 창출한다는 중요한 차이를 보여준다. 당초 은닉기술로 출발한 암호기술은 동일성 증명 기술의 단계를 거쳐 비트코인에서 경제권 및 이후 가치권으로 판명되는 기술을 창조할 것이다.

논의를 위해 세 가지 특징을 보완해보자. 첫째, 전자화폐가 실재세계를 기반으로 하는 디지털 화폐이기에 여기서의 암호기술은 화폐를 실재세계에 묶어두기 위한 수단으로 활용되는 데 비해, 비트코인은 암호 공간을 독립적인 경제권으로 구축하는 기술이므로 여기에서 암호는 비트코인이라는 디지털 화폐 존립의 지평으로 기능하며 비트코인 경제권의 가능 조건, 체계 환경Umwelt을 이룬다. 때문에 아류인 알트코인을 포함해 비트코인은 일본에서 널리 수용되는 가상화폐Virtual Money라는 통상적인 이름보다 원어에 충실한 암호화폐Cryptmoney라는 이름을 쓰는 것이 실정에 맞다.

둘째, 암호의 본질적인 사회성에 관한 것이다. 예컨대, 암호는 은닉이 목적인 경우 '누군가**로부터** 숨긴다'는 형태로, 반면 동일성 증명의 경우 '누군가**에게** 보증한다'는 형태로 늘 사회적 관계를 전제한다. 비트코인은 암호의 사회적 기능이 전면화되어, 독립적이고 익명적인 사회관계의 네트워크 구축에 이를 때까지 기능을 확장한다는 점에서 획기적이다. 이에 대해 정보, 특히 형상적 계기를 결여한 정보과학적 수준의 정보는 사회성을 결여하고 있다.* 정보로 가치를 구성하려는 것은 토대가 없는 이야기나 다름없다. 가치는 단순한 정보로 환원되지 않는다. 화폐 가치는 사회적 과정을 통해 매개된 것이다. 그러나 마치 사물의 자연적 속성에서 온 것처럼 상품에 체화된 물화Verdinglichung, Versachlichung 기제를 폭로한 것은 마르크스의 『자본론』이며 특히 가치형태론에서 두드러진다. 현재 정보사회에서 당연히 화폐가치의 물화는 해소될 수 없고 위상을 바꿔가면서 정보의 물화 쪽으로 가치를 주입하는 사태가 재현되고 있다. 비트코인의 의의는 디지털 화폐 또한 이 가치가 사회적 과정의 매개를 통해서만 생긴다는 것, 그리고 그것은 이 기제의 본질an sich을 드러낸다는 점이다.

---

* 이 점에 관한 세부사항은 졸저 『情報社会の哲学: グーグル·ビッグデータ·人工知能』, (勁草書房) 제2장 2-4절을 참고.

마지막으로 비트코인이 넓힌 경제권, 주소(≒공개키)군이 이루는 네트워크에서 노드를 구성하는 것이 익명적이고 불확정적인 사용자라는 점을 미루어 볼 때 실재세계의 경제권으로부터 상대적으로 독립적이다.* 그러나 이 독립은 '양날의 검'과 같다. 확실히 실재세계로부터 독립된 폐쇄적 경제권을 네트워크상에 구축함으로써 전자화폐가 지닌 법정통화에 대한 종속을 면할 수 있었지만, 다른 한편으로 완전히 실재세계에서 벗어난 채로 모처럼 구축된 디지털 경제권을 날려버릴 위험도 있다. 한때 유행했지만 현재는 폐허상태인 버추얼세계 '세컨드 라이프Second Life' 내의 유통 화폐인 린든 달러L$(Linden Dollar)나 보드게임인 '모노폴리', '인생게임'에 사용된 장난감 지폐와 큰 차이가 없는 것이다. 지금까지 본 것처럼 비트코인에서 가치는 발생하지 않는다. 현 단계의 비트코인에서 확인할 수 있는 것은 기껏 그 사물성에 불과하다. 혹은 그나마 버틴다 해도 축적기능밖에 없다. 비트코인이 가치를 가지려면 보다 상위의 기제가 필요하다.

---

* 전자화폐에서 암호의 의의를 서술할 때에도 다루었지만, 물론 공개키와 비밀키의 연동에 의한 비트코인 네트워크라는 '버추얼세계'(정확히는 노드가 '주소≒공개키'인 네트워크로서의 암호 공간)는 실재세계(비밀키를 가진 자에 의해 구성된)와 관련이 있다. 그러나 비트코인의 경우 전자화폐와 달리 비밀키를 소유한 자는 실재세계를 구성하는 고유명을 가진 인격과 반드시 **일치하지 않는다**. 왜냐하면 이미 본문에서 말한 것처럼 어떤 인격은 원리상 무제한적으로 공개키와 비밀키 짝을 생성할 수 있기 때문이다. 이렇게 경제권으로서의 비트코인 네트워크의 실재세계에 대한 (어디까지나 상대적인) 독립성이 유지된다.

2 비트코인의 가치 구성

척도와 노동

현 단계에서 암호기술을 통해 비트코인이 실현한 것은 사실 사물로서의 점유뿐이다. 그러나 이 장 서두에서 본 화폐의 네 가지 기능에 비춰 보자면 현재는 축적 기능을 달성한 것에 불과하다. 물론 이 축적은 전자화폐에서도 가능하다.(수이카Suica나 에디Edy에도 포인트라는 유사 축적 기능이 있지만 이는 어디까지나 서비스의 일종으로서 본래의 축적은 아니다. 누구나 자신의 자산을 전자화폐로 대체하여 보관하리라 생각하지 않는다.)* 그러나 나머지 기능인 척도, 교환, 지불이라는 세 기능이 달성되지 않으면 비트코인을 화폐라 부르기는 어렵다. 이 척도, 교환, 지불을 비트코인에서 실현하고 담보하는 차원이야말로 사물성과 구별되는 가치성이다.

이제 비트코인이 가치를 어떻게 조달하는지에 관한 논리와 기제를 살펴보고자 한다. 이 과정에서 비트코인에 제한하지 않고 화폐 고유의 가치 실체에 새로운 초점을 맞추는 것 또한 우리가 다루고자 하는 것이다. 논의의 단초로서 남은 세 가지 기능에 대해 비트코인이 어떤 기술을 장착했는지 혹은 아닌지를 순차적으로 분석해보자. 우선 척도 기능부터 보자. 일반적으로 화폐의 척도 기능이란 화폐의 측량단위에 의거한 상품에 대한 단순한 가치부여가 아니다. 이는 척도

---

* 수이카Suica는 JR 동일본회사가 발행한 것이며, 에디Edy는 라쿠텐樂天사가 발행한 것으로서 모두 '200엔=1포인트'로 환산된다.-옮긴이

기능의 결과이긴 해도 척도 기능 자체와는 다르다. 척도 기능의 본질은 왜 모든 상품이 다른 무엇도 아닌 **그** 화폐에 의해 가치가 측량될 수밖에 없는가라는 필연성의 문제, 혹은 애초 왜 **그** 화폐가 상품세계를 주도적으로 통합했는가라는 특권성의 문제이다. 이 문제를 우노宇野식으로 말하면 '왜 천 원으로 포테이토칩을 사도 포테이토칩으로 천 원을 살 수 없는가'라는 화폐와 상품의 비대칭성의 문제로 볼 수 있다. 금과 달리 원래의 상품세계에 속하지 않았던 비트코인의 경우 문제가 첨예화되어 '왜 인위적 구축물에 불과한 비트코인이 화폐로서 시장에 투입 가능한 것이 되었는가'라는 질문, 곧 비트코인의 시장 참여를 둘러싼 권리문제quid juris가 다가올 수밖에 없다. 앞서 마치 사물성을 획득할 것인지 여부를 다룬 축적 기능조차 척도 기능이 없다면 무의미하다. 왜냐하면 간단히 사물이 쌓이기만 한다는 것은 아이가 돌이나 병뚜껑을 모은 것과 다르지 않기 때문이다. 어쨌든 이 문제는 마르크스가 『자본론』에서 교환과정론과 독립적인 가치형태론을 쓰게 된 동기가 되는 문제이기도 하다.

비트코인 개발자인 사토시 나카모토가 탐구한 것은 한계효용학파, 그중에서도 멩거Carl Menger의 화폐이론과 고전파 경제학, 특히 마르크스 화폐이론과의 결합이라고 부를 수 있는 해결책이다. 비트코인이 금으로 대표되는 귀금속 시뮬레이션으로 구상된 사정은 앞서 보았지만 이는 멩거가 '화폐는 최종적 · 필연적으로 귀금속이라는 상품소재로 귀착된다'고 주장한 것에서 비롯한다. 실제 비트코인은 '2,100만 BTC'라는 총 발행량 설정에 따라 금과 마찬가지로 희소한 가치를 창출한다. 화폐로서 그 외의 효용을 결여한 것과 이동성(이라기보다 운반의 필요성이 애초 없는) 그리고 **원리상** 무한 분할(현 시점에서는 1BTC를 일 억분의 일까지 분할 가능하지만 인플레이션이 발생할 경우 통화단위 변경을 통한 재분할이 가능하다)이 가능한 것 또한 금과 유사하다. 그러나 이들 속성은 오히려 비트코인의 사물성에 관한 것으로서 지금 보고 있는 가치 측면에는 직접 영향을 끼치지 않으므로 여기서 그치고자 한다. 강조하고 싶은 것은 이 희소성이 자원으로서의 사물을 전제할 때에만 성립하기 때문에, 사물성이야말로 가능성의 조건을 이룬다는 사실이다.

희소성만으로는 비트코인이 척도 기능을 감당하지 못한다는 점, 즉 이 한 가지 특성만으로는 현실 시장에 들어갈 수 없다. 희소하다는 것은 이해되지만 누구도 흥미를 보이지 않는 사물—예컨대, 쌀통 속 등겨에 남은 미립자, 강가 모래밭 둥근 돌 사이의 네모난 돌—은 마치 산과 같은 것이다. 여기서 필요한 것은 비트코인이라는 잠재적 구축물이 현실세계에 닻을 내리고 유대를 맺는 노동이다. 이때 유의할 것은 첫째, 비트코인의 희소성으로 환기된 욕망에 노동력을 투입하여 금처럼 기능하는 것, 그런 의미에서 희소성과 노동이 욕망을 매개로 연동된다는 점이다. 둘째, 이미 지적한 것처럼 여기서 노동이란 마르크스가 말한 추상적인 인간노동이 아니라 컴퓨터 중앙처리장치의 추상노동—구체적으로는 새로운 화폐발행의 유일한 수단인 고성능 컴퓨터를 사용한 작업증명으로 불리는 과제—이다. 다만 실제적인 에너지(인간의 경우 생화학적 · 물리적인 그것, 중앙처리장치의 경우 전자기적인 그것)가 소비 · 지출된다는 점에서 양자의 노동은 현실세계의 실재적realitas 과정이며 이를 근거로 비트코인이 현실 경제권에 들어설 수 있다. 이렇게 가상적 네트워크를 드나들면서도 '희소성 → 욕망 → 추상노동'이라는 경로를 통해 현실세계에 연결됨으로써 그것은 점차 척도 기능을 획득해간다.

교환과 신뢰

다음은 교환이다. 이 기능은 유통이라고 바꿔 말할 수 있다. 핵심은 비트코인이 이곳저곳을 대체해가면서 지속적으로 사용됨에 따라 사용범위가 확장되고 있다는 점이다. 그 결과, 이 과정에서 시장에 유통되는 화폐량도 증대한다. '화폐는 화폐이기에 화폐로 유통된다'는 동어반복적 · 자기지시적인 성격이 이야기되는 것도 주로 이 유통 장면을 염두에 둔 것이다. 그러나 정말 자기지시적 기제를 통해 화폐는 유통을 실현할 수 있을까? 마르크스는 언어라는 매체를 '실천적이며, 다른 사람들로 인해 존재하기에, 애초 나 자신에게도 존재하는 현실적 의식'이라고 규정한다.* 만일 화폐라는 매체 또한 언어와 같은 존재성격을 가진다면 '자신 이외의 타자가 그것을 수용한다'라는 예견을 모든 사용자가 수용한다는 것이 화폐유통의 전제조건이 된다. 니클라스 루만이 화폐를 경제체계라는 기능적 분화 체계의 고유한 성과매체Erfolgsmedium로 설정할 때에도 이런 생각을 했다.**

그러나 비트코인의 설계자인 사토시 나카모토는 그렇게 생각하

---

* Marx, K. & Engels, F., *Die deutsche Ideologie*, 1845-6, {7c=14}, MEW. Bd.3, S30, 1869.

** Luhmann, N., *Die Wirtschaft der Gesellschaft*, 1988, (번역 『社会の経済』, 文眞堂) Kapitel 7. Geld als Kommunikationsmedium: Über symbolische und diabolische Generalisierungen.

지 않았다. 그가 2008년에 발표한 유명한 논문, 이른바 「백서」*를 읽고 알 수 있는 것은 기존의 화폐체계를 이용해 도출할 때 신뢰trust라는 말이 늘 부정적 문맥에서 사용되었다는 것이다. 예컨대, '신뢰를 기초로 한 모델의 고유한 결점the inherent weaknesses of the *trust* based model', '신뢰에 속박되지 않은 전자지불 체계a system for electronic transactions without relying on *trust*', '신뢰가 아닌 암호증명에 기반한 전자지불 체계an electronic payment system based on cryptographic proof instead of *trust*' 등이다. 사카모토는 이러한 정황증거로부터 기존 화폐 유통의 핵심에서 원천적 장애가 되는 것이 신뢰이며 이를 대신하는 유통 기제의 도출 여부가 비트코인의 성패를 결정한다고 생각했다. 사실 루만도 다른 문맥에서 화폐 유통의 질서를 신뢰—정확히는 체계신뢰Systemvertrauen—에서 구한다.** 우리는 화폐 유통과 신뢰의 관계를 사안에 따라 확인하고자 신뢰 개념의 함의와 확장을 살펴볼 필요가 있다.

신용과 신뢰

우선 신용Credit과 신뢰Trust를 개념적으로 명확히 구별할 필요가 있다. 양자는 일상적으로 혼용되기에 이 구별은 특히 중요성을 갖는다. 신용은 전자화폐의 특성을 묘사할 때 이루어지며 그 기제에서 확인되듯 어떤 행위(예컨대, 대여나 판매를 하려는 사람이 상대방, 즉 빌리는

---

* Nakamoto, S., *Bitcoin: A Peer-to-Peer Electronic Cash System*, October 31, 2008 (http://nakamotoinstitute.org/bitcoin/#selection-7.4-19.22), 6 Incentive.

** Luhmann, N., *Vertrauen: Ein Mechanismus der Reduktion sozialer Komplexität*, 2. erw. Aufl., 1973, (번역 『信頼』, (勁草書房) 7. Medien der Kommunikation und Systemvertrauen.

사람이나 구매점의 과거 이력을 기반으로 하는 행위)에 앞서 **행위자가 상대방에게 부여한**(=여신) 지위이다. 이 경우 **과거 이력**을 기반으로 상대방의 신용 정도를 측정하기 위해서는 어떤 종류의 객관성을 요구하게 된다. 때문에, 당사자가 아니라 **신뢰**하는 제3자(예컨대, 인증국)에 의한 대리평가나 검증 · 보증이 요청된다. 즉, 신용에 기반한 행위 시 여기에 수반되는 위험을 최대한 회피하고자 한다.

이에 비해 신뢰는 행위 상대방의 일정한 반응을 기대하며 **위험의 감수를 수반하는**, 상대에 대한 행위자의 의도Entwurf이다. 바꿔 말해, 신뢰는 행위자의 일방적인 결단Entscheidung이나 어떤 종류의 도박이기에 거기에서 객관성을 구할 수 없다. 또, 그것이 결단이나 도박이라는 주관적 혹은 주체적인 성질의 것인 이상 제3자가 개입할 여지가 없다. 즉, 신뢰란 위험을 각오한 상태에서의 상대에 대한 행위자의 **적극적** 개입인 것이다. 다음으로 볼 것은 신용과 구별되는 신뢰이다.

신뢰의 변환

본래 신뢰는 루만이 주장한 것처럼 세계의 '복잡성Komplexität=불확정성Kontingenz'에 직면할 때에 습관적 친숙함Vertautheit을 기반으로 복잡성을 줄여reduzieren 불확실성을 확실성Gewissheit으로 전환하는 전략적 행위이다. 예컨대, 내일 태풍이 가까워져 철도 운행이 어렵겠지만(불확정성=복잡성), 지금까지 보아온 그는 성실하기에(습관적 친숙함), 약속에 맞춰 올 것이며(신뢰), 이쪽도 시간에 맞춰 약속 장소에 나간다고(복잡성의 감소) 결단하는 경우가 그러하다. 그가 오지 않을 가능성도 있지만 위험을 감수하더라도 지금까지 그와 나눈 경험을 볼 때 정보를 과잉 추출하여Information überzuziehen 약속 장소에 나간다는 행위에 도박을 건 셈이다. 반대로 소원한 것에 대해서는 누구도 신뢰를 갖지 않으며, 확실한 상황에서는 무언가를 신뢰할 필요가 없다는 것을 뜻하기도 한다.

예컨대, 씨족과 같은 원시 공동체에서는 거의 '복잡성=불확실성'이 없을뿐더러 그럴 징후가 나타나도 법이나 윤리 또 미분화된 율법, 정치나 권위 내지 미분화된 (고전이나 무녀의) 신탁, 기술이나 지식 혹은 미분화된 주술 등을 통해 습관적 친숙함으로 이를 동화시켜나간다. 이런 공동체의 '복잡성=불확정성'은 '공동체=습관적 친숙함'의 외부에서 생겨나는 불쾌한 것das Unheimliche으로서, 애초 어떻게 한다 해도 제어불가능하기 때문에, 배제와 묵살의 대상이다. 불쾌한 것은 공동체로 인해 존재할 수밖에 없지만 그 존재 자체를 봉인하는 것이다. 어쨌든 이런 공동체에는 '복잡성=불확실성'을 **구조적으로** 제거하는 기제가 내장되어 있다. 이는 도시오 야마기시山岸俊男가 안심Beruhigkeit으로 정식화한 구조*—'복잡성=불확정성'을 **'심리적=주관적'**으로 말소시키는 희망Hoffnung과 섞는 일!—와도 일치한다.

'복잡성=불확정성'의 구조적 제거가 가능한 이유는 공동체의 일상성 외부에서 도래한 '소원한 사람/사물'을 습관적 친숙함으로 동화하거나 여기서 배제함으로써 그 지평을 탄력적이고 가소성 있게 유지하게 해주는 적정한 규모 덕분이다. 구체적으로는 공동체 구성원 간의 존중을 통해 대면적 상호행위가 소통의 기조를 이루는 소규모의 지연 공동체에서만 가능하나. 그러나 손으로 쓴 문자가 발명되

* 山岸俊男, 『安心社会から信頼社会へ: 日本型システムの行方』, (中央公論新社, 1999).

어 목소리에 의존하지 않는 소통이 일상화됨에 따라 공동체 규모가 확대되고 이와 나란히 문자에 의해 재현된 내용이 표현한 사람에게 투사되어 일반화되는 현상, 곧 내면을 가진 개인이 만들어지고 그 개인이 다시 공동체를 구성해낸다. 지금까지는 공동체에 용해되어 일체화 · 미분화되어 있던 분산적 구성원이 개인으로서 결정화結晶化되고 나아가 실체화된다. 여기서 '복잡성=불확정성'의 핵심인 타자가 출현한다. 타자는 내면을 가진 인격Person으로서 그 내면인 관찰자로서의 자기에게 비가시적이기에 '타자에 대한 행위=소통'은 도박의 성격을 띨 수밖에 없다. 어떤 반응이 타자로부터 되돌아올지를 알 수 없기 때문이다. 더구나 타자는 자기에게 무수히 존재하기에 이 도박은 형편에 따라 하는 것이 아니라 전략적 방법을 따른다. 이 타자에게 향하는 자기의 '행위 시 전략화된 도박'이야말로 도시오 야마기시가 말한 신뢰로서,* 루만이 말한 인격적 신뢰Persönliches Vertrauen에 다름 아니다.**

문자에서 활자로 주관성을 표현하는 매체가 이행하고 다시 활자가 대중매체로 조직화됨에 따라 공동체는 해체되고 대규모 사회Gesellschaft로 조직화된다. 사회에서 타자는 상호화 · 보편화되어 자율적 개인이 되지만 이 사회적 개인은 공동체적 지연을 결여한, 완전히 제각기이고 익명적인 인간das Man이라는 몰개성적 · 원자적인 존재로 바뀌었다. 이런 상황에서는 개성적 인격에 바탕을 둔 인격신뢰의

---

* 山岸俊男, 앞의 책. 그가 신뢰와 동일시하는 인격적 신뢰의 기초에 습관적 친숙함이 존재함을 예상할 수 있다. 그 결과 매우 낙관적이고 간단한 실천적 제언이 도입된다.

** Luhmann, N., *Ibid*. 6. Persönliches Vertrauen.

행사는 애초 곤란하며 소통이나 행위는 당사자 간의 관계에 대한 의심이 지배하는, 탤컷 파슨스Talcott Parsons가 말하는 이중의 불확정성double contingency 상태인 시행착오를 겪지 않을 수 없다. 설령 인격신뢰를 전략으로 채용한다 해도 법 · 정치, 경제, 학문, 예술, 교육 등 사회의 기능적 분화에 조응하는 형태로 '불확정성=복잡성' 또한 다중화 · 다원화를 겪는다. 여기서 개인은 동일한 타자에 대해서조차 기능 시마다 다른 신뢰전략을 취할 수밖에 없다.(예컨대, 경제 감각이 부족하지만 예술적 센스는 뛰어난 경우 등) 이러한 사정보다 기존의 인격신뢰가 상호화되고 매번 신뢰가 비인칭화 · 고차원화 · 추상화되는 방향으로 소통의 '불확정성=복잡성'이 줄어든다. 이런 신뢰 단계가 루만이 인격신뢰와 명확히 구별하는 체계신뢰Systemvertrauen이다.*

화폐와 신뢰

체계신뢰는 체계에 맞추어 기능적 분화를 이어나가지만 이하 우리의 관심대상인 화폐는 사회체계론적 관점에서 경제체계라는 기능적 분화 체계 내에서 유통되는 성과매체이며 해당분화 체계에서 체계신뢰를 지탱한다.

일반적으로 체계신뢰는 신뢰의 대상이 일견 인격에서 체계로 이행한 것으로 볼 수 있다. 그러나 사실 체계신뢰에서 신뢰받는 것은 체계가 **아니다**. 체계란, 소통이라는 비인칭적 연산Operation의 맹목적blind이고 연쇄적인 접속으로서 보편자für uns적 입장에서 관찰하는 우

---

* 루만은 현대사회에서 인격신뢰는 존재하지 않으며 이는 모두 체계신뢰라고 주장한다. Luhmann, N., *Die Gesellschaft der Gesellschaft*, 1997, S.313.

리에게는 보일 수 있어도 당사자für es에게는 그 요소밖에 **보이지 않는다**. 그리고 보이지 않는다는 것은 (습관적 친숙함을 결여하였기에) 신뢰의 대상이 될 수 없다. 그렇다면 체계신뢰에서 신뢰의 대상은 무엇인가? 바로 권위Authority이다.* 예컨대, 대중매체 패러다임(그 성과 매체는 여론에서 체계신뢰로 신뢰받는 해당분화 체계로서 이는 비가시적)이 **아니라** 방송국이나 신문사라는 가시적 권위이다. 학문 체계(그 성과 매체는 진리)에서 신뢰받고 있는 것은 연구기관으로서의 대학이라는 권위이다. 정치체계(그 성과 매체인 권력)에서 신뢰받는 것은 국가라는 권위이다. 이때 유의해야 할 것은 어떤 경우라도 위계적인 구조가 체계신뢰를 지탱한다는 사실이다.

그리고 '교환(=유통)'에서 동어반복적인 자기지시 기제(화폐는 화폐이기에 화폐로서 유통된다—이것이 실질적으로 루만이 말한 체계신뢰임에 주의!)가 오늘날 강조되는 화폐에서도 그것이 경제체계의 성과 매체인 이상 예외란 있을 수 없으며, 여기서 체계신뢰를 떠받치는 것은 중앙은행이라는 권위이다. 그런 의미에서 화폐국정설은 비록 국가의 속박에서 화폐가 실질적으로 이탈 중이라는 점에서 타당성이 부족하더라도, 화폐유통에서 권위의 개입을 알게 해준다는 점에서 진상의 단면을 지적한다고 평가할 수 있다. 다만 사정은 변화하는 중이다. 인터넷 네트워크의 등장과 보급이 야기한 대중매체에서 네트워크로의 패러다임 전환에 의해 지금까지 비가시적이고 자명한 것이었던 체계신뢰의 구조가 가시화되는 동시에 신뢰는 불신으로 바뀌고

---

* 이 점에 관해서는 루만도 자각하고 있다. Luhmann, N., *Vertrauen: Ein Mechanismus der Reduktion sozialer Komplexität*, 2. erw. Aufl., 1973, S.68 및 S.90을 볼 것.

있다. 이러한 불신을 배경으로 사토시 나카모토가 「백서」 등에서 공격한 신뢰란 중앙집권적 권위에 기댄 현행 화폐가 이어온 체계신뢰의 구조이다.

체계신뢰에서 익명신뢰로

우리는 앞서 사토시 나카모토가 공격하는 신뢰가 체계신뢰라는 점을 보았지만 그가 이를 공격한다고 해서 비트코인에 대한 신뢰 일반이 부정되는 것은 아니다. 화폐의 '교환=유통'을 위해서는 어떤 식이든 신뢰가 필요하다. 왜냐하면, 비트코인은 '교환=유통'에 수반되는 '불확정성=복잡성'이 기존의 법정통화 이상으로 크며 이를 줄여야만 비트코인의 사용 기회와 범위를 넓힐 수 있기 때문이다.

비트코인의 '교환=유통' 가운데에도 최대의 현안은 '불확정성=복잡성'이 높은 이중지불Double-Spending 문제이다. 나카모토의 「백서」는 이 문제 해결을 위해 쓴 것이다.* 비트코인을 사용한 거래는 매매transaction로 불리지만 이에 수반되는 화폐의 전이는 비트코인 네트워크상 모든 노드가 공유하는 블록Block이라는 세입·세출장부로 교환 가능하다. 이 블록에는 십 분 동안 생겨난 거래내용이 모두 기재되고 그것이 십 분마다 갱신되면서 지금까지의 모든 이력에 줄줄이 엮여 추가되어나간다. 이것이 이른바 블록체인이다. 문제는 실제 실물통화처럼 화폐의 전이는 일어나지 않은 채, 발신자 측의 지갑에는 일정액의 비트코인 점유 감소분이 블록에 **기재**되고, 수신자 측의 지갑에

---

* 실제 「백서」에는 '신뢰'라는 말과 나란히 '이중지불double-spending'이라는 말이 나온다. 다만 이 경우 지불은 거래의 의미이며 신용이 개입하는 화폐의 네 가지 기능 중 하나인 지불 기능은 아니라는 점에 유의할 것.

도 그에 상응하는 양만큼 블록에 **기재**된다는 것이다. 비트코인의 기본은 어디까지나—이미 비트코인의 사물성을 논할 때 강조했던—점유이며 그 점유조차 네크워크의 모든 노드에 의해 승인되기에 최초에는 낮은 연관의 구성물이 탄생한다. 이 구도에서는 전이(=교환 · 유통) 또한 점유로 환원될 수밖에 없다. 정확히는 ①발행 시 총 비트코인 양을 네트워크 노드로 배분(=점유)하여 전 노드에 시간적으로 전이되고, ② 각 블록에 기재된 분배(=분포)량에 대해 전 노드가 승인하게 된다. 바꿔 말해, ②번의 승인 과정이 없을 경우 점유량 이상의 비트코인의 전이, 즉 이중지불이 매우 쉽게 이루어진다. 비트코인 개발에서 나카모토의 독창성은 **새로운 신뢰를 구성함으로써** 승인 과정을 블록체인으로 조직화하도록 만들었다는 점이다.

기존 화폐의 경우 나카모토가 말한 '**신뢰**받는 중앙적 권위a trusted central authority*=중앙은행'이 거래 전체를 엄격한 감시Surveillance 하에 두고 일원적이고 중앙집권적인 관리를 통해 화폐 위조나 이중송금을 막아왔다. 푸코를 따라하자면 경제판 감시Panopticon체제인 것이다. 사람들은 이런 기능 때문에, 은행을 권위적인 기관으로 **신뢰**한다. 그러나 중앙은행이 화폐발행권을 독점함에 따라 야기된 인플레로 통화가치 하락이 만성화되는 현 상태와 이를 바꾸기 위해 비트코인을 개발한 나카모토는 현행 권위를 뒷받침하는 체계신뢰를 부정한다. 여기서 두 개의 길이 가능하다. 하나는 체계신뢰에서 인격신뢰로 되돌아가 이에 의거해 '교환=유통' 기능을 기반으로 하는 길이다. 그리고 실제로 이 길을 탐구한 것이 한 시기 유행했던 지역화폐Community

* Whitepaper, 2. Transactions.

Money이다. 그러나 이 길은 치명적인 난점이 있다. 인격신뢰가 습관적 친숙함Vertrautheit에 근거를 두기에 소원한 타자는 신뢰의 대상이 될 수 없고, 결과적으로 지역화폐는—그 이름이 보여주는 것처럼—지역 공동체의 틀을 **원칙적으로** 넘어서기 어렵다. 다수의 지역화폐가 지역진흥이나 상호부조 같은 한정적 목적 화폐이기에(나쁘게 말해, 유아가 부모에게 발행하는 어깨 두드리기 쿠폰의 발전형), 그 목적을 공유하지 않는 이에게 인센티브도 없으며 유통 면에서도 마이너스이다.

두 번째 길은 체계신뢰도, 인격신뢰도 아닌 인터넷 네트워크를 기반으로 하는 정보사회에 적합한 새로운 신뢰의 창출이다. 나카모토는 이 두 번째 길을 탐구한다. 다음에서는 그가 새로운 신뢰를 구축하기에 이른 경로를 **우리의 관점에서 우리의 말로** 재구성해보자. 나카모토가 중앙은행 같은 집권적 권위를 부정한 이상 신뢰의 담지자는 비트코인 네크워크 노드인 소유자 이외에는 없다. 그러나 여기서 즉시 문제가 발생한다. 중앙은행이라는 권위는 거래정보를 독점하는 전문 집단으로서 감시에 집중하면서 화폐사용자의 신뢰에 응한다. 이는 대중매체 패러다임에 전형적으로 나타나는 위계적인 '중앙집권=원뿔형' 구조로서, 네트워크 패러다임의 평평한 구조를 기반으로 하는 비트코인에 이를 바라기는 어렵다. 나카모토는 이 감시라는 난제를 '상호-감독Um-sicht'으로 대체해버린다.

일반적으로 모든 활동을 특권적인 위치에서 파악하는 감시에 비해 '상호-감독'은 갤러리라는 비가시적 제3자(부재의 타자)를 인터넷 네트워크(예컨대, SNS)를 매개로 평평한 관계성을 특징으로 하는 소통의 '자생=창발'적 제어, 즉 복잡성의 감축을 실현한다.* 비트코인은 이 정보 차원의 '상호-감독' 기제를 블록체인으로 조직화하여 가치 차원에 이식하였다. 즉, 거래나 발행이 일어나는 디지털한 현장(구체적으로는 순차적으로 전이된 상태로서의 블록)에 익명의 비가시적 제3자(부재의 타자)를 입회시켜 목격하게 함으로써, 해당 시간대에 벌어진 '개인 대 개인P2P: Peer to Peer' 거래나 발행에 신뢰라는 가치를 부여한 것이다. 이는 때때로 이자二者관계를 강조하지만 오해이다. 오히려 그것은 익명의 유사 상호행위를 익명의 갤러리가 방관하는 삼자관계를 기본 단위로 한다. 비트코인은 이 삼자관계에 주목하여 전략적으로 활용함으로써 평평한 네트워크에서 기술적으로 신뢰를 창출하고자 한 것이다.** 나카모토의 후계자들은 이를 분산화된 신뢰Decentralised Trust라고 부른다. 인격신뢰나 체계신뢰와도 다른 이 '상호-감독'에 기반한 새로운 신뢰를 나는 익명신뢰Anonym-Vertrauen로 부르고자 한다.

신뢰 기계로서의 블록체인

그렇다고 모든 문제가 해소된 것이 아니다. 우선 누가 거래의 현장에 들어가는가라는 문제가 남아 있다. 10분 간격으로 끊임없이 연장되는 이 현장에서 비트코인 소유자는 의리도, 동기도, 한가할 겨를도 없다. 블록체인에 들어가 구매한 뒤 나올 것으로 기대했던 사람이

---

* 졸저 『情報社会の哲学: グーグル·ビッグデータ·人工知能』, 제3장, 3-2-3절을 참고.

** 상호행위에서 삼자관계에 관해서는 이 책 제4장 '은신처로서의 사회의 외부와 그 역사적 변환' 및 제6장 '상호행위의 현실성 인정'을 참고.

반대로 행동하기도 하고, 더구나 그 사람이 **성실히** 현장에 들어가 **정확히** 거래를 블록에 기재한다는 보장도 없다. 오히려 어떤 계략도 없다면 모든 거래에는 어떤 이유도 없다고 생각하는 편이 자연스럽다.

뒤집어 생각해보면 비트코인 네트워크의 노드는 단순한 공통키의 요약값인 주소로서 익명적 · 비인칭적 존재에 불과하다. 신뢰를 기반으로 한 습관적 친숙함이 신기루 같은 이 존재에 귀속될 가능성은 없다. 실제 네트워크상의 불신을 전제로 합의가능성을 묻는 이른바 '비잔틴 장군문제Byzantine Generals Problem'***가 이 분야에서도 오랜 시간

*** 비잔틴 제국 장군 여럿이 한 적국 도시를 공격하기 위해 예하 병력을 이끌고 나섰다. 도시 방어선이 워낙 튼튼한 탓에 한두 부대만 나서는 것으로는 도시를 함락할 도리가 없었다. 장군들은 일단 도시를 포위한 채 공격 계획을 세우기로 한다. 모든 장군이 안다. 과반수 이상 병력이 한날한시에 공격해야 도시를 점령할 수 있다는 사실을. 문제는 공격 계획을 짜는 것이다. 모든 장군이 한자리에 모이기는 어렵다. 혹여 적이 암살자를 보내면 큰 피해를 입을지도 모른다. 봉화나 깃발로 신호를 보냈다간 적군도 알아볼 것이다. 직접 연락병을 보내는 수밖에 없다. 그런데 중요한 문제가 남았다. 비잔틴 제국 장군은 서로를 믿지 못한다. 비잔틴 제국 영토가 워낙 넓은 탓에 황제의 힘이 구석구석 닿지 못했다. 그래서 장군들은 자기 땅에서 황제처럼 군림했다. 때로는 비잔틴 제국의 적과 협력해 자기 잇속을 챙기기도 했다. 이 때문에, 누가 배신자인지 장군들은 알 길이 없다. 배신자가 가짜 공격 명령을 보내 충실한 장군의 병력을 몰살시키려 들지도 모를 일이다. 또 서로 다른 공격 일시를 정할 경우에도 문제가 생긴다. A장군에게 B장군이 새벽 2시에 공격하자고 연락병을 보냈는데, C장군이 새벽 5시에 공격하자고 하면 A장군은 판단을 내릴 수가 없다. 둘 중 한 명이 배신자일 수도 있다. 어쩌면 둘 다 배신자일지 모른다. 배신자가 아닐지라도 양쪽 모두의 요청에 응하는 건 불가능하다. 이처럼 서로 믿을 수 없는 여러 주체가 동의할 수 있는 한 가지 답을 내놓기란 퍽 어려운 일이다. 서로 만날 수도 없고, 믿지도 못하는 비잔틴 장군은 신뢰할 수 없는 공격 계획을 공표하는 대신 수학 문제를 풀기 시작한다. 한 문제를 푸는 데 10분씩 걸리는 문제를 2시간에 걸쳐 연달아 풀고, 여기서 나온 답 12개를 서로 검증하는 과정에서 비잔틴 장군은 두 가지 사실을 확인할 수 있다. 첫째, 전체 장군 가운데 절반 이상이 공격 계획을 세우는 데 참여했다. 둘째, 10분마다 문제와 정답을 공유하면서 주고받은 메시지가 중복 없이 정리됐고, 공격 계획을 세우는 데 참여한 장군 모두가 이를 확인했다. 이 두 가지 사실을 확인한 비잔틴 장군들은 이제 과반수가 참여하는 공격 시간을 정할 수 있다. P2P 네트워크상에 비트코인의 공개 거래장부인 블록체인을 유지·관리하는 것도 마찬가지다.-옮긴이

논의되어왔다. 때문에, 비트코인에서 구할 수 있는 것은 인격신뢰의 경우처럼 습관적 친숙함에 의거한 것이 아니라 어떻게 하면 **특정 종류의** 성실함을 조달할 수 있는가라는 질문에 대답하는 것이다.

나카모토는 이런 문제를 일거에 해소하고도 남을 정도의 뚜렷한 해결책을 제시하였다. 이 해결책이야말로 앞서 비트코인의 사물성에 대한 분석에서 다룬 작업증명이다. 작업증명의 핵심을 한마디로 말하자면—현재 문제가 되는 '교환=유통'의 문맥에 한정하자면—인센티브와 경쟁원리의 도입이다. 거래 현장(블록)에 입회(지불에 대한 검증)할 때에는 동시에 그만큼의 중앙처리장치 용량을 요구하는 과제가 부과된다. 처음 과제를 해결한 자에게 현장(블록)의 주도권을 부여하고 현장 내부의 거래수수료 외에 신규 발행되는 일정량의 비트코인을 보수로 준다. 보수를 얻고자 하는 비트코인 소유자는 현장에 들어가 주도권 획득을 목표로 경쟁에 참가한다. 몇 명의 참가자가 결탁하여 부정을 저지를 수 있다고 생각할 수 있지만 이런 행위는 비트코인의 신뢰성을 떨어트려 '교환=유통'이 막히기 때문에, 결과적으로 자신이 점유하는 비트코인의 가치를 떨어트리지 않을 수 없게 된다. 부정하게 중앙처리장치를 활용하기보다 과제 해결에 힘을 쓰는 편이 경제적으로 합리적인 것이다.

여기서 우리는 작업증명이 삼중의 역할을 짊어지고 있음을 알 수 있다. 첫째, 인센티브 부여 기구를 들임으로써 강제가 아닌 '상호-감독'을 위한 자발적 인원을 동원하는 데에 성공했다는 점이다. 둘째, 비트코인 획득을 향한 참가자의 욕망에서 성실함을 결과로 추출하는 데에 성공했다는 점이다. 투입된 욕망을 전화해 성실함이란 결과물로 내놓는 프로그램이라고 할 수 있다. 셋째, 작업증명의 수행자에 대한 보수로 발행된 비트코인의 사물성을 강화(=추상노동의 성과)하는 데에 투자하여 발행량의 증대('교환=유통'의 확대)에 공헌한다.

나카모토가 블록체인을 개발한 직접적 목적은 삼중지불을 막고자 한 것으로 그 성과는 그의 의도를 크게 넘어서는 의의를 갖는다. 무엇보다 블록체인은 욕망을 성실함으로 전환시켜 기술적 수준으로 익명신뢰를 낳은 신뢰 기계이다. 비트코인 점유자를 원자로 활용하여 개별 점유자의 생각에 구속되지 않고 신뢰를 출력하는 무정형의 인공지능인 것이다.* 이 특성으로 인해 블록체인 부분만 비트코인에서 떨어져 나와 금융뿐 아니라 행정이나 기업경영 등에서—예컨대, 스마트계약이나 분산형 자율조직(DAO)과 같은 형태의—주목받고 있다. 그러나 어디까지나 비트코인이라는 문맥에서 블록체인을 평가할 때 그것이 뛰어난 점은 입회에 대한 인센티브, 즉 비트코인이라는 보수를 통해 신뢰와 화폐 **발행**을 연결한 점이다. 비트코인은 신용창조Credit Creation나 신뢰창조Trust Creation를 통해 화폐를 신규 발행한다. 그것은 이렇게 번거로운 경로를 거쳐 '교환=유통' 기능을 획득한다.

신용과 계층성

마지막으로는 지불이다. 비트코인에 사각지대가 있다면 이는 지불 기능일 것이다. 우리는 앞서 신용을 전제로 전자화폐가 이 지불에 특화된 디지털 화폐임을 보았다. 신용은 화폐사용자의 '인격=고

---

* 이 점에 관해서는 졸저 『情報社会の哲学: グーグル·ビッグデータ·人工知能』, 제4장을 참고할 것.

유명'에 부여된 지위이기에 만일 그것이 비트코인에 도입되면 그 기반을 이루는 네트워크의 익명성 · 비인칭성은 감소한다. 한편 신용은 안전과 결부되어 있다. 비트코인의 스타트업 단계에서 산발적으로 생긴 다양한 불상사(이 장 서두에 다룬 실크로드 사건이나 마운틴 곡스의 도산 및 코인체크 사건)들은 신용의 결여가 야기한 것들이다. 그런 의미에서 신용의 문제는 비트코인의 아킬레스건이다. 알트코인 중에는 '대시DASH'로 개명한 구 '다크코인Darkcoin'이 신용을 철저히 불식시킴으로써 사용자의 '인격=고유명'과 통화의 관계를 끊는 전략으로 암호경제권의 순수화를 지향한 경우가 있다. 이에 비해 구글이 후원한 '리플Ripple'은 거래 시 게이트웨이에서 본인등록을 사용자에게 요구하여 디지털 통화에 신용을 집어넣는 방향을 취했다. 대시도 리플도 공통적으로 시가총액이 세계 십 위권에 속하는 유력 화폐이기에, 현재 암호화폐 자체는 '암호공간의 독립인가' 그렇지 않으면 '현실세계로의 병합인가'라는 극단으로 나뉘어 있는 상태이다. 이는 정보 수준에서 '가상세계의 독립인가, 현실세계로의 병합인가'라는 격전을 벌였던 1980년대 초창기 인터넷 네트워크를 연상케 한다. 현재 대중매체라는 구 권위는 이미 노드로서 네트워크에 편입되어 정보 수준에서 다투기 어렵다. 향후 은행이라는 권위가 암호 네트워크로 편입될 것인가 아닌가를 둘러싸고 가치 수준의 싸움이 연출될 것이다.

또 다른 문제도 있다.* 이미 비트코인이라는 유사 귀금속의 채굴

---

* 분기형 블록을 통한 정통성을 둘러싼 대립이 2017년 8월 비트코인 캐시의 분할 사태로 발전하였다. 이른바 새로운 캐시인 '하드포크hard fork' 사태가 있었지만 이는 그것의 존속에 치명적인 사태는 아니었다. 당초 비트코인은 발행량 상한을 정하였으며 발행이 영원히 지속되지도 않는다. 상한을 달성하면 그것은 충분한 양을 시장에 방출한 것으로서 암호통화의 사실상

에 전적으로 종사하는 채굴자와 단순한 이용자 간의 역할 분화와 고정화가 생겨나고 있다. 채굴에 참가하는 것은 일반 컴퓨터를 소유한 것으로는 어림없으며, 작업증명용으로 설계된 주문형 반도체인 아식ASIC을 탑재한 고성능 컴퓨터workstation에 일반인이 대적하는 것은 불가능하다. 막대한 전력을 소비하기 때문에, 채굴은 현재 산업화하고 있으며 전력이 싼 중국이나 북유럽의 대규모 전용 플랜트에서 작업이 이루어지고 있다. 이런 채굴자와 이용자 간의 괴리를 타개하기 위해 자주 비트코인2.0Bitcoin2.0이라고 불리는 프로젝트인 '이더리움Ethereum'은 작업증명을 대체하는 지분증명Proof-of-Stake, PoS*을 실시한다. 지분증명에는 거래 현장(블록) 입회를 채굴자가 아닌 최대 이해관계자stake-holder인 화폐최다보유자가 행한다. 이는 채굴자와 이용자 간의 역할분화 · 고정화를 막겠다는 생각을 담고 있다.

그러나 사정은 그리 간단하지 않다. 루만은 경제체계론에서 화

의 표준을 의미한다. 이런 시점에서 비트코인은 투기대상을 거쳐 본격적인 교환·구매수단·유통 단계에 접어든다. 본질적으로 '하드포크'는 투기를 위한 미봉책으로서 유통단계에 앞선 것에 불과하다.

* 암호화폐를 보유한 지분율에 비례하여 의사결정 권한을 주는 합의 알고리즘. 노드가 보유한 자산을 기준으로 권한을 분배하여 합의를 하고 보상을 분배하는 방식으로, 주주총회에서 주식 지분율에 비례하여 의사결정 권한을 가지는 것과 유사하다. 지분증명은 블록체인 네트워크의 각 노드마다 아이디를 만들어 합의 시 지분의 양을 계산에 활용한다. 누구든 해당 네트워크의 암호화폐만 있다면 아이디를 만들 수 있고 블록을 생성할 권한(블록 보상을 획득할 권한)은 자신의 아이디에 연결된 지분의 양(자신이 보유한 암호화폐의 양)으로 결정된다. 따라서 많은 지분을 가진 사람이 더 높은 확률로 더 짧은 시간 안에 블록을 생성할 권한을 가지게 된다. 이러한 이유로 블록 보상을 받을 확률을 높이기 위해서는 자신의 지분을 잘게 나누어 여러 개의 ID를 만들어서 참여하기보다는 하나의 ID에 모든 지분을 연결하여 참여하는 것이 유리하다. 블록체인 시스템에서 가장 보편적으로 사용하는 합의 알고리즘인 작업증명이 대규모의 컴퓨팅 파워 낭비 문제를 발생시켜 이를 해결하기 위해 고안하였다. 지분증명을 사용하는 대표적인 블록체인으로 에이다ADA, 큐텀QTUM, 피어코인Peercoin 등이 있다.-옮긴이

폐사용의 두 가지 측면—'상징=통합적sym-bolisch' 측면과 '악마=절단적dia-bolisch' 측면—을 지적한다.* 양자는 마치 동전의 앞면과 뒷면처럼 떼어놓을 수 없다. 즉, 화폐사용이라는 경제적인 소통과 그에 입각한 경제적 인격Person의 구성('상징=통합적' 측면)은 그 이면에 화폐를 쓰지 못하고 경제적 소통을 단절당한 고립된 개인Individual('악마=절단적' 측면)을 낳고 있다. 이 경우 '상징=통합적'이라는 말의 접두사 'syn[m]-'은 통합을, '악마=절단적'인 접두사 'dia'는 분리를 뜻한다. 이들이 루만식의 인식임에 유의할 필요가 있다. 여기서 중요한 것은 경제체제 내로의 인격 포섭Inclusion이 필연적으로 고립된 개인의 배제Exclusion를 야기한다는 루만의 통찰이다. 바꿔 말해 체계로부터 배제(=화폐를 쓰지 못함)된다는 지평의 갈라짐Segregation만이 체계로의 포섭(=화폐의 사용)이라는 지도 형성Gestaltung을 가능하게 하며, 이 기제로 인해 화폐의 희소성이 창출된다. 지분증명의 화폐 점유량에 따른 계층화는 화폐의 악마적 측면을 보다 첨예화하여 경제체계에서 승자와 패자의 분열을 심화해갈 것이다.

---

* Luhmann, N., *Die Wirtschaft der Gesellschaft*, 1988, 7. Geld als Kommunikationsmedium: Über symbolische unddiabolische Generalisierungen.

3 사회 vs 국가

비트코인과 세계사회

비트코인이 투기대상이 되리라는 징후는 2016년 말 미국 대통령 선거에서 일찌감치 나타났다. 11월 9일에 트럼프의 당선이 확실시된다는 보도로 비트코인이 일시적으로 급등했다. 물론 이런 일시적인 시장변동을 자산도피로 잘못 추정할 수도 있겠지만, 2013년 키프로스 금융위기 시 대량의 러시아화폐가 비트코인으로 도피했고 중국에서도 위안元*의 국제 자산가치를 의심하고(=신뢰하지 않고) 부유층이 비트코인으로 도피했다는 점을 보면 그것이 현재 투기대상일 뿐 아니라 유력한 자산도피처로 평가되는 것은 의심할 바 없다.

이때 두 가지를 간과할 수 없다. 첫째, 비트코인을 투기로 활용하여 돈을 벌려는 사람뿐 아니라 위험회피risk hedge를 계획하는 사람도 부유층, 즉 경제체계에 포섭된 경제적 인격들이라는 사실이다. 즉, 그 이면에는 비트코인을 가지지 못해 체계로부터 배제된 고립된 개인이나 조르조 아감벤Giorgio Agamben이 말하는 벌거벗은 삶vita nuda을 강제당한 '호모 사케르homo sacer'가 확실히 존재한다. 본래 평평한 구조의 정보 네트워크에서 가치를 창출하는 일이란 계층성의 설정 · 도입을 필연적으로 수반한다. 지식에서도 마찬가지다. 어떤 정보Information에 가치Wert를 부여하여 지식Wissen이나 학Wissenschaft으로 조

---

* 위안元은 중국 인민은행이 발행한 화폐의 기호이다. 예컨대, 260원은 'RMB ₩260.00'식으로 표기한다.-옮긴이

직화하기 위해서는 대중매체 패러다임의 원뿔형 위계질서hierarchische Ordnung와 동일한 것은 아닐지라도 어떤 계층기제Schichtenaufbau가 요청된다. 그리고 이 요청은 **이에 관한 선악과는 무관하다**.

둘째, 영국의 EU 탈퇴Brexit, 미국의 트럼프 당선, 러시아의 블라디미르 푸틴Vladimir Vladimirovich Putin과 중국 시진핑習近平의 강권적 체제 강화, 필리핀 로드리고 두테르테Rodrigo Duterte 정권의 독재통치 등 2010년대 후반 이후 세계는 국가 수준의 독립주의가 만연하고 있다. 지금까지의 글로벌화라는 말은 망상 같은 것이었다. 봉쇄적 블록 간의 충돌이라는 제2차 세계대전 개전 전날 밤 같다는 말도 나오기 시작했다. 그러나 제2차 세계대전 개전 전야와는 **결정적으로** 다른 점이 있다. 바로 세계사회Weltgesellschaft가 존재한다는 점이다.

제2차 세계대전 당시의 대중매체 패러다임은 위계적 성격의 것이었다. 국가나 블록의 정책적 봉쇄는 인간·사물·소통의 분단을 의미했다. 여기서는 지리적·공간적인 영역Gebiet이 세계의 지배원리였다. 이에 비해 현재 패러다임은 평평한 구조를 특징으로 하는 네트워크로서 여기에는 아득한 소통의 총체인 **하나의** 사회, 곧 세계사회밖에 없다. 그리고 이 세계사회에는 중심이 없기에 정책에 의한 제어가 불가능하다. 루만이 설파한 영역 통합을 기본원리로 하는 글로벌화와 소통의 원리에 입각한 세계사회는 명백히 다르다.* 비트코인은 글로벌화가 **아닌** 세계사회의 통화로서 경제영역 나아가 가치 영역에서 세계사회화를 일구는 매체라고 할 수 있다.

---

* Luhmann, N., 'Globalization or World Society? How to conceive of modern society' in *International Review of Sociology*, 1997, Vol. 7 Issue 1. (번역「グローバリゼーション化、それえとも 世界社会か: 現代社会をどう概念化するか?」,『現代思想』, 2014년 12월호 수록)

실명경제 vs 익명경제: 가로막아선 국가

비트코인 채굴 대국인 중국이 2017년 9월 신규 가상화폐공개(ICO, Initial Coin Offering)를 금지하고, 2018년부터 채굴자에 대한 규제를 통해 사업 자체에 대한 국가적 압력을 행사하기 시작했다. 중국이 경제영역에서 비트코인에 대한 봉쇄와 함께 추진하고 있는 것은 전국에 보급된 스마트폰을 이용한 모바일 결제이다. 알리바바阿里巴巴 그룹의 알리페이Alipay와 텐센트 그룹의 위챗페이WeChat Pay가 대표적인 서비스로서 모바일 결제사업은 사실상 이 두 그룹이 독점한 상태이다. 모든 상품이나 서비스에 큐알QR코드가 부여되어 스마트폰 카메라로 계좌에서 대금결제까지 확인 가능하다. 안전도도 높아 중국에서는 지금 누구도 지갑을 가지고 다니지 않을 정도로 보급되어 있다. 중요한 것은 비트코인을 내쫓고 모바일 결제를 전면화한 것이 중국의 경제정책과 다르지 않다는 점이다. 즉, 실명경제권의 확대와 익명경제—즉, 비트코인—의 구축이 그것이다.

중국에서 모바일 결제의 전면화는 인민의 경제행동에 대한 국가의 완전한 감시, 관리, 통제를 의미한다. 신용카드를 통해 경제행동 주체의 고유명이 국가에 누설되기 때문이다. 실명경제권이 일본을 필두로 자본주의 국가들에서 확대되는 면이 있긴 하지만 원리상 그것은 불가능하다. 물론 이미 일본에도 모바일 결제 서비스가 여럿 있지만 중국과는 그 의미가 다르다. 일본의 것은 어디까지나 서비스이지만 중국의 그것은 국가정책인 것이다. 일본의 모바일 결제 서비스는 하나의 **경제행위**로서 경쟁이 전제되는 데에 비해 중국이 지향하는 것은 정치에 대한 경제의 종속 혹은 정치로 경제를 포섭하는 것이다. 이는 당연한데 중국은 공산주의를 국시로 내건 국가이기 때문이다. 실명경제권은 국가가 국민의 일거수일투족을 파악하는 독재의 실현을 조건으로 삼는다.*

비트코인의 이면에 있는 사상적 배경은 이 장 서두에서 다룬 무정부주의이다. 1980년대 후반 이후 중앙집권적 메인 프레임에 저항하고 개인의 창조행위를 위한 도구로 개인용 컴퓨터를 만든 것은 히피 운동이며, 이는 무정부주의 사상을 토대로 한다. 1990년대 들어 급속히 보급된 인터넷 네트워크 속에도 무정부주의적 사상이 잠재해 있다. 무정부주의적 개인주의를 실현할 수단으로 인터넷 네트워크를 지목한 미첼 데이비드 카포르Mitchell David Kapor, 존 길모어John Gilmore, 존 페리 발로John Perry Barlow가 만든 전자프론티어재단(EFF, Electronic Frontier Foundation)의 주장이 대표적이다. 비트코인은 이런 무정부주의적 운동의 흐름을 왜곡 없이 내보내는 동시에 중앙은행을 매개로 하지 않는 화폐 발행, 국경을 초월한 화폐 유통, 그것이 인터넷 네트워크라는 매체가 아니고서는 실현 불가능하다는 점에서 앞서의 사상을 두드러지게 실현해내고 있다.

중국과 일본, 미국은 같은 인터넷 네트워크라는 기술을 사용하지만 전혀 다른 의미를 가진다. 중국에는 트위터 대신 웨이보新浪

---

* 국무원이 2017년 7월 내놓은 「신세대 인공지능 개발계획 통지(新一代人工知能发展规划的通知)」, 国发[2017] 35호에서 중국은 2030년까지 세계 제1의 인공지능 기술대국이 될 것을 선언하지만 이러한 자신감의 이면에는 프라이버시를 고려하지 않는 빅테크의 수집·해석을 가능하게 해주는 정치적 독재가 있음을 간과해서는 안 된다. http://www.gov.cn/zhengce/content/2017-07/20/content_5211996.htm

微博=Weibo가, 구글 대신 바이두百度=Baidu가, 페이스북 대신 런런人人网=Renren이, 유튜브 대신 유쿠优酷网=Youku가, 라인 대신 위챗微信=WeChat이, 니코니코 동화 대신 빌리빌리哔哩哔哩=bilibili가 있다. 서비스 내용은 비슷해도(서비스에 따라 본래 있던 것을 넘어서기도 한다.) 이들은 본래 있던 것의 모방에 불과하다. 즉, 외형은 비슷해도 본질은 다르다. 왜냐하면 이 서비스들은 금순金盾이라는, 국가가 설계한 정보 검열과 블록 체계 내에서만 기능하기 때문이다.* 이들은 인민의 관리와 감시를 위한 도구이다. 이는 '기술은 정치적으로 중립적이며 무색투명한 존재다'라는 항간의 속설에 대한 모범적 반례이다.

여기서 정치적 배경을 들춰 인공지능이나 인터넷 네트워크를 쥐락펴락하는 정치인을 비웃고, 일부 천진난만한 엔지니어를 고발하려는 것은 아니다. 문제는 인터넷 네트워크나 인공지능—이미 본 것처럼 블록체인은 인간을 요소로 하는 추상적 인공지능이다—을 둘러싼 사회와 국가의 각축을 경제 분야에 국한할 때 익명경제와 실명경제의 세력권 다툼이 벌어지고 있다는 사실이다.** 그런 의미에서 비트코인은 두 세력의 승부의 최전선에 위치하며 향후 정보사회를 차지하기 위한 지표와도 같다.

---

* 물론 중국만이 아니라 미국에서도 에드워드 스노든 사건(전 미국 중앙정보국CIA 직원이자 미 국가안보국NSA에서 근무한 에드워드 스노든Edward Joseph Snowden이 2013년 6월 NSA의 무차별 개인정보 수집 등의 내용을 담은 기밀문서를 폭로하면서 전 세계에 큰 파문을 일으킨 사건을 말한다.-옮긴이)으로 드러난 것처럼 국가의 감시는 존재한다. 그러나 금순(금순이란 금으로 만든 방패라는 뜻이다.-옮긴이)과 자본주의 국가에서의 감시가 가진 결정적 차이는 후자의 경우 감시를 실행하는 당사자가 이를 본래 행해서는 안 된다는 국시를 거슬러 국민에게 중대한 해를 끼친다고 자각한다는 점이다. 때문에, 스노덴 사건은 미국의 근간을 뒤흔든 대사건으로 발전하였다. 이 논점에 관해서는 이 책 제5장을 참고.

** 이 세력권 다툼은 시진핑이 내세운 '일대일로一帶一路' 구상에 의해 이미 불붙어 있다.

4장

정보사회의 마음

소통장애란 무엇이 아닌가

이 장에서 다루는 소통장애라는 현상 내지 사태는 현 시점에서 정신의학 분야의 표준서인 『DSM-5 정신질환의 진단 및 통계 편람-제5판』에서 DSM-5(진단매뉴얼)*로 규정된 의사소통장애communication disorder와 **본질적으로** 아무런 관계도 없다. 즉, 이 장에서 말하는 소통장애는 정신질환 분류상의 의사소통장애에 대한 약칭이 아니다. 이 진단매뉴얼은 의사소통장애의 하위분류 대상으로 다섯 가지 항목을 거론한다. 즉, 1) 언어장애Language Disorder, 2) 회화음성장애Speech Sound Disorder, 3) 말더듬이Stuttering, 4) 사회성 의사소통장애Social Communication Disorder, 5) 특정할 수 없는 의사소통장애Unspecified Communication Disorder이지만,** 소통장애는 네 번째인 사회성 소통장애

---

* DSM-5는 정신질환 진단 및 통계 매뉴얼(약칭 DSM)의 다섯 번째 개정판으로 미국정신의학협회APA에서 발행한 2013년도의 새로운 업데이트 버전이다. 미국에서 DSM은 정신병 진단을 위한 주요 권한을 제공한다. 치료 권고는 권한 있는 의료 제공자에게 지불의 적정성은 물론 새로운 버전의 출현은 상당한 실질적인 중요성을 갖는다. 이전 버전의 범주와 함께 보다 유연한 해석을 위한 접근을 추가적으로 시도한 것으로 알려져 있다.-옮긴이

** *Diagnostic and Statistical Manual of Mental Disorders*(DSM-5®), *Fifth Edition*, American Psychiatric Association ed. 2013. (번역 『精神疾患の分類と診断の手引』, 医学書院)

로 규정되는 경우가 많다. 문제는 소통장애의 상위 범주가 신경발달장애Neurodevelopmental Disorder이기 때문에, 이 경우 '사회성 소통장애=소통장애' 또한 기질적 장애로 파악된다는 점이다. 그러나 나는 소통장애를 **기질적** 장애로 생각하지 않거니와 애초부터 이를 장애나 병으로 볼 생각도 없다.

반면 진화심리학적 관점에서 소통장애를 생물종으로서 살아남기 위한 전략, 즉 인간이라는 종이 환경에 적응하기 위한 진화형태로 간주해서, 그것은 병도 이상도 아닌 진화상 필연적인 것, 오히려 유리한 것이라는 가설을 세울 생각도 없다. 왜냐하면 이런 관점은 소통장애에 대한 가치부여를 마이너스에서 플러스로 반전시켜주지만 그 최종 근거를 생물학적 · 생리학적 수준에서 구한다는 점에서 진단매뉴얼에 의거한 병리학적 관점과 전혀 다른 점이 없기 때문이다.

나는 네트워크상에서 범람하는 **지적장애인**에 대한 은어인 치소池沼, **조현병** 환자에 대한 은어인 토짓糖質*처럼 소통장애를 의사소통장애라는 병리에 빗대어 네트워크상의 슬랭으로 **일단** 파악하고자 한다. 그러나 치소나 토짓이라는 차별어가 네트워크상에서 비방행위를 위한 말로 사용되는 데에 비해, 소통장애는 네트워크를 넘어 평범한 대면적 일상생활에서도 자주 사용된다. 사용 시에도 이 말이 반드시 비방의 의미인 것은 아니기에 자기소개에 등장하기도 한다. 또 최근 베스트셀러 도서 제목 '잡담력이 올라간다', '대화가 중단되지 않는 방법', '전달방식이 9할'처럼 일상대화에서 어떻게 소통장애를 회

---

* 컴퓨터로 치소ちしょう(知障)를 입력하려 문자 변환을 해도 남을 비하하는 것은 변환되지 않기에 치소池沼가 가장 위쪽에 나오게 된다. 이에 따라 2채널에서는 치소를 지적장애인이라는 의미로 사용하고 있다.-옮긴이

피할 것인가에 관한 조언을 담은 문구들이 넘쳐나고 있다. 현재는 소통장애 기피가 강박관념처럼 되어버린 형국이다.

이런 현실에 비춰 볼 때 소통장애가 병리적 수준의 판정이나 인정의 문제, 어떻게 하면 이를 극복할 것인가라는 실천적 문제, 또 생물학적으로 아무런 이상이 없어서 방치되는 문제도 아님을 알 수 있다. 해명이 필요한 것은 소통장애를 둘러싼 어떤 입장이 자명한 것으로 여겨지는 문제구조Problematik 자체, 즉 우리가 상호행위에서 소통장애인가 아닌가 여부에 구애될 수밖에 없다는 것이 **사태의 본질**이다.

1 히키코모리에서 소통장애로

애니메이션 <너의 이름은>이 빗댄 것

대명사처럼 사용되는 소통장애와 1980년대에서 현재까지 사회관계의 일탈을 가리키는 말인 '히키코모리引き籠もり'의 혼동이나 동일시를 우리는 주의깊게 피하고자 한다. 히키코모리는 사회적 관계의 차단에 그 본질이 있는 반면 소통장애는 사회관계를 이어가고자 하는 의사가 전제되기 때문이다. 이 두 말에는 연속적인 관계 또한 확인된다. 앞서 사정을 비유적으로 제시했지만 2016년 일본뿐 아니라 대한민국, 중국, 영국, 스페인 등에서 엄청난 관객을 동원한 애니메이션 〈너의 이름은〉은 신카이 마코토新海誠 감독의 작품이다.

그의 작품은 거의 자체제작에 가까운 단편 〈별의 목소리〉(ほしのこえ, 2002)를 시작으로 이후 〈구름의 저편, 약속의 장소〉(雲の向こ

う, 約束の場所, 2004), 〈초속5센티미터〉(秒速5センチメートル, 2007), 〈언어의 정원〉(言の葉の庭, 2013), 이어 대히트작인 〈너의 이름은〉에 이르렀다. 주의할 것은 작품 다수가 일반적으로는 히키코모리로 범주화될 만한 사춘기 남녀를 주인공으로 한 청소년물로, 감상자가 히키코모리 주인공에 자신을 투사하여 작품에 몰입하고 공감하는 구조를 띤다는 것이다. 이는 데뷔작인 〈별의 목소리〉에도 매우 선명하게 드러난다.

〈별의 목소리〉의 주인공은 노보루라는 중학교 3학년생으로 히키코모리에 가깝지만 동급생 미카코와 서로 좋아하는 사이이다. 그러나 지구와 다른 별의 전쟁이 시작되자 미카코는 전투원으로 최전선에 나선다. 두 사람이 서로 소식을 확인하며 마음을 나누는 유일한 수단은 휴대용 전화기의 메일이다. 그러나 명왕성에서 워프warp* 로 시리우스 성계까지 돌아와 전투에 참가한 미카코는 상대성 원리에 의해 이미 스물다섯 살이 되어버렸다. 지구로부터 멀어질수록 두 사람의 나이 차가 커지고 메일도 잡음으로 혼탁해지는 경우가 많지만 연인으로서의 확신이 흔들리지는 않는다.

나는 앞서 본 작품의 플롯 자체보다 그것이 감상자에게 일으키는 심적 기제 · 심적 풍경을 생각해보고자 한다. 여기서 연인의 존재를 보여주는 근거는 핸드폰 메일상의 문자밖에 없다. 즉, 실제로는 '나의 진정한 연인'이 존재하지 않을지도 모른다는 것이다. 이는 노보루가 섬세하게 짜낸 디지털 망상일 수도 있다. 그럼에도 연인이 결

---

* SF에 등장하는 우주 항행법으로서, 3차원 공간을 4차원적으로 구부려 출발점과 목적지를 붙여 한순간에 목적지로 가는 일을 가리킨다.-옮긴이

코 만날 수 없는 거리에 있다는 상정, 곧 현전하는 연인의 부재가 그 존재에 대한 확신을 오히려 강화하게 된다. 연인이 여기 **있지 않다**는 것은 남녀가 다른 세계에 **있기** 때문이라는 논리인 것이다. 뒤에 다루게 될 요시모토 다카아키의 용어를 쓰자면 닫힌 관계 속에서 생겨나는 순애純愛로서의 대환상対幻想을 갈구하는 '나'의 자기환상(=디지털 망상)이라는 사태이다.

〈구름의 저편, 약속의 장소〉, 〈초속5센티미터〉도 같은 모티브를 변용한 것으로 볼 수 있다. 연인들의 밀회를 갈라놓는 것이 물리적인 거리이기에 평행세계의 차원이 낳은 차이(〈구름의 저편, 약속의 장소〉)가 영원히 목적지에 다다를 수 없는 시간의 지연(〈초속5센티미터〉)으로 변환되면서 원거리 연애에서 홀로 남겨진 고독, 만날 수 없는 다른 세계 간의 연애라는 핵심 모티브에는 한 치의 동요도 없다.

그러나 2010년대 들어 제작된 〈언어의 정원〉에서는 이변이 나타난다. 이 작품에도 유키노라는 히키코모리 고교교사가 구두 장인을 목표로 하는 주인공 고교생 다카오의 연애상대로 등장한다. 다카오는 무단지각 상습범이긴 하지만 히키코모리는 아니다. 플롯의 축이 되는 것은 신주쿠 거리에서 피어난 두 사람의 연애감정으로 유키노는 히키코모리에서 벗어나 사회복귀를 위한 걸음을 내딛고, 다카오도 삶에서 중요한 것을 배워나간다. 이는 마치 두 사람의 정신적 성장을 다룬 현대판 교양소설 같기도 하다. 이 작품에서 연애는 망상도, 자기환상도 아니다.

〈너의 이름은〉은 어떨까? 이 작품에서는 〈구름의 저편, 약속의 장소〉와 마찬가지로 평행세계에 걸터앉은 고교생 남녀, 타키와 미츠하의 장거리연애가 묘사되지만 히키코모리는 등장하지 않는다. 더구나 지금까지 일어나지 않았던 사건이 이 작품에서 벌어진다. 작품 마지막에 만날 수 없게 된(혹은 만나는 것이 금지된) 다른 세계의 '나의 진정한 연인'이 이쪽 세계로 넘어와 두 사람이 만나게 된 것이다! 작품의 이런 기본 플롯 변화에 작가인 신카이 마코토의 사적인 환경 변화와 실제 생활의 정신적 변화를 투사할 수는 없을 것이다. 이 장의 논의와 관련하여 중요한 것은, 다수의 감상자가 작품에 공감하고 빅히트를 친 이면에 신카이의 작품에 등장하는 히키코모리 주인공들에게 여태껏 자신을 투사해온 기존의 팬들에게 이 작품이 큰 배신으로 받아들여질 수 있다는 점이다. 왜냐하면 신카이 마코토의 작품리스트에서 볼 수 있는 기본 플롯의 변용은 지금까지 사회의 외부에 놓여 있던 히키코모리의 피난소로 기능해온 환상 영역이 사회와 대면함으로써 그 기능을 상실했음을 뜻하기 때문이다. 사회의 어두운 곳에 있던 히키코모리로서 잠시나마 망상을 통해 자기를 긍정했던 이들에게 이 변용은 사회의 밝은 곳으로 이들을 무리하게 끌어내 결국 사회부적응자라는 스티그마를 다시 붙이려는 것으로 이해되기 때문이다.* 그리고 이 스티그마야말로 소통장애에 다름 아니다.

나는 뒤에 다루게 될 논의와 관련하여 〈별의 목소리〉에서 〈너의 이름은〉에 이르는 기간, 곧 2002년에서 2016년에 이르는 기간이 미디어 기술면에서는 휴대용 전화(갈라케)**에서 스마트폰으로의 이행

---

* 여기서 쓰는 낙인이라는 말은 단순한 낙인이나 딱지붙이기의 의미가 아니라 고프먼Erving Goffman의 기술적 용어, 즉 '잠재적으로 기대되는 사회적 정체성virtual social identity'과 '실제적인 사회적 정체성actual social identity' 간의 괴리를 가리키는 의미에서 사용되고 있음에 주의할 것. Goffman, E., *Stigma: Notes on the Management of Spoiled Identity*, 1963. (번역『スティグマの社会学: 烙印を押されたアイデンティティ』, せりか書房)

** 세계 표준에서 벗어나 독자적인 진화를 이룬 일본의 휴대 전화를 갈라파고스 제도諸島의 생물

기, 네트워크 서비스로는 '2채널'*, 믹시Mixi 같은 폐쇄적인 유사 커뮤니티에서 페이스북, 트위터로 대표되는 **소셜**미디어로의 교체기와 겹친다는 점에 주목하고자 한다. 그러나 신카이의 작품리스트를 종합적으로 볼 때, 히키코모리가 네트워크 미디어를 통해 공적인 사회와 연결됨으로써 현실세계의 삶을 암묵적으로 강요받거나 적어도 그 위장이 강화되는 상태로 해석된다. 2008년 무렵 풍미한 '삶의 고통生きづらさ'과 더불어 소통장애는 히키코모리 시대에서 진전된 정보사회의 심상풍경, 심층구조의 표면처럼 나타난 사회적 징후이다.

은신처로서의 사회의 외부와 그 역사적 변환

소통장애가 사회 외부의 소멸을 보여주는 지표 · 징후라는 입장을 취하더라도 본래 소통장애란 무엇인가라는 것에 관해서는 사회적 부적응자로서의 스티그마라는 시사만 있을 뿐 그 내용은 손을 대지도 못한 셈이다. 이제 사회철학적, 미디어론적 시각에서 소통장애의 실체에 다가서고자 하지만 여기서 우선 살펴보아야 할 것은 사회의 외부라는 문제이다.**

사회가 아직 지리적 · 공간적인 영역Gebiet으로 표상되던 1960~1970년대에는 사회의 외부 또한 여기 이외의 어딘가, 즉 영역적 **장**

에 비유한 말. 최근 이러한 표현은 일본의 휴대 전화를 얕잡아보는 것이라 하여 피처폰feature phone(개성적인 전화)으로 바꿔 말하는 사람들이 늘고 있다. 옮긴이

* 일본 최대의 인터넷 네트워크 게시판 사이트.-옮긴이

** 사회의 외부를 개념규정하기 위해서는 자연인, 유랑민, 예능과 같은 문제를 포함한 '유희'의 문제를 검토할 필요가 있지만 이 장의 목적에 맞춰 구도만을 그리기로 한다.

소로 표상되었다.* 많은 경우 얽히고설킨 지연적 · 유사 혈연적 생활 공간에서 비일상적 장소로 탈출 · 도피하여 자신이 관계 맺어온 폐쇄적 지연 사회의 외부로 숨는 일이 가능했던 것이다. 예컨대, 데라야마 슈지寺山修司는 출가를 권하였고, 혼다 가츠이치本多勝一는 모험을 장려했는가 하면, 아베 코보安部公房는 증발을 도발하여 사람들, 특히 청년들에게 사회 외부의 존재를 구체적으로 가르쳤다.** 이 시기 사회의 외부는 국소적으로 얽힌 인간관계로부터의 해방을 뜻했다.

그런데 1980~1990년대가 되자 인간관계의 얽힘이 지배하던 지연적이고 국소적인 사회는 거의 자취를 감추고 균질화된 개인의 덩어리인 대중사회가 등장한다. 이 대중사회의 균질성을 담보하는 것이 1980년대 일본의 모든 세대에 보급된 텔레비전으로 대표되는 대중매체이다. 이런 사회에서 공간적 의미의 외부는 존재할 수 없다. 왜냐하면 거기에서 사회는 애초 공간적 존재로, 즉 영역으로 표상되는 것이 아니기 때문이다. 이제 사회는 인간의 (지연적 · 정서적 계기가 아닌) 기능적 연관에 따라 표상된다.

이 같은 기능적 사회에서도 사회의 외부는 늘 두 가지 방식으로 존재했다. 하나는 군사목적의 아르파네트워크ARPANET에서 학술목적의 씨에스네트워크CSNET를 병합하여 엔에스에프네트워크NSFNET***로

---

* 사회 이상의 존재감을 국가가 가지게 되는 전전戰前·전중戰中·전후戰後 직후(~1950년대)에 걸친 시기는 논의 범위에서 의도적으로 제외하였다.

** 데라야마 슈지寺山修司(1935~1983)는 일본의 아방가르드 시인, 극작가, 영화감독, 사진작가였다. 혼다 가츠이치本多勝一(1932~)는 일본의 기자로서 일본군이 난징대학살에서 저지른 잔학한 행위를 책으로 고발하였다. 아베 코보安部公房(1924~1993)는 일본의 소설가, 극작가, 연출가이다.-옮긴이

*** National Science Foundation Network의 약자로, 미국의 교육 연구 분야를 포함한 미국

발전한 뒤 최종적으로 현재의 인터넷 네트워크가 된 사이버스페이스처럼 사회의 **유사** 외부 공간으로 간주되는 길이다. 이 길에서 사회의 외부는 당연히 영역으로 표상된다.* 다른 하나는 사회의 외부에 정서적 응집성이 높은 연결성—요시모토 다카아키의 말을 빌리자면 공동환상 영역—을 창출하여 내부에 외부를 잉태시키는 전략이다.** 이런 전략을 탐구하는 것이 한꺼번에 생겨난 언더그라운드 극단과 신흥종교이다.***

물론 사회구성원의 의식에 따라—즉, 당사자für es—사회의 외부는 해당 사회로부터의 피난소로 늘 기능하며 실제 그렇게 기능해왔다. 그러나 중요한 것은 사회의 외부가 해당 사회에 의해 원칙적으로 통제 불가능하기 때문에, 사회의 외부가 가능해진다는 점이다. 즉, 사회의 외부 존재 자체가 사회 일탈적, 반사회적인 것이기에 사회의 대안을 구성해내는 것이다. 이는 사회의 존립에 있어서 이른바 안전판의 역할을 담당한다. 사회를 선택할 수 없다는 조건의 존재로 인해

과학 재단 산하 네트워크로 슈퍼컴퓨터 사이트를 연결하기 위해 구축한 광역의 고속 네트워크 기관이다.-옮긴이

* 사이버**스페이스**라는 말은 본래 공간을 함의한다.

** 사실 첫 번째 길도 우리라는 견지에서 보자면—즉, 보편자적für uns 견지—학자적 윤리를 공유하는 이들의 공동환상체로 볼 수 있다.

*** 졸저 『情報社会とは何か?: メディア論への前哨』, (NTT出版) 「제3장 이중화된 사회」를 참고. 1980년대 이전의 정치적·종교적 공동환상체에—전쟁 전의 육군황도파나 대본교—이미 사회 내부에서 외부를 만들려는 시도가 확인된다. 그러나 1980년대 이후 공동환상체는 지금까지 기조를 이루던 반국가적 색채를 서서히 잃고, 문화적 다양성이 전면에 등장하게 된다. 그리고 당초 뉴에이지 열풍을 배경으로 문화적 공동환상체로서 출발한 옴진리교의 정치단체화와 반국가적 실력행사의 좌절을 끝으로 공동환상체라는 형태의 사회의 외부 자체가 모습을 감춘다.

사회는 그 존립을 지금까지 유지해왔다고 할 수 있다. 20세기 들어 사회는 그 외부를 소거해왔지만 그렇게 보는 것에는 신중해야 할 것이다. 소통장애의 본질에 다가서기 위해 우리는 사회의 외부를 고찰하지 않을 수 없다.

2 외부의 소실과 상호행위의 현재

순수상호행위라는 사회의 외부

앞 절에서 사회의 내부에 잉태된 외부로 1980년대 이후의 응집성 높은 유사공동체(=공동환상체)를 거론했지만 이와는 별도로 1960년대부터 일관되게 나타난 사회의 내부에 잉태된 외부 중 하나가 **순수**상호행위이다. 예컨대, 이는 연애처럼 농밀한 양자관계에 몰두하여 극단적 응집을 실현하고 사회에 대해 폐쇄성을 띰으로써 사회의 외부를 구성한다. 이 사회의 바깥에 위치한 미시적인 응집체는 내부에 잉태된 순수상호행위 경향을 강화하면서 사회 일탈적 행위—동반자살, 사랑의 도피, 치정관계 등에 의한 칼부림—를 저지르곤 했다. 극단적인 경우 반사회적 행위, 예컨대 1973년 오쿠무라 아키코奥村彰子의 시가은행 횡령사건, 1981년 이토모 도코伊藤素子의 산와은행 횡령사건 등이 있다.*

뒤에 다루겠지만, 순수상호행위는 요시모토 다카아키의 대환상

---

* 산와은행 횡령사건 후 '좋아하는 사람을 위해 그렇게 했다'는 말이 유행하였다.-옮긴이

영역과 관련됨에도 앞서의 언더그라운드 극단이나 신흥종교처럼 사회 내부의 외부인 공동환상 영역에 포함되지 않는다. 즉, 대환상과 공동환상은 명백히 다른 종류이다. 예컨대 1970년대 초 일어난 신좌파 내부의 처참한 린치사건인 '산악베이스 사건'에서 연합적군의 혁명 전사로서의 각성이라는 공동환상이 성원 간의 연애(결혼은 안된다!)라는 대환상을 억압했다는 사실을 보면 알 수 있다.

사회 내부에서 출현한 두 개의 외부—즉, '유사공동체=공동환상체'와 '순수상호행위=대환상체'—에서 전자는 1990년대 후반에 급속히 모습을 감추었다. 이는 1995년 일어난 옴진리교단의 '지하철 사린 사건'을 계기로 한 법적 규제의 강화나 폐쇄적 공동체에 대한 세간의 눈총도 큰 이유겠지만 그보다는 이 시기에 인터넷 네트워크가 보급됐다는 점이 중요하다. 개인을 노드로 삼는 인터넷 네트워크로 누구나 **당사자로서** 정보를 발신하는 일이 가능해졌고 내부고발이나 감시보고의 문턱이 낮아진 결과 정보의 은폐를 통해 유사공동체를 유지하는 것이 어려워진 것이다. 그 결과 공동환상체의 응집력은 저하될 수밖에 없었다.

그렇다면 이는 순수상호행위와 어떤 점에서 다른 걸까? 연애로 대표되는 농밀한 양자관계는 만고불변의 인간관계의 기반으로서 자주 이상화되어왔다. 그러나 순수상호행위 또한 역사적 형성물로서 시대에 따라 다른 매체를 매개로 하는 이상 상대성에서 벗어나기 어렵다. 다시 말해, 이 장의 주제인 소통장애라는 문제의 열쇠가 바로 순수상호행위인 것이다. 이어지는 절들에서는 요시모토 다카아키의 환상 개념을 검토하면서 순수상호행위의 문제를 파헤치고자 한다.

사회에서 상호행위의 지위

상호행위Interaktion나 대면적 상호행위는 누구나 일상적으로 실천하고 직접 체험하는 행위라는 점에서 개인의 의식에서도 **뚜렷하고** 현실적이다. 또, 제3자적 입장에서도 가장 실재성Realität을 갖춘 사회적 과정으로 간주된다. 사회학에서는 이른바 방법론적 개인주의methodological individualism와 잘 들어맞는 이것은 사회의 실체성을 부정하는 사회유명론social nominalism의 근거가 되기도 한다. 또, 오로지 상호행위만 적절한 소통이며 사회란 그 합산 · 총화라고 이해하는 사회체계론Sozialsystem적 이해(사실은 오해) 방식도 있다.

그러나 상호행위는 일반적으로 생각하는 만큼 직접적으로(=무매개) 체험되는 것도, 주체적인 것도 아니다. 이는 사회를 구성하는 단위 · 원자의 소통이 아니라 어떤 자생적인 질서의 지배를 받는다. 이러한 사정을 상호행위의 구체적 장면에서 주도면밀하게 분석한 이는 미국의 사회학자 어빙 고프먼이다. 고프먼은 상호행위의 장을 지배하는 질서를 의례적 성격의 것으로 파악하고 참여자의 개성이나 인격을 상호행위 질서 유지를 위한 부산물로 보았다. 즉, 그는 상호행위를 상호행위 질서라는 대본에 따라 각 배우가 연출하는 연극 모델로 파악한다.* 물론, 실제 연극과 달리 여기에는 대본 작가가 없고 배우와 관객의 역할도 동적으로 변한다. 그러나 결정적으로 고프먼의 상호행위 분석이 중요한 이유는 그가 상호행위를 **양자관계가 아닌**

---

* Goffman, E., *The Presentation of Self in Everyday Life*, 1959. (번역 『行爲と演技: 日常生活における自己呈示』, 誠信書房)

애초 관찰자가 개입함으로써 성립하는 삼자관계로 정식화해서다. 실제 상호행위 현장에 두 사람밖에 없는 경우에도 질서로 인해 가상적인 제삼자(=부재의 타자)가 현장에 사실상 들어와 있는 것이다.

고프먼은 프레임frame 개념을 통해 복수의 관계 간 질서나 리얼리티의 기제를 해명해나가는 데 관심을 기울였지만* 이는 뒤에 다루기로 한다.** 여기서는 세 가지를 확인하고자 한다. 첫째, 고프먼의 상호행위 질서를 루만의 사회체계론에 투영할 때 이것이 상호행위 체계로 변한다는 점이다. 루만의 사회체계론에서 관찰자Beobachter에 의거한 '체계/환경'의 구별(=Systemreferenz)을 체계의 존립에서 빠트릴 수 없다. 상호행위가 체계인 이유는 거기에 관찰자가 도입되기 때문이다. 또, 체계론이 상호행위 참여자를 연쇄적 소통이라는 연산 실행의 환경Umwelt이나 요소로 간주한다는 점에서 고프먼 이론과의 친화성이 높다.

둘째, 위르겐 하버마스Jurgen Habermas의 의사소통행위 이론Theorie des kommunikativen Handelns의 영향으로 '고프먼=루만'의 삼자관계적 상호행위는 체계에 의한 생활세계 내부의 식민지화를 낳았다. 그 결과 **있어야할 어떤** 소통이 왜곡된 전략적 행위로 폄하되어, 인격 간의 합의Verständigung를 지향하는 투명한 양자관계의 상호행위만 진정한 소통행위로 특권시되어 버렸다. 즉, 상호행위에 합의라는 가치가 들어서는 동시에 양자관계가 기본값으로 간주되기에 이른 것이다.

셋째, 정보사회의 현재 상태는 하버마스류의 상호행위가 **아닌**

---

* Id., *Frame Analysis: An Essay on the Organization of Experience*, 1974.

** 이 점에 관해서는 이 책 제6장 제2절을 참고.

'고프먼=루만'의 상호행위를 지지한다. SNS는 지금까지 없었던 새로운 비대면 소통, 즉 익명적인 부재의 타자를 소통에 개입시켜 삼자관계를 구성함으로써 극도로 추상적이고 비인칭적인 소통을 낳았다. 지금까지 **유사** 상호행위에 불과했던 것이 역으로 표준의 지위를 점유하기 시작한 것이다. 또, 상호행위 당사자도 사회라는 비가시적인 인공지능의 본체인 소통 '연쇄=연산'의 유기적 요소가 되어가고 있다. 네트워크를 구성하는 개별적 소통으로 거론되는 '개인 대 개인 P2P' 거래조차 나의 시각에서는 양자관계가 **아니라** 관찰자가 들어선 삼자관계**이다**.*

이미 상호행위는 삼자관계로 구성되어 있으나, 앞 절에서 본 순수상호행위는 양자관계로 구성된 상호행위였다. 그러나 하버마스의 생각과 달리 양자관계로서의 순수상호행위가 상호행위의 기본값은 아니다. 정확히 반대이다. 삼자관계가 상호행위의 지평을 구성함에 따라 순수상호행위야말로 일탈이 되어버린 것이다.

요시모토 다카아키의 환상 개념

순수상호행위는 관찰자를 결여한 상호행위로 정의될 수 있다. 관찰자의 존재를 결여한 그것은 제3자를 통한 외부로의 구멍을 잃고 양자 간의 극단적 관계로 닫힌다. 그것만이 아니다. 상호행위 당사자들 쪽에서도 관찰된다는 것에 대한 고려를 결여했기 때문에, 여기서 생기는 폐쇄적 순환관계는 정동의 자기회귀적 증폭을 일으키는 일탈

---

* 이 책 제3장 '체계신뢰에서 익명신뢰로'를 참고.

로 폭주하기 시작한다. 순수상호행위에서 이러한 일탈—예컨대, 앞서 거론한 사랑의 도피, 치정관계에 의한 칼부림—은 당사자들도 통제하기 불가능한 것으로서 경우에 따라 자기회피로 발전한다(동반자살). 이상의 사실을 고려할 때 순수상호행위란 양자관계에서 자기와 타자의 미분화 상태, 자기와 타자의 융합에 따른 단일 상태의 실현이거나 적어도 그 확신이며, 그런 의미에서 두 개인의 합산 혹은 단순한 기능적 연관을 넘어서는 것이다. 때에 따라 개인은 거기에 강하게 개입하기도 하지만 다른 경우 개인의 합리적 행동을 억압하기조차 한다. 덕분에 순수상호행위가 사회의 외부를 구성할 수 있게 된다. 요시모토 다카아키는 순수상호행위의 내재적 초월성을 대환상으로 부른다. 나 또한 이 말을 그대로 쓰고자 한다. 이 절을 포함해 이어지는 절들에서 대환상 개념을 **본질에 맞게 사용하는 한에서** 그 함의를 생각해보고자 한다.

대환상은 말할 것도 없이 요시모토의 『공동환상론』(共同幻想論)에서 제시된 '자기환상-대환상-공동환상'이라는 환상 삼각형의 한 점을 이루는 개념장치이다. 요시모토도 언급하는 것처럼 『공동환상론』은 공동환상 개념에 입각해 국가 존립의 원리적 기제를 폭로한다.* 그러나 현 단계 정보사회에서 국가의 리얼리티는—시대착오적 국수주의자를 배제하면—사회의 복권 이전에 이미 상대화되어버린 상태이다. 때문에, 군국소년으로서 태평양전쟁을 체험하고 국가라는 리얼리티에 늘 위협을 느껴온 요시모토의 과제는 당연히 우리의 과제와 일치하지 않는다. 그럼에도 지금의 우리에게 『공동환상론』은

---

* 요시모토 다카아키吉本隆明, 『共同幻想論』, (角川文庫), 「角川文庫판을 위한 서문」

여전히 중요하다.

우선 지적할 것은 요시모토 본인에게도 '공동환상=국가'가 아니라는 점, 즉 양자는 교환개념Wechselbegriff이 아니라는 점이다. 공동환상은 다양한 형태의 국가를 선도하는 개념으로서 실제 『공동환상론』은 주로 『고사기』(古事記)와 야나기타 구니오柳田國男의 『도노 모노가타리』(遠野物語)*를 채용하여 국가 성립 이전(정확히는 야마타이국邪馬台國 성립 이전까지)까지 일본에서 환상 삼각형의 발전과정을 다룬 작업이다. 즉, 요시모토의 환상 개념은 국가 개념과 별도로 논의할 수 있다. 실제 나는 요시모토의 환상 개념을 그렇게 다루고자 한다.

요시모토가 환상을 말할 때 어감에 현혹되어 실재성을 결여한 꿈이나 환각과 같은 것으로 생각하기 쉽다. 예컨대, 촌락공동체의 규칙이 공동환상일 경우 이는 실제로 존재하지 않는데도 불구하고 생각에 따라 존재하는 것으로 간주할 수도 있는 것이다. 마을 사람들은 규칙의 존재를 매우 실재적인 것으로 받아들이고 조금도 의심하지 않는다. 그러나 그것은 돌멩이나 천지신명과는 다른 성격의 것이다. 요시모토는 환상을 마르크스의 상부구조Überbau 개념에 비유하는데** 이는 광의의 이데올로기로 해석될 수 있다. 다만 환상 영역은 경제적인 범주, 즉 '토대Basis=하부구조'로부터 독립적이며 직접적 규정은 가능하지 않다. 환상이란 실재하는 이념Idee에 다름 아니다.

환상의 한 가지 특징은 '초-개체'적 성격 혹은 내재적 초월성이다. 공동환상의 경우 공동체로 크게 기운 사회참여를 통한 개인과의

---

* 이와테현 도노고에서 전해지는 설화, 민간신앙, 연중행사 등에 대한 이야기를 엮은 것.-옮긴이

** 吉本隆明, 『共同幻想論』, (角川文庫), 「角川文庫판을 위한 서문」

동일시(전형적으로는 국수주의)나 개인에 대한 공동체의 억압(집단 내 따돌림, 정신병원)으로 드러나지만, 대환상의 경우 외부 사회규범의 차단과 양자관계에 대한 몰두(맹목적 사랑에 빠진 상태)나 상호 속박(추파를 던지거나 열기가 오르는 일의 금지)으로서 그 내재적 초월성을 발현한다. 사실 자기환상의 경우조차 환상의 '초-개체'성은 건재하며 있어야 할 자신에 대한 부단한 참조(자기실현이라는 망상)나 이상화된 자신의 억압(강박증)으로 발현된다.

루만의 사랑이라는 매체

순수상호행위의 특징을 묘사하기 위해 요시모토의 환상 개념에 기대는 것이 부족하게 보일 수 있다. 그러나 루만의 사회체계론에도 요시모토의 대환상과 기능적으로 등가인 개념이 존재한다. 그것은 사랑Liebe이라는 매체이다. 고프먼과 마찬가지로 루만의 이론에서 상호행위는 삼자관계가 기본이다. 그리고 삼자관계를 매개로 상호행위의 체계—즉, 참여자와는 전혀 다른 차원의 소통이 일어날 가능성—또한 담보된다. 루만은 삼자관계 원칙에 들어맞지 않는 상호행위를 확인한다는 점에서 고프먼과 갈라선다. 양자관계만으로 구성된 예외적 '순수상호행위체계=친밀체계Intimitätssystem'가 그것이다.* 그리고 이 체계를 유지시켜 주는 것이 성과매체Erfolgsmedium로서의 사랑이다.

---

* Luhmann, N., *Liebe als Passion: Zur Codierung Intimität*, 1982. (번역 『情熱としての愛: 親密さのコード化』, 木鐸社). 그러나 여기서도 관찰자의 존재와 체계의 존립은 등가이며 학지적 관점에서 기술하는 우리라는 관찰자는 친밀체계에도 존재한다. 제3자**만이** 학지적인 '관찰/기술'자인가, 아닌가가 상호행위와 **순수**상호행위(=친밀체계)를 가른다.

친밀체계는 모든 소통이 '사랑하는/사랑하지 않는'이라는 이진법 코드binärer Code로 유도되어 연쇄적 접속을 이루는 두 사람만의 세계라는 '폐쇄=체계'를 창출한다. 그러나 이 체계는 상호행위Interaktion가 아닌 어디까지나 기능적 분화체계differenziertes System이다. 왜냐하면 본래 유럽 중세 궁정이 시초인 일탈적, 반사회적 화용론(=시대마다의 주류 '개념=인식')인 사랑을 현대 사회는 가족제도를 기반으로 길들여 소비나 생산에 이용하기 때문이다. 또, 소통 요소로서의 인격을 재생산하거나 교육 같은 작동 단위로 재편한 결과 포괄사회Gesellschaft가 가능하게 되었다.

한편 친밀체계는 양자관계 체계이기에 다른 기능적 분화체계에 비해 약하다. 예컨대, 경제체계의 성과매체인 화폐는 타자가 그것을 **신뢰**하여 구매 시 사용한다는 점에서 나 또한 그것을 사용한다는 기제에 입각해 유통된다. 사랑이라는 매체 또한 마찬가지 기제로 작동하지만 매체 사용자가 두 사람이라는 점이 화폐와의 차이점이다. 매번 사랑의 사용(=확인)을 통해 그 가치는 올라가지만 반대로 사소한 의심으로 금세 친밀체계가 붕괴하는 사태를 맞는다. 이런 의미에서 친밀체계는 기능적 분화체계 가운데에서도 특이한 위치를 갖는다.

친밀체계는 사회체계soziale Systeme와는 다른 종류의 창발이 작동하는 심리체계psychisches System 내지 의식체계Bewußtseinssystem,* 곧 마음과의 관련성 속에서 특이성을 갖는 기능적 분화체계이다. 즉, 그것은 두 개의 독립적이고 폐쇄적인 심리체계 간의 상호침투Interpenetration

---

* 사회체계가 소통을 작동의 요소로 삼는 데에 반해 심리체계psychisches System 내지 의식체계Bewußtseinssystem는 생각Gedanke을 작동의 요소로 삼는다는 점에서 양자는 호환되지 않는다.

를 실현한다. 루만은 친밀체계를 개인으로 환원하지 않고 이를 넘어서는 일체감이 존재함을 확인한다. 동시에 제3자적 관찰의 경우 착각에 불과한 마음의 창발이 어디까지나 개인내부에서 벌어지는 일이라는 입장을 놓지 않았다. 이로써 친밀체계가 사회체계이지 심리체계가 아니라는 사실도 합리적으로 설명된다. 물론 이는 루만이 일관되게 설정한 장치이다. 친밀체계는 사회 속에서 사랑이라는 환상(=매체)에 입각해 원자로서의 개인에게 간섭하여 개인의 해체를 막는 역할을 하기 때문이다. 그러나 루만의 '심리(의식)체계=마음'에는 개체주의의 얼굴도 엿보인다.

신체적 공현전과 정보사회의 마음

상호행위에서는 양자가 서로 신체를 맞대는 경험인 신체적 공현전 대신 사랑이라는 초월론적 범주를 매개로 친밀체계가 성립한다고 본 것은 루만의 탁견이었다. 하버마스류의 독립적이고 평등한 인격(이상적 발화상황)을 전제로 투명한 상호이해를 지향하고, 데면데면하며, 속세를 벗어나 있고, 내용이야 어떻든 겉으로는 깔끔한 허구적 요청인 합의와 친밀체계 내의 양자관계는 다르다. 친밀체계는 질척질척한 감정의 폭발과 위태로움, 특히 현실적인 소통 과정을 개념화했다고 평가할 수 있다. 친밀체계 참여자의 마음이 결국 심리(의식)체계로서 개인의 사정 위에서 작동한다는 점을 감안하면 이 또한 학지적 입장für uns의 관찰을 통한 판단에서 유래한다는 일면성을 피하기는 어렵다.

다른 한편 요시모토 다카아키는 이 같은 사정을 이해하고 루만이 고심했던 측면에 빛을 던져준다. 대중의 근본적 속성을 놓치지 않으면서도 순수상호행위 당사자für es에게 의식적 사실, 심리적 리얼리티야말로 가장 중요하며 순수상호행위에 관한 사색 또한 이 지점에서 나올 수밖에 없다는 것이다.* 연애에서 심리적 억압이나 속박, 반대로 그에 대한 과도한 몰두나 개입은 우리가 일상적으로 체험하는 **의식적 사실**이다. 우리가 연애에서 느끼는 일체감은 루만이 보편적 입장에서 분석한 것과 같은 착각이 아니라 현실 일반에 해당한다. 즉, 요시모토의 마음이란 루만의 그것(=심리/의식체계)과 달리 개체로서의 개인을 초월한다. 개체 내적인 단순 표상을 넘어 중층적 마음의 관계태의 한 항이야말로 요시모토가 말하는 환상이다.

그에 따르면 마음이란 일반적으로 환상에 매개된 억압적 상태를 가리킨다. 이런 억압적 환상은 20세기 전체에 걸쳐 엄청나게 융성한 정신분석 분과를 만든 지그문트 프로이트의 초자아Überlch, 카를 구스타프 융Carl Gustav Jung의 집단무의식Kollektives Unberwusstes, 알프레트 아들러의 공동체 감각Gemeinschaftsgefühl 등의 이름으로—자주 쾌락 지향적이고 자연적 의식으로서의 '그것/이드Es/id'가 짝을 이룬 형태로—무의식의 영역에 속한다고 이해되어왔다. 이들에게서는 무의식으로서의 마음을 개체 내부로 귀속시키고자 하는 지향을 빼놓을 수 없다. 그러나 마음을 개체로 무리하게 집어넣을 필요가 있을까?

나는 요시모토의 환상 개념이 마음을 단순히 개체 수준에서 격납시킨, 일종의 사적인 영역이 아니라 일정 정도 이미 개체로부터 흘

---

* 나는 순수상호행위를 둘러싼 루만과 요시모토의 개념화 차이, 곧 '보편자/당사자für uns/für es'라는 시점의 차이 외에도 신체성에 대한 파악에서 양자 간의 패러다임의 단절이 존재한다고 본다. 이 논점에 관한 검토는 후일을 기약하기로 한다.

러나온 것으로 파악하고자 하는 시도에 주목하고자 한다. 즉, 대환상은 양자관계에서, 공동환상은 공동체에서 각각 마음의 억압적 상위층이며 이것이 관계의 하층에 속하는 개체 수준의 피억압적 의식과 더불어 마음을 이룬다. 유의할 것은 단독자의 자기 환상에서조차 마음은 이중화되어 있으며 그것이 자신에 대한 억압(예컨대, 망상이나 강박관념)과 같은 자기지시적, 자기 회귀적 상태를 이루는 데 어떤 방해도 하지 않는다는 점이다. 때문에, 일반적으로 마음의 상위층인 환상은 하위층인 개체적이고 인칭적인 마음에 비해 초월적 성격을 띠며 이는 억압으로도 나타난다. 그렇다고 해서 환상이 개별 마음과는 독립적으로 존재한다는 뜻은 아니다. 마음은 늘 환상과 마음이라는 두 갈래의 이중성을 지니고 있다. 마음이라는 영역은 '관계의 절대성'(요시모토) 혹은 '관계의 제1차성'(와타루)이 지배하고 있다. 마음이란 늘 개체적 의식 '이상, 이외의 어떤 것etwas Mehr, etwas Anderes'으로서 불가피하게 환상이라는 잉여가치Mehrwert를 잉태하고 있다. 그리고 이 잉여 부분은 당연히 개체 내속적이고 사적인 것으로는 있을 수 없다.

하품의 전염에서 볼 수 있는 권태감의 만연이나 데모나 혁명 시 생기는 분노의 소용돌이처럼 정동Emotion 수준에서 마음이 개체를 넘어 표현되는 경험은 자주 있다. 요시모토의 환상은 정동을 넘어 마음이 일반적으로 개체를 넘어서는 경험임을 개념적으로 파악begreifen한 단계의 시사점과 단서를 제공한다.

루만 사회체계론과의 접속을 염두에 둔다면 환상과 사회체계는 각 수준에서 기능적인 상관관계를 이루고 있다. 예컨대, 마음 쪽에서 볼 때 대환상은 형식적으로는 루만이 말하는 상호행위체계, 기능적으로는 친밀체계의 상관물이며 공동환상은 형식적으로는 조직, 기능적으로는 법체계, 경제체계, 예술체계와 같은 친밀체계 이외의 기능적 분화체계의 상관물이다. 마음이 초개체적 존재인 이상 이를 사회 바깥에 두는 심리(의식)체계로 내몰 수는 없다. 마음 또한 환상의 위상에 있어서는 사회적으로 우월한 것이기에 사회와 마찬가지로 기능적으로 분화하고, 다중화되어 나간다.

3 사회환상과 정보사회의 마음

SNS를 통한 환상의 근절

이제 사회의 외부라는 문제에 다가가 보자. 1990년대 후반 이후 종교적 결사체나 정치적 영역 같은 공동환상체로서의 사회의 외부는 거의 자취를 감추고 남은 것은 순수상호행위뿐이다. 그러나 이 시기 급속한 인프라 정비가 이루어진 인터넷 네트워크와 21세기 들어 세계에 널리 퍼진 SNS라는 새로운 소통 형태의 등장은 순수상호행위라는 사회의 외부마저 소거해나가고 있다.

현재 정보사회의 청년층에게 서로의 내면에 들어가 뜨거운 인간관계를 맺거나 개인적 사정을 깊이 이해하는 농밀한 관계는 번거롭고 속 터지는 일로 기피되고 있다. 동반자살*이나 사랑의 도피와 같은 말이 사어死語가 된 것도 순수상호행위가 소실된 증거이다. 이런

* 지금도 빚으로 인한 일가족 동반자살이나 노인 요양으로 인한 동반자살은 존재하지만 이들은 경제적 범주에 속하는 현상이며, 순수상호행위로 인한 것이 아니다.

사정을 가리켜 사람들은 개인주의의 만연이라고 부른다. 그러나 정말 그러한가? 예컨대, 최근 빈발하는 아이돌에 대한 팬들의 살해예고나 실행을 생각해보자. 이러한 팬들의 과격한 범행 이면에 존재하는 것은 틀림없이 대환상이다. SNS를 통한 소통에서 실제 팬과 아이돌 간에 대환상이 성립한다. 결코 아이돌이 판매촉진을 목적으로 팬을 속이고 기만하는 것이 아니(라고 한)다. 아이돌은 '익명으로서의 팬=부재의 타자'와의 대환상을 섬세하게 자아낼 수 있다. 팬도 마찬가지로 부재의 타자로서 아이돌과의 대환상을 육성할 수 있다. 그러나 '오프=리얼(예컨대, 팬미팅이나 팬사인회)'에서 익명의 다수가 특정한 개인으로 수렴될 때—마치 양자역학의 관측행위처럼—대환상은 붕괴되고 비극이 벌어진다. 이는 대환상이 **비인칭적** 양자관계에 의거하기 때문에, 벌어지는 일이다. 적어도 대환상을 **추구하는 일** 자체에는 문제가 없다. 문제는 대환상이 정보사회에서 SNS라는 **유사** 상호행위 매체로 매개되어—서두에서 언급한 신카이 마코토의 애니메이션처럼—자기환상(≒망상)으로 성립할 수밖에 없다는 점이다. 이렇게 대환상이라는 사회의 외부는 자기환상으로 회수되면서 외부가 내부로 변한다.

사회의 외부였던 순수상호행위의 내부화는 양자관계의 근절을 의미한다. 루만의 소통이 원리상 관찰자라는 제3자를 끌어들임으로써 성립한다는 점을 염두에 둔다면 현 단계 사회는 삼자관계에 기반을 두고 있다.* 양자관계의 폐쇄성으로 인해 생기는 사회 내부의 '폐

---

* 그러나 삼자관계가 사회적 **단위**를 이루는 것은 **아니다**. 이는 어디까지나 사회의 환경Umwelt, 성립의 **조건**에 불과하지 단위를 이루는 것은 소통이다.

쇄=대환상' 영역을 현재의 사회는 알지 못한다. 왜냐하면, 지금까지 보여준 사례들처럼 이는 자기 파괴적이고 반사회적으로 기능하기 때문이다. 그리고 사회의 파열 혹은 암세포와 같은 대환상의 추방 · 제거의 흔적을 보상하고자 자기환상이 팽배해진다.

자기환상과 사회환상

정보사회에서는 자기애, 승인욕구, 개성, 나르시시즘, 자기긍정감 등 무엇으로 부르든 관계없이 자기**다운 것**에 대한 추구가 두드러진다. 실제 네트워크상에서는 그 내용이나 질이야 어쨌든 간에 다양한 자기 표출적 망상이 흘러넘쳐 마치 망상박람회를 방불케 한다.* 앞 절에서 본 아이돌에 대한 살해예고 메일은 그중 가장 위험한 사례이다. 사실 자기환상으로는 대환상을 대체할 수 없다. 왜냐하면 자기환상은 대환상과 달리 사회의 외부를 갖지 않기 때문이다. 자기환상이 자기다운 것에 대한 구체적 추구인 이상 역설적이게도 SNS를 통해 사회로 노출됨으로써 연결될 수밖에 없다는 점에서 자기성취는 불가능하다. 즉, 갖가지 자기환상은 각 노드로부터 네트워크 전체로 퍼져나가 거기에 '좋아요!Like'라는 답글이 달림으로써 사회에 수용되는 것을 시작으로 자기환상을 획득한다. '좋아요!'나 박수가 엔지NG

* 본래 개성을 발휘한다는 것은 맥락의 존재가 필수적이다. 예컨대, 조직이나 상호행위 현장에서의 역할role인 것이다. 이 경우 고프먼도 지적하는 것처럼 개성은 역할로부터의 거리distance—예컨대, 제복을 착용하여 개성을 표현하는 일—로 드러나고 확인된다. 그런데 SNS(≒네트워크)에서는 맥락의 증발로 인한 역할의 무화로 초점이 없는 개성 **자체**가 탄생하고, 이 무초점 주변에서 다양한 자기환상이 방출된다.

나 '싫어요!Dislike'로 전환되어도 사태의 의의는 조금도 줄어들지 않는다. 자기환상의 사회적 수용이란 망상 내용의 **시비**라는 가치에 대한 승인이 아니라 그 **공개**(=노출)라는 사실에 있기 때문이다.

이와 같은 기제로 자기환상의 사회적 공유**라는** 공동환상이 개별 노드의 상위층에서 형성된다. 이러한 요시모토의 확정과 달리 정보사회에서 자기환상은 공동환상에 거꾸로 선 것이 아니라 오히려 그것과 동일화된다.

이상의 사태에 관해 네 가지 사실을 보충하고자 한다. 첫째, 노출에 관해서이다. 신체적 공현전(≒대면적 상호행위)에 있어서 어떤 상황이나 장소에 참여자가 존재함에 따라 다양한 수준의 메시지 교환이 벌어진다. 이에 비해 SNS라는 **유사** 상호행위에서는 애초부터 상황이나 장소에 닻을 내리기 위한 정보발신이 필요하다. 이 경우 정보발신은 체계로의 참여의사를 표시하는 것, 이른바 손을 드는 행위에 해당하며 자기환상이 사회적으로 공유되기 위해 필요한 규약이다.* 정보의 업로드는 체계의 참여에 필요한 증거이다. 이 규약이 바로 노출exposure이다.

다음은 사생활에 관해서이다. 사생활privacy의 어원인 라틴어 '프리바티오privatio'가 본래 결손을 뜻하는 것에서도 알 수 있듯 이는 사회로부터 단절된 결손 상태, 즉 사회의 외부를 함의한다. 기존의 사생활은 자기환상 영역에서 주로 주장되었지만 지금까지의 논의를 볼

* 물론 체계에 참가하고 이탈하는 것은 개인의 자유이다. 한편으로 그것은 응답의 지연에 대한 참여자들의 초조함과 스트레스를 일으키기도 한다. 이런 사태는 SNS라는 **유사** 상호행위와 신체적 공현전과의 명백히 차이를 보이는 동시에 다음에 지적할 노출에 대한 압력의 존재를 증명해 보이는 것이기도 하다.

때 정보사회에서 사생활은 무엇보다 '대환상=순수상호행위'의 영역의 속성을 띤다. 자기환상의 본질이 노출인 이상 이는 당연한 것이다. 그러나 문제는 다른 곳에 있다. 대환상을 일반화하자면 프라이버시라는 어두움이 '짝-화Paarung'된 사회의 구축으로 점차 사라져가는 것이다.* 정보사회는 현재 명백히 명시적 소통, 곧 하버마스류의 의사소통행위kommunikatives Handeln의 강요나 노출에 대한 압력으로 프라이버시라는 어두움이 없는 투명한 사회로 전진하고 있다.

셋째, 이 경우 공동환상의 내용이다. 이미 말한 것처럼 요시모토는 공동환상 개념을 국가의 존립기제를 폭로하고자 도입하였다. 그러나 현재 국가라는 존재는 상대화되어 요시모토가 살던 시절의 해명을 필요로 하는 압도적 권력과 실재성을 띠고 있지 않다. 공동환상은 국가적 단계를 끝내고 사회적 단계를 맞이하는 중이다.** 나는 이 사회적 단계의 공동환상을 사회환상으로 파악하고자 한다. 이 절 전반부에서 분석한 자기환상과 동일시된 공동환상이란 이 사회환상에 다름 아니다. 반대로 말해, 사회환상으로서의 공동환상은 SNS를 통해 자기환상을 스스로 주입하는 것이다.

마지막으로 강조하고 싶은 것은 자기환상이 사회환상과 동일시됨에 따라 사회환상의 통제하에 자기환상이 놓이면서 그것이 지닌 폭력성이 무력화된다는 점이다. 나는 이전 저작에서 정보사회가 본

---

* 나는 2017년 6월 무리하게 가결된 공모죄 문제 또한 이런 각도에서 살펴볼 필요가 있다고 생각한다.

** 요시모토 본인 또한 1995년 인터뷰에서 "사회가 훨씬 크고 국가는 그에 비하면 작다"라고 말하였다(『吉本隆明が語る戦後55年: 開戦·戦中·敗戦直後「マチウ書試論」を中心に』). 국가를 넘어선 단계에서 사회는 루만이 말하는 세계사회Weltgesellschaft가 된다.

질적으로 정동사회임을 지적한 바 있다.* SNS의 본질적인 정동성은 실제 중동의 재스민 혁명, 대만의 해바라기 학생운동, 홍콩의 우산혁명 등을 '선동=선도'하였다. 그러나 문제는 SNS에서의 소통이 신체적 공현전의 경우와 달리 신체성을 결정적으로 결여하고 있다는 점이다. 이 결여를 메꾸기 위해 얼굴문자, 스탬프, 아스키코드AA와 같은 이른바 이모티콘emoticon이 도입되었지만,** 이들은 신체성을 본뜬 것임에도 결국 기호에 불과하다. 이모티콘을 통한 무정형의 정동은 정형화된 수로처럼 왜소화 · 단편화되어 폭발을 미연에 방지한다. 정보사회는 정동사회이기에 역설적으로 정동이 사회환상에 의해 자기지시적으로 통제되어 그 폭발이 애초부터 교묘하게 감추어진 사회이기도 하다. 이는 데모나 실력행사에 대한 최근의 무관심과 냉소적 태도에서 여실히 드러난다.

환상의 사회환상으로의 일원화

다음 절에서 다룰 소통장애의 본질을 해명하기에 앞서 요시모토에게서 비판적으로 계승한 환상 개념을 축으로 지금까지의 논의를 정리해보자. 현재 정보사회는 과거처럼 공간적 영역이나 인간관계의 총체, 행위의 기능적 연관과 같은 식으로 표상되지 않는다. 정보사회는 루만이 말한 자기지시적이고 연쇄적인 소통의 총체로서만 파악

---

* 졸저『情報社会の哲学: グーグル·ビッグデータ·人工知能』, (勁草書房)「제3장 SNS를 통한 소통의 변용과 사회체계론」을 참고.

** 이모티콘에 관해서는 이 책 제2장 '이모티콘과 정동의 공동체'도 참고.

가능하다. 그러나 사회 **자체**는 우리의 경험적 대상이 아니기 때문에, 당사자의für es 일상적 의식 속에 직접 드러나지는 않는다.* 우리는 사회를 물화된versachlichen 형태의 사회환상으로 경험할 수 있다. 때문에, 사회환상은 소통을 막지 않고 지속시킬 것을 강요하는 억압적 규범으로서 개인 앞에 나타난다.

사회환상은 공동환상의 한 형태인 동시에 그 최신 형태이기도 하다. 공동환상은 지금까지 지연환상이나 국가환상의 형태를 취해 왔지만 사회환상은 이런 기존의 공동환상을 해체 · 무화한다. 이 사태는 앞서 지적한 공간적 영역으로서의 사회의 외부가 소실된 것과도 딱 들어맞는다. 이제 지연환상이나 국가환상을 자기환상과 동일시함으로써 사회환상에 대항하고자 하는 시도(예컨대, 전자의 사례는 지역화폐, 후자의 사례는 국수주의)가 없어진 것은 아니지만 결국 이것들은 정보사회에서 좌절할 운명에 처해 있다.

사회환상은 양자 간의 미시적 폐쇄(=사회(내부)의 외부)를 사회 속에서 스스로 창출하게 하는 대환상을 네트워크상에서 삼자관계로 전환시켜 대환상을 상호행위에서 배재해버린다. 나아가 개인의 망상이 네트워크에 업로드(=노출)되어 공적인 것이 됨에 따라 자기환상 또한 사회환상으로 환원된다. 이렇게 일체의 환상이 사회환상으로 일원화된 결과 사회의 외부가 말소됨과 동시에 사회환상이야말로 정보사회의 고유한 마음으로 간주되기에 이른다.

---

* 그런 의미에서 사회는 관찰자로서의 학지für uns에 의거한 초월론적transzendental 구성Konstruktion의 소산이다. 다만 이는 단순한 허구나 관념의 구축물이 아닌 일상적 경험의 가능성에 대한 제약Bedingung der Möglichkeit을 행한다.

선택의 강제와 인간의 자원화

사회환상의 패권과 동전의 앞뒷면 관계인 사회 외부의 구축은 다음 세 가지 효과를 낳는다. 첫째, 사회의 전면화에 따른 선택의 강제이다. 이 장 서두에서 신카이 마코토의 작품목록을 통해 본 것처럼 〈너의 이름은〉과 같은 애니메이션이 히트하는 오늘날 사회는 히키코모리를 허락하지 않는다. 사회는 과거 그랬던 것처럼 '이성의 빛=계몽Enlightenment'이 아닌 산재하는 광원에서 빛을 발하는 탐조등으로 어두움을 일소하고 모든 것을 밝은 곳에 드러낸다. 히키코모리는 선택의 여지없이 사회라는 소통의 경기장으로 끌려나온다. 이 선택 없음이야말로 삶의 고통의 실체이다. 봉건사회 또한 선택의 여지가 없는 사회였다. 그러나 현재의 사회는 봉건사회의 태생이나 토지, 신분에 대한 속박과는 본질적으로 다르다. 오히려 늘 선택해야만 하는, 곧 선택하지 않고서는 사회에 머물 수 없는 밑바닥 소통에 대한 억압적 충동으로 이루어진 사회이다. 끊임없이 선택을 강요받는다는 사실 자체를 선택할 수 없음, 이것이 바로 삶의 고통의 내용인 것이다.

히키코모리(=선택하지 않는)라는 선택지가 없는 것은 아니지만 이 전략은 사회의 외부를 창출하지 못하는 임시방편 내지 대증요법에 불과한 것이라는 점에서 문제의 본질적 해결에 연결되지 못한다. 즉, 이는 결국 가족이라는 혈연 폐쇄적 공동체의 고착적 소통으로 물러나 조상의 방식으로 돌아간다(그리고 이는 많은 경우 가족 내 폭력으로 빌현된다). 혹은 무시, 무교양과 좁은 시야가 화학 반응을 일으켜 SNS 상에서 다수를 차지하면서 넷우익으로 불리는 이들이 자기 '긍정=찬미'적인 타자에 대해 '부정=배제'적인, 그러나 동시에 제3자적 관점에서는 자포자기적 · 고착적 · 독선적 소통행위에 몰두하는 것에 불과하다.* 선택으로부터의 도피 또한 '사회=소통' 수준에서는 하나의 선택을 한 셈이다. 즉, 선택하지 않음이란 자기를 선택해버리고 마는 것이다. 정보사회가 연쇄적 소통의 총체인 이상 소통(≒선택)으로부터 도피하는 것은 원리적으로 불가능하다. 사회의 외부로 생각하던 것도 결국 사회에 다름 아니다. 사회환상이란 **무엇보다** 이런 사회로부터의 선택압력으로 개인 앞에 서 있다.

둘째, 사회 외부의 내부화에 따른 완충 영역의 창설과 인간의 자원화이다. 미셸 푸코의 생명정치biopolitique론에서도 인간의 자원화를 다루지만 이는 어디까지나 '생산=행위' **주체**의 재생산이라는 의미에서의 자원화였다. 때문에, 그의 논의는 학교나 병영 혹은 감옥 같은 장소적 틀과 제도적 장치를 필요로 했다. 그러나 현재의 정보사회에서 인간의 자원화는 연쇄적 소통의 접속이라는 연산Operation을 담당하는 요소의 **선별과 대체**라는 형태로 실행된다. 그리고 이 자원화 과정을 구성하는 것이 '포섭/배제inclusion/exclusion' 기제를 통한 요소 선별, 그리고 '배제된 요소=아감벤이 말하는 예외상태stato di eccezione'에 놓인 벌거벗은 삶vita nuda으로서의 호모 사케르를 이어받아 인력풀처럼 취급하는 '완충 영역=체계 내부의 외부'의 설치이다. 소통장

* 넷우익은 정치적 우익과는 아무 관계도 없이—이들과 동일시하는 것은 진정한 우익에 대한 실례일 것이다—어떤 고착적이고 퇴행적인 정신 상태를 보인다. 때문에, 이들이 어떤 사상이나 이데올로기를 도출하는 것은 무리이다. 넷우익에게 공통적으로 보이는 행동은 논쟁의 회피(논쟁에서 보여주는 것은 이미 고착화된 동어반복이다)와 비호하는 사람(예컨대, 그들의 아이콘이면서 정신적 지주인, 처음부터 본인이 넷우익이었던 아베 신조安倍晋三)을 믿고 따르면서 권세를 부여하지만 이는 자기방어에 불과하다. 그들은 본질적으로 사회로부터 배제된 고립된 개인이며, 네트워크상에서 인격을 위장한다고 밖에 생각할 수 없다.

애란 상호행위 소통의 연쇄를 담당하는 요소에 부적격 판정을 받아 체계로부터 배제되고, 인격Person에서 고립된 개인Individual으로 추락한 상호행위의 예외상태 또는 상호행위에서의 호모 사케르이다. 즉, 소통력을 갖춘 사람은 인격으로서 상호행위 체계에 등록entry되지만 그것이 없는 사람은 소통장애가 있는 사람으로서 체계에서 배제된다.

유의할 것은 소통에서 이미 말한 것처럼 노출이 기초적인 규약을 이룸에도 자기나 개성의 과시 · 표출 또한 체계로부터 배제의 대상이 된다는 점이다. 이는 플레이밍flaming이라는, 연쇄적 소통으로부터의 내쫓음을 의미한다. 연쇄적 소통을 담당하는 원소의 역할에는 이른바 적정값이 존재하기에 그것이 플러스 혹은 마이너스로 움직이더라도, 즉 자기주장의 과잉이나 과소도 연쇄적 소통의 접속을 방해한다는 점에서 같은 소통장애로 취급된다.* 그리고 이 판정 기준을 제공하는 것이 사회환상이다.

주변 시선環-視의 기제와 소통장애

사회환상은 구체적으로 어떤 기제를 통해 '소통력/소통장애'에 대한 판정 기준을 개인에게 보여주고 실행하는 걸까? 이 기제의 생성은 사회 외부의 소실이라는 제3의 효과를 낳는다. 우선 확인할 것은 '소통력/소통장애'의 판정 기준이 상호행위 소통에서 규범으로 나타날 수밖에 없다는 점이다. 사회환상이 보여주는 적정값에 알맞은 소

---

* 이런 연산이 들뢰즈가 말하는 변조modulation이다. (필자는 변조를 적정화適正化로 번역한다.-옮긴이)

통을 행하는 사람은 인격으로서 체계에 포섭되는 반면 일탈하는 사람은 고립된 개인으로서 이로부터 배제된다. 상호행위의 규범에 한에서 사회환상은 앞서 본 고프먼의 상호행위 질서와 유사하다. 그러나 고프먼의 질서에서는 자기제시self-presentation나 인상조작impression management 같은 전략을 구사하면서도 최종적으로는 얼굴face의 수호라는 의례적 인격, 바꿔 말해 상호행위의 전제인 인격에 대한 **존중**—적어도 **유지**—이 확인된다. 이에 비해 사회환상이라는 규범은 그 준수여부가 개별 인격으로서의 존립 자체를 결정한다는 의미에서 보다 강박적이다. 이 점에서 양자는 결정적으로 다르다.

중요한 것은 적정화로서의 규범, 곧 사회환상은 결코 권력을 통해 외부나 위에서 개인을 억압하는 것이 아니라 소통 과정에서 자생적으로 생겨나 재귀적으로 강화되는 사태라는 점이다. 들뢰즈의 용어를 빌려 말하자면 사회는 사회환상에 의해 '인격/고립된 개인'을 지배rule하거나 통치govern하는 것이 **아니라** 그것을 통해 자기지시적으로 제어contrôle한다고 할 수 있다.* 정보사회의 (유사) 상호행위에서 이 자기지시적 제어의 기제는 '주변 시선=염려Um-Sicht'로 표현할 수 있다.

기존의 내면적 상호행위에 SNS가 오버랩된 현재의 소통은 예외 없이 익명성이라는 부재의 타자에 대한 노출을 전제로 한다.** SNS 사용자가 아닐 경우조차 가까운 사용자에 의한 간접적 노출(=밀고)을

---

* 나는 들뢰즈 후기의 제어사회soiété de contrôle라는 문제적 개념을 이렇게 이해한다.

** 상세한 것은 졸저 『情報社会の哲学: グーグル·ビッグデータ·人工知能』, (勁草書房) 「제3장」을 참고.

방어하면서 소통해야만 한다는 점에서 이 자세는 정보사회에서 일반화된 소통의 기본값이다. 이렇게 정보사회에서 상호행위는 양자관계에서 익명성을 띤 부재의 타자를 들인 삼자관계로 변모하였지만 이 삼자관계에서 소통의 지속은 늘 부재의 타자로부터의 시선을 염려Umsicht하지 않을 수 없다. 이 시선은 소통에서 점차 '규범=기준'으로 기능하며 그 외의 소통에 접속한 사람에게는 소통장애라는 딱지가 가차 없이 달라붙는다(경우에 따라서는 스스로 인정하기도 한다). 더구나 이 시선이 현장에 실재existieren하지 않음에도 불구하고 개인을 넘어 존재übersein하며, 연쇄적 소통의 접속을 억압적·자기지시적으로 강화해나간다. 제3자적으로 볼 때für uns 이는 특권적 장소에서의 '전체감시=일망감시Panopticon'가 아닌 '개인 대 개인P2P'(이는 양자관계가 **아닌** 삼자관계**임**을 상기할 것!)의 국소적 상호감시가 집합적으로 편제됨으로써 전체적으로 실현된 사회의 자기제어이다. 나는 이 기제를 주변 시선Um-Sicht으로 보지만 여기서 억압적 기능을 담당하는 부재하는 타자의 시선이야말로 사회환상에 다름 아니다.

정보사회에서 소통은 단편화(예컨대, 트위터의 140자 규칙)와 탈맥락화(때와 장소, 그리고 상황TPO을 묻지 **않는** 끊임없는 업로드)에 입각해 고도로 수행되고 있다.* 사회는 사회환상의 형태로 한순간의 쉴 틈도 주지 않는 연쇄적 소통의 접속을 요구한다. 소통장애는 현재 정보사회가 본질적으로 안고 있는 소통의 (본래 대립관계여서 양립할 수 없는데도) 단편화와 지속이라는 두 가지 특성이 역설적으로 공존하는 최전

---

* 이 단편화 징후는 그 반대편에 있어야 할 철학에도 보인다. 어떤 종류의 철학 특히, 사변적 실재론으로 불리는 입장은 실재인지 아닌지 불분명한 초월적 단편성을 철학적 주제로 삼아 논지를 흐릿하게 만들고 있다.

선을 표현한 말이다. 문제를 어렵게 하는 것은 사회환상이라는 소통장애 판정의 기준이 강압적이지 않다는 기제를 통해 생성 · 유지되는, 우리 스스로 만들어낸 것이라는 사실이다. 그런 이상 소통장애는 **자기**관리 · **자기**책임의 문제로 나타나지 않을 수 없다. '대화가 끊이지 않는 대화방식', '잡담력', '전달 방식'과 같은 **자기**의 소통 기술을 염두에 두면서 그 향상을 위해 늘 걱정하는 이유도 이 때문이다.

정보사회의 마음의 상위층인 사회환상에 대한 우리의 마음은 세 가지 태도를 취한다. 첫째, 사회환상을 진전시켜 동일화하는 길이 있다. 이 경우 이시키다카이케이意識高い系*나 리아쥬リア充**로 불리는 과잉 적응을 불러일으킬 위험이 높다. 적응 그 자체야 훌륭한 것이지만 **과잉** 적응은 자가 중독을 야기하고 경우에 따라 이에 대한 스트레스나 좌절체험 등이 방아쇠가 되어 걷잡을 수 없는 사태를 만들기도 한다(예컨대 양극성장애의 병폐). 둘째, 부적응을 감수하는 길이 있다. 이 경우가 속된 말로 히키코모리이지만 이미 지적한 것처럼 현재의 사회는 이들을 허용하지 않는다. 결국 그들은 원하든 그렇지 않든 사회의 밝은 곳에 노출된다. 셋째, 저항의 길이 있지만 이는 매우 곤란하다. 왜냐하면 다음 장에서 보게 될 것처럼 사회환상은 이제 신체와 생명의 영역에까지 그 영향력을 미치고 있기 때문이다.

---

* 일이나 라이프 스타일 등에서 수준 높은 말과 행동을 하는 사람. 어려운 외국어 등을 잘 쓴다. 또한 SNS를 자주 이용하여 많은 사람들에게 어필한다. 일은 잘한다는 느낌이 있지만, 실제로는 실력이 따라가지 못하는 사람을 가리키는 경우가 많다. 이 때문에, 상대방을 조롱하기 위해 쓰이는 말이기도 하다. 번역어가 정착되어 있지 않아 발음 그대로 옮겼다.-옮긴이.

** 로그나 SNS를 통한 관계가 아닌 실제 사회에서 인간관계나 취미 생활을 즐기는 것. 또, 그런 사람을 가리키는 말이다. 번역어가 정착되어 있지 않아 발음 그대로 옮겼다.-옮긴이

5장

신체데이터와 통제사회

1 정보사회와 감시

정동사회와 감시사회

정보사회는 트위터나 라인, 페이스북이나 인스타그램 등의 SNS(Social Networking Service)를 기반으로 비인칭적이고 연쇄적인 소통의 접속을 본체로 삼아 이어진다. 이런 사회를 탐구할 때 보이는 개별 메시지의 데이터양 제한(예컨대, 트위터의 140자 규칙)이나 빠른 응답을 독촉하는 것은 누구나 의견발신publication이 가능함에도 실제로는 단편적 · 찰나적이고 감정적인 반응이 강화되고 있음을 보인다. 이는 결국 정동사회로 나타난다.*

정보사회에 대한 다른 규정도 있다. 한 예로 정보사회를 기반으로 사회전체를 감시로 뒤덮는다는 관점이 그것이다. 이 입장을 대표하는 자는 캐나다 퀸스대학 감시센터Surveillance Studies Centre를 중심으로 감시연구 분야를 개척중인 데이비드 라이언David Lyon이다. 그는 다작가이지만 서술의 중복이 많고 논점을 망라하는 경향이 있어서 초

* 졸저 『情報社会の哲学: グーグル·ビッグデータ·人工知能』, (勁草書房) 「제3장」.

점이 분산되어 있다. 한 논점을 깊게 다루기보다는 여러 논점 간의 연관과 경중을 고려하는 경향이 짙어 단순 열거로 보이기 쉽다. 시계열적으로 보더라도 작품이 매번 깊어지기보다는 여러 갈래로 퍼져 혼란스러움이 가중된다. 상세한 것은 뒤에 다루겠지만 그의 실질적인 데뷔작인 『감시사회』(2001)에 주요 논의가 집약되어 있으며 이후 저작들은 그 변용에 속한다(심지어 퇴보한 면도 있다).* 그의 논의를 요약해보면 정보사회의 감시가 기존의 감시와 크게 다른 점은 세 가지이다. 첫째, '제러미 벤담=푸코'의 일망감시Panopticon로 상징되는 모델에서 네트워크형 감시 모델로 변화하였다. 둘째, 감시의 효과에 있어서 푸코적 의미의 규율에서 '선별/배려'로의 이동이 일어났다. 셋째, 감시의 대상이 신체에서 데이터로 바뀌었다. 그의 논의는 기본적으로 푸코의 감시론을 참조하지만 장족의 발전을 이룬 현대 정보사회의 감시는 갱신이 필요하다. '포스트 일망감시'론이 요청된다는 인식이 그것이다.

---

* 실제로 『감시사회』 이전에도 그는 감시론을 펼쳤지만 내용이나 영향력 면에서 『감시사회』만 못하다. 감시를 주제로 한 그의 저작은 다음을 참고할 것. Lyon, David, *The Electronic Eye: the Rise of Surveillance Society*, 1994, Polity Press, *Surveillance Society: Monitoring Everyday Life*, 2001, Open University Press, (번역 『監視社会, 青土社), *Surveillance after September 11*, 2003, Polity Press, (번역 『9.11 以後の監視: 監視社会と自由』, 明石書店), *Surveillance Studies: An Overview, 2007,* Polity Press, (번역 『監視スタディーズ: '見ること', '見られること'の社会理論』, 岩波書店), *Identifying Citizens: ID Cards as Surveillance after Snowden*, 2015, Polity Press, (번역 『スノーデン·ショック: 民主主義にひそむ監視の威脅』, 岩波書店), *Liquid Surveillance: a conversation with Zygmunt Bauman*, 2013, Polity Press, (번역 『私たちが, すすうんで監視し, 監視される, この世界について: リキッド·サーベイランスをめぐる7章』, 青土社), 『감시사회』 이후 그의 논의의 퇴보에 관해서는 뒤를 볼 것.

라이언의 감시사회론

앞서 세 가지 특징의 함의를 순서대로 살펴보자. 첫 번째 함의 속에는 두 가지 양상이 구별된다. 첫째, 푸코의 규율/훈육적 감시인 일망감시가 학교나 공장 혹은 병영 같은 장소를 필수요건으로 삼았다는 점, 즉 일망감시의 경계가 공간적으로 나뉘고 닫혔던 데에 비해, 정보사회의 감시는 무제한적이고 네트워크 노드별 행위주체로 구성되어 사회 구성원 전부가 감시대상이라는 점이다. 이로부터 두 개의 함의가 도출된다. 푸코의 일망감시는 원뿔형의 위계적 구성물로서 그 정점을 이루는 것은 늘 국가였다.* 이에 비해 정보사회는 원뿔이 복수화되고 또 그것이 중층화되어 있기에 행위주체도 다양화된다. 즉, 국가가 아닌 기업도 정점의 위치를 점유할 수 있다는 것이다. 지금까지 이어져온 국가의 위상을 기업이 대체한다. 라이언에게 사회는 글로벌화된 자본주의 경제와 행위주체로서의 기업이 구성하는 존립체로 이미지화되어 있기 때문에, 감시 주체 또한 주로 기업이다. 그에게 감시**사회**라는 말은 푸코의 감시**국가**와 대비되어 사용되고 있다.

두 번째 함의 속에도 두 가지 양상이 구별된다. 푸코에게 일망감시에 의거한 규범은 개인에게 '자발적으로 내면화된In-Sich-Sein' 것인 동시에 신체화된 것이었다. 국가는 미시적인 기제와 거시적인 인구통제책을 합한 생명정치Biopolitique를 통해 국민을 관리한다. 그러나 라이언은 정보사회에서 감시의 주된 기능이 개인에 대한 규범의 '내

---

* 물론, 벤담의 **시설로서의** 판옵티콘의 정점은 '빈 공간'이지만 이 공간의 의미는 감옥이 아닌 국가이다.

부화/신체화'에서 사회적인 선별Social Sorting로 이동한다고 주장한다. 사회적 선별이란 인재여부, 범죄유무, 출신지 등을 가리킨다. 그는 현대 감시에는 감시의 부정적인 기능 외에 긍정적인 기능도 있다고 말한다. 그것은 배려Care이다. 선별 기능의 반대 기능에 불과한 위험 관리로서의 안전Security과 달리 배려는 적극적이고 윤리적인 측면이다. 라이언이 염두에 두는 것은 휴대폰을 통한 자녀의 감시나 간호에서 환자의 감시이다. 여기에는 경건한 기독교도인 라이언의 편향도 작용하고 있다.

세 번째 함의는 첫 번째에서의 감시의 탈공간화, 두 번째에서의 탈신체화 논점과 연결된다. 푸코 시대의 감시는 기본적으로 대면적 상호행위Interaktion에서 시선을 통해 이루어졌다. 때문에, **감시**는 늘 감각에 비유되었으며 이는 신체성과 결부된 말이었다. 그러나 인터넷의 폭발적 보급으로 온라인에서 감시가 이루어짐에 따라 감시 대상이 신체에서 데이터로 바뀐다. 즉, 정보사회의 감시란 데이터를 매개로 한 온라인 상의 간접적 행위로서 신체성이 희박해진다. 로저 클라크R. A. Clarke가 말하는 데이터 감시Dataveillance이다.*

라이언은 신체에 관련된 이 세 가지 함의를 (다만 배려라는 논점을 제외하고) 들뢰즈의 통제사회société de contrôle와 결부시키지만 내가 보기에 라이언이 말하는 감시사회와 들뢰즈의 통제사회 간에는 큰 **단절**이 놓여 있다. 두 사람의 단절지점을 확인하기 위해서라도 앞서 본 세 가지 함의들과 연결지어 라이언 감시사회론의 문제점을 살펴볼

---

* Clarke, R. A., Information Tehchnology and Dataveillance, in *Communications of the ACM*, Vol. 31, No. 5, 1988.

필요가 있다.

라이언 감시사회론의 문제점

첫 번째 논점부터 살펴보자. 감시**국가**에서 감시**사회**로의 이동, 곧 국가에서 기업으로의 감시 주체 교대에 관한 논점이다. 2001년 일어난 9·11 테러 이후 국가의 통신 감청에 대한 저항감이 세계적으로 낮아졌다(안전이 프라이버시보다 중요하다는 풍조이다). 반면 2013년 이전에도 풍문으로 떠돌던 미국 국가안보국National Security Agency, NSA의 무차별적 통신감청을 안보국의 조직원인 에드워드 스노든이 내부 고발한 사건이 일어났다. 따라서 테러와 싸운다는 국가 이미지와 함께 국가에 의한 감시라는 주제가 부상하였다. 상시 모니터링을 통한 세계규모의 감시를 통해 지정한 인물의 행동을 특정하는 것은 그 실행에 가담한 스노든 본인이나 저명한 암호학자 브루스 슈나이어Bruce Schneier가 정확히 지적한 것처럼* 건초더미 가득한 산에서 바늘 한 개를 찾는 것에 비유되는, 극도로 비효율적이고 우매하기 이를 데 없는 일이다. 이런 감시 방식은 **정보사회**라는 관점에서 퇴보에 불과하지만, 라이언은 상황의 긴급성에 현혹되어 분석의 초점을 사회에서 국가로 퇴행시킨다. 감시사회 분석에 국가라는 관점을 무조작적·무반성적으로 혼합하고 있는 것이다.

---

* 小笠原みどり, 『スノーデン, 監視社会の恐怖を語る: 独占インタビュ-全記錄』(毎日新聞出版), Schneier, B., *Data and Goriath: The Hidden Battles to Collect Your Data and Control Your World*, 2015 (번역 『超監視社会: 私たちのデータはどこまで見られているのか?』, 草思社)를 참고.

물론 이토록 무용한 작업에 미국이 몰두하고 일본뿐 아니라 다른 국가들도 거기에 끌려간 것이 사실이며 이는 비판대상이다. 그러나 이는 어디까지나 시대착오적이고 우매한 데에 대한 비판일 뿐 정보사회에 대한 직접적 비판은 아니다. 정보사회의 고유한 감시의 양상은 NSA의 경우처럼 이해될 수 없다. 어쨌든 라이언은 정보사회의 감시에 국가주의적인 기존의 구도를 부적절하게 섞음으로써 애매한 분석을 내놓고 말았다.

두 번째 요점과 관련하여, 감시 기능이 규범의 개별 내부화 · 신체화에서 사회적 선별로 변용된다는 것에 관한 논의는 뒤에서 다루기로 한다.* 여기서 문제는 라이언이 말하는 감시의 긍정적 측면인 배려이다. 그는 감시의 이런 측면을 (에마뉘엘 레비나스Emmanuel Levinas의 응답의 윤리를 갱신한) 캐롤 길리건Carol Gilligan의 케어윤리와 중첩시키지만 사실 그의 배려와 케어는 완전히 다르다. 곧 물과 기름의 관계와 같다.**

라이언의 배려는 그의 종교적 입장이 깊이 반영된 기독교적 비호protection에 가깝다. 즉, 이는 보살핌watch over이라는 말에 단적으로 나타난 것처럼 매우 가부장적인 권력관계를 전제한다. 그러나 케어윤리나 응답의 윤리가 부정하는 것은 바로 이런 권력관계이다. 케어윤리가 중시하는 것은 오히려 대상에 의해 배려하는 이가 반대로 물음 앞에 서게 되고, 열리고, 변용되는 체험이다. 라이언의 배려자는 어디

---

* 이 장 '정보사회의 자기배려 · 자기의 테크놀로지'를 참고.

** Gilligan, C., *In a different voice: psychological theory and women's development*, Harvard University Press, 1982. (번역『もうひとつの声: 男女のちがいと女性のアイデンティティー』, 川島書店)

까지나 높은 곳에서 대상을 적이나 위험에서 비호하는 존재일 뿐이다. 이렇게 그의 배려는 위계적인 원뿔형의 일망감시와 동형적 구조를 띠며 다만 그 가치가 반전된 것일 뿐이다. 라이언은 좋은 감시(=배려)와 나쁜 감시(=선별)가 존재한다는 안이한 이분법을 채용함으로써 엉거주춤한 입장을 유지하고 있다.*

데이터 감시와 신체

마지막 논점은 치명적이다. 정보사회에서 감시가 데이터에 초점을 맞춘다는 것은 라이언의 독창적인 개념은 아니다. 물론 나는 데이터 감시라는 문제에 초점을 맞추는 것에 트집을 잡을 생각은 없다. 문제는 1980년대라는 대중매체적 패러다임 절정기에 제안된 개념을 통해 그가 21세기적—네트워크 패러다임에 고유한—의미를 부여한다는 점이다. 단적으로 말해 21세기 들어 데이터로 생겨난 패러다임 이동, 즉 빅데이터적 특성이 라이언의 데이터 감시에는 거의 고려되고 있지 않다.

데이터에 대한 이해의 부족함은 그의 신체론에도 고스란히 영향을 끼친다. 라이언이 이미지화하는 네트워크형 감시는 사실상 위계적인 일망감시가 다극화되어 세계적으로 확대된 것—마크 포스터Mark Poster가 슈퍼 판옵티콘으로 부르는**—에 불과한, 곧 푸코의 패러

---

* 나는 라이언과 달리 배려를 감시의 문맥에서 푸코의 배려souci 개념을 환골탈태시키는 선에서 파악하고자 한다. 이 장 '정보사회의 감시 형태로서의 주시' 참고.

** Poster, M., *The Mode of Information: Poststructuralism and Social Context*, 1990. (번역 『情報様式論』, 岩波書店)

다임을 넘지 못한 사상적 퇴보이다. 라이언은 신체에서 데이터로 감시 대상이 전환됐다고 설명하면서 푸코 이론의 파산을 선언하는 한편 신체로의 복귀Returning the Body와 재신체화Re-embodiment를 강하게 요청한다.* 그러나 이때의 신체성이란 대면적 상호행위를 바꾼 것에 불과하다. 그러나 현실은 네트워크가 주도하고 있으며 라이언이 이런 주장을 펴던 시기에도 우리들 신체의 심층부—생명의 영역—로 이미 정보사회의 빅데이터 감시가 들이닥치고 있었다.

라이언이 현재 감시에서 신체가 사라지는disappear 중이며 그것으로의 복귀가 급선무임을 설파할 때 이상으로 상정하는 것은 **대면적**face to face인 체화된 인격embodied person이다. 반대로 그가 신체의 비본래적 존재방식, 신체의 소외된 형태로 보는 것은 데이터화된 신체이다. 미디어 기술의 진전과 보급으로 소통이 원격화될 때 감시 또한 당연히 미디어를 통한 데이터 전송과 그 처리과정으로 변할 수밖에 없다. 이렇게 신체데이터로 물화된 신체를 다시 소통의 문맥에 둠으로써 '있는 그대로의 신체=주체로서의 신체'로 회귀하는 것이 그의 목표이다. 그러나 있는 그대로의 신체가 불변한다는 보증이 어디에 있겠는가? 바꿔 말해, 매체 패러다임의 변환에 따라 있는 그대로의 신체 그 **자체**가 변용을 겪고 거기에 수반되는 신체의 주체성 또한 대체되지 않을 수 없다. 즉, 정보사회는 라이언의 주장과 반대로 데이터화된 신체 자체가 있는 그대로의 신체가 되고, 또 이에 대한 감시를 축으로 사회가 재편된다. 이 네트워크 패러다임에서는 이른바 주체나 자기 또한 변질되지 않을 수 없다. 이제 그 구체적인 상을 그

---

* *Surveillance Society: Monitoring Everyday Life*, Part Three, 7 & 9.

려보자.

2 신체와 감시

세 종류의 신체데이터

우선 정보사회에서 감시의 대상인 신체데이터를 열거해 보자. 지문, 홍채, 귓바퀴, 정맥(패턴), 목소리, 얼굴, 걸음걸이, 신장, 체중, (신체의 절대적) 위치, 땀 배출량, 혈압, 심박, 요산치, 혈당치HbA1c와 같은 것들이 대표적이다. 그러나 이런 신체데이터는 동일하게 취급되지 않는다. 이들을 최소한 세 가지로 분류할 필요가 있다. 첫째, 지문, 홍채, 정맥, 목소리 등이 속하는 집합으로 이들 데이터는 개인마다 고유한 패턴을 가지고 시간적 변이도 적다. 이들은 생체인증Biometric Authentification에 이용된다.

두 번째 집합은 땀 배출량, 혈압, 심박, 요산치, 혈당치 등이다. 이 집합의 데이터는 동일한 개인 내에서도 데이터 값이 시간에 따라 크게 바뀐다. 이 데이터들은 신체활동 사실을 보여주는 동시에 몸 상태의 지표가 된다는 점에서 생체데이터vital data로 불린다.* 이에 맞춰 첫 번째 집합을 (생물) 개체 데이터biometric data로 부를 수도 있다.

세 번째 집합은 앞서 것들 이외의 집합, 즉 얼굴, 걸음걸이, 신장,

* 첫 번째 집단에서도 **생체**인증이라는 말이 보여주듯 **광의의** 생체데이터로 부를 수 있지만 사체에도 지문이나 홍채가 존재한다는 점을 고려하면, 엄밀히 말해 이들은 생체데이터가 아니다. 이에 비해 사체의 혈당치나 혈압이라고 말하는 것은 난센스이다.

체중, 위치이다. 이 집합은 부정적 규정으로만 존재할 수 있다. 이 집합은 고찰에서 제외하기로 한다.* 왜냐하면 얼굴과 걸음걸이 모두 데이터라기보다는 의미에 가깝기 때문이다. 물론 개인의 고유한 패턴을 탐구하는 얼굴 인증과 걸음걸이 인증 기술은 이미 개발되어 있고, 특히 얼굴 인증은 광범위한 곳에서 사용되고 있음을 감안한다면 첫 번째 집합에 넣는 것도 불가능하지는 않다. 그러나 얼굴이나 걸음걸이는 매 순간 우리에게 주어지는 것으로서 이를 맥락에서 분리하여 패턴화하는 것은 본의를 왜곡하는 것일 수 있다. 즉, 얼굴이나 걸음걸이 모두 직접 대면 소통에서 가시화되는 신체 양태이다. 그러나 이는 소통의 원격화와 정밀기술의 발전으로 앞서 첫 번째와 두 번째 집합에 비해 기질적 속성이나 양태에 속하며 정보사회의 신체데이터군과는 성격이 다르다.**

신장과 체중에 대해서도 마찬가지로 말할 수 있다. 이들은 본래 키나 체형, 체격으로서 직접 대면 장면에서 가시화된 것들이다. 이것이 수치화된 것이 신장과 체중으로서 정보사회의 고유한 신체데이터라고 말하기는 어렵다. 한편 위치는 정보사회에서 GPSGlobal Positioning System가 정비됨에 따라 최초로 부상한 신체데이터로서 생체 활동상태의 지표Index로 말하기는 어렵지만(사체 또한 영구차로 이동할 수 있으므로) 그 징후Symptom라는 점에서 두 번째 집합인 생체데이터로 분류

---

* 다만 이 절에서 신체데이터를 세 가지로 분류하는 것은 어디까지나 데이터 자체의 존재성격을 근거로 하며 용도에 기반한 목적론적 분류가 아님에 유의할 것을 당부한다.

** 사실 목소리도 신체데이터로서 매우 주변적인 존재성격을 갖지만 그것은 얼굴이나 걸음걸이와 달리 기구를 매개로만 나타나는 기질적 신체속성을 지니며, 대면적 장면에서 교환되는 목소리와는 본질적으로 다르기 때문에, 여기서는 개체데이터로 분류한다.

될 수 있다. 그러나 본래 위치는 생체의 **고유한 속성**으로 볼 수 없는 우발적 규정성에 불과하다.* 때문에, 위치 또한 두 번째 집합에서 제외된다. 이렇게 세 번째 집합은 데이터성보다 의미로서의 측면이 현저하며(걸음걸이, 신장, 체중) 데이터이긴 하나 신체데이터라고 말하기는 어려운 성격(위치)이 있다.

신체데이터의 제1계열: 개체데이터

이제 우리는 첫 번째 집합(개체데이터)과 두 번째 집합(생체데이터)만 네트워크 소통의 시대에 고유한 신체데이터라는 것을 알 수 있다. 두 계열의 신체데이터가 정보사회에서 감시를 통해 신체적 자기를 구성하는 기제가 되는 것이다. 그러면 첫 번째 계열의 개체데이터부터 보자. 지문, 홍채, 귓바퀴, 정맥 같은 개체데이터가 각 개체를 특징짓는 유일무이한 패턴 특성을 보이고 **제3자를 통해** 개체식별에 이용하고자 할 때 이것을 생체인증Biometrics이라 부른다. 유의할 것은 본래 '바이오메트릭스'란 생물통계학—즉, 생물종의 집단적 변이를 대량의 샘플데이터 수집과 해석에 근거해 통계적으로 규명하는 학문—을 의미했지만 지금은 생체인증, 즉 신체데이터를 통한 개체특정(기술)이라는 의미에서 쓰인다. 본래 생체인증 기술은 그 대명사이기도

---

* 이런 단정에 대해 위치 또한 생체이 생존환경에 관한 것이라는 이유로 신체의 본질적인 규정성이라는 반론이 있다. 그러나 이런 주장은 위치와 장소 두 개념을 오해한 것이다. 장소는 제임스 깁슨J. J. Gibson이 말하는 행동 유도적 특성으로 인해 신체와 불가분의 속성으로 간주된다. 그러나 위치는 그것이 물리적 공간에서 절대좌표를 전제로 하는 것이기에 생체로서의 신체와의 기능적 연관은 단절되어 있다.

한 지문을 활용한 범죄수사연구에서 시작된 것이다. 19세기 말 이 분야에 착수한 것은 세 명의 동시대인으로 그중 한 사람은 우생학을 창시한 다윈의 조카 프랜시스 골턴Francis Galton이다. (이 밖에 두 사람은 인도대사였던 윌리엄 제임스 허셜William Herschel, 선교사 겸 의사로서 일본에도 왔던 헨리 폴즈Henry Faulds가 있다.) 골턴은 사실 지문을 개체 확인의 관점보다는 **유전적 관점에서** 보았고 결국 지문이 유전연구에 쓸모없다는 결론을 내린 후 등을 돌린다.* 20세기 들어 지문을 활용한 범죄수사는 영국, 대영제국 하의 인도, 아르헨티나를 중심으로 급속히 발전하여 사실상 표준의 지위를 획득하기에 이른다. 이렇게 세기에 걸쳐 신체데이터 연구의 초점이 유전에서 개체로 이행하는 과정에서 지문 활용이 탄생한 것임을 알 수 있다.

여기서 중요한 것은 신체데이터의 초점이 개체로 확정되더라도 그것이 국가 제도와 연관되지 않으면 개체식별기술이 될 수 없다는 사실이다. 왜냐하면 개체식별을 위해서는 사전에 등록된 각 개체의 신체데이터(예컨대, 지문)를 동일성 확인 작업 시마다 비교하는 과정이 불가결하기 때문이다. 즉, 데이터 원본을 집약한 데이터베이스를 제3자가 소유하는 것을 인정하는 제도가 있어야만 개체데이터를 통한 생체인증이 가능하다. 지문의 경우 말할 것도 없이 범죄예비군의 지문등록 강제 및 기록 보존을 인정하는 경찰이라는 제3자에 의해 가능하다.

일반화하자면, 개체데이터를 이용한 생체인증은 그 용도를 묻지

---

* Galton, F., *Finger Prints*, 1892. 또, 하시모토 가츠미치橋本一径, 『指紋論: 心霊主義から生体認証まで』(青土社)를 참고.

않고 데이터베이스를 이용하는 어떤 권력을(많은 경우 국가나 기업) 전제로 한다. 이는 앞서 거론한 지문이라는 생체인증 기술이 국민국가의 식민지 경영 시(구체적으로는 대영제국의 인도통치) 신민관리의 수단으로 탄생한 역사적 사실로도 방증된다. 그리고 이는 지금도 변한 것이 없다.

개체데이터는 현재 빅데이터의 전형적 사례로 간주되며 특히 개체데이터를 이용한 생체인증은 정보사회에서 특별하고 대표적인 감시 기술로 평가된다. 그러나 생체인증의 본질은 어디까지나 과거의 경우 노비에 대한 각인이었으며, 오늘날에는 '마이넘버'와 동일한 계보에 속하는, 권력을 가진 쪽의 번호 부여에 있다. 다만 그 방식이 각인이나 번호에서 생물개체 데이터로 바뀌었을 뿐이다. 그리고 그 바탕에는 모든 구성원을 권력의 감시하에 두려는 위계적 일망감시 사상이 있다. 개체데이터가 개체에 초점을 맞추는 데이터인 이상 권력을 통해 소유한 데이터의 절대수가 많다 해도 그것은 빅데이터가 **아니다**. 절대주의국가의 (신민 · 영토를 포함한) 재산목록의 건수가 엄청나게 많더라도 이를 빅데이터로 부르지는 않는다.

만일 (라이언이 포스트 일망감시라고 부른) 일망감시 패러다임을 넘어서는 것이 정보사회의 새로운 감시 지표가 **된다면** 생체인증은 정보사회의 고유한 감시 패러다임일 수 없다. 권력의 내용에 기업이 새로 덧붙여진 것은 어디까지나 제국주의 시대의 국가권력을 모델로 하는 위계적 구조를 유지하는 과거의 기술에 불과하며, 이는* 결정적

---

* 생체인증이 현재 노골적으로 이루어지고 있음을 개발도상의 독재국가에서 이루어지고 있다는 점이 입증하고 있다. 키스 브렉켄릿지의 다음 저작을 참고할 것. Keith Breckenridge, *Biometric State: The Global Politics of Identification and Surveillance in South*

으로 정보사회의 2차원적 네트워크 매체와는 친화성을 결여하기 때문이다.

신체데이터의 제2계열: 생체데이터

앞서 우리가 생체데이터라고 부른 두 번째 신체데이터 계열, 구체적으로는 땀 배출량, 혈압, 심박, 요산치, 혈당치 등은 **모두** 시시각각 변동하는 신체데이터군이다. 그러나 사실 개체에만 초점을 맞추면 생체데이터의 본질을 잃을 수 있다. 첫 번째 계열인 (생물) **개체**데이터가 인칭적 개인을 생물학적 개체성으로 대체하려는 목적에서 수집 · 보관 · 활용된다는 의미에서 그 명칭은 개체에 초점을 맞춘 데이터인 데 비해 생체데이터는 본질적으로 **비인칭화된** 데이터 **종류**이다. 때문에, 생체데이터는 네트워크 미디어 간에 단절 없이 유통되면서 무제한적으로 증식하는 확실한 빅데이터이다. 빅데이터란 단순히 큰 데이터 덩어리가 아니다. 그것은 사회적 유통 과정에서 무제한으로 증식하는 자기지시적(즉, 인위적 통제가 불가능한) 데이터 흐름이다. 때문에, 표본 수가 원리적으로 확정불가능하고 모집단 자체의 윤곽이 늘 희미해지는 탈인칭화된 데이터 상태를 가리킨다.*

물론 혈압계로 특정 시점에 구체적인 개인의 최고 · 최저 혈압을 측정하고 개인의 혈액을 채취하고, 또 특정 달의 헤모글로빈 수

Africa, 1850 to the Present. (번역 『生体認証国家: グローバルな監視政治と南アフリカの近現代』, 岩波書店)

* 빅데이터의 사회철학적 정의에 관해서는 졸저 『情報社会の哲学: グーグル·ビッグデータ·人工知能』, (勁草書房) 제2장을 참고.

치HbA1c를 구하는 것이 생체데이터 발생의 기점인 이상 거기에는 당연히 개체적 계기도 존재한다. 중요한 것은 생체데이터가 개체와 비인칭적 빅데이터라는 두 계기로 이중화되어 상호 매개됨으로써 증폭작용을 일으킨다는 점이다. 우리는 이 증폭의 과정을 정보사회의 고유하고 새로운—라이언의 표어를 활용하면 포스트 일망감시형의—감시 형태로 파악함과 더불어 그 기제를 해명해야 할 것이다. 그러나 그 전에 한 가지 주목해야 할 신체데이터인 DNA데이터의 위상을 확인할 필요가 있다.

DNA 데이터의 존재론

DNA 염기서열의 소형화, 고속화 및 가격하락으로 형사사건에서의 범인 특정이나 유산상속인의 동일성 증명 같은 민사사건을 넘어, 유전자 진단이나 유전자 정보의 ID 카드 기재가 현실성을 띠기 시작했다. 이는 DNA 데이터가 인간이라는 종을 넘어 개체 확정의 수준, 다시 말해 자기 동일성을 데이터로 객관화하는 수준까지 정밀해졌음을 보여준다. 실제 지금까지 유전정보와 무관한 것으로 생각되어 정크 DNA로 폄하되던 군더더기 부분이 유전자exon의 발현기능을 담당하는 인트론intron이라는 사실이 알려졌다. 또, DNA 속 일부 염기가 다른 염기로 바뀌는 이른바 단일염기다형성SNPs*이 다양성을 낳고 그

* DNA 염기서열에서 하나의 염기서열 A,T,G,C의 차이를 보이는 유전적 변화 또는 변이를 단일 핵산염기 다형현상Single Nucleotide polymorphism, SNP이라고 하며, '스닙'이라고 읽는다. 인구집단에서 1% 이상의 빈도로 존재하는 2개 이상의 대립 염기서열이 발생하는 위치를 'SNP'라고 하며 대립유전자형이 5% 이상의 빈도로 존재하는 경우 common

조합에 일배채형haploid genotype으로 불리는 일정한 패턴이 생성된다는 점도 밝혀졌다. 최근 화제가 된 유전자와 환경의 후천적 상호작용에 따른 유전자 발현기구를 탐구하는 후성유전학Epigenetics 덕분에 DNA 데이터는 생물학적 개체를 넘어 자기 영역의 비밀에 육박해 들어가고 있다. 이런 사실을 통해 DNA 데이터는 앞서 분류한 제1계열, 즉 개체데이터에 속할 것으로 생각된다. 그리고 실제 국가나 행정, 기업은 DNA 데이터를 개체데이터로 규정하면서 데이터베이스화를 목표로 하고 있다.

그러나 내가 주목하는 것은 DNA 데이터가 다른 신체데이터군과는 본질적으로 성격을 달리한다는 점이다. 즉, 다른 신체 데이터가 기껏 신체상태의 지표나 징후를 표시하는 것에 불과한 데 비해 DNA 데이터는 **신체 자체**이기 때문이다.* 왜냐하면 신체는 DNA **정보를 기반으로** 시시각각 새로운 패턴을 낳고 유기체로서의 자기동일성을 재생산하기 때문이다. 즉, DNA데이터는 개체데이터의 존립근거ratio essendi인 동시에 시시각각 변이하는 생체데이터가 그 개체적 수준에서 양태συμβεβηκός로 귀속되는 데이터적 기체ὑποκείμενον이다.

DNA데이터는 신체데이터가 지닌 두 계열의 수렴지점에 위치하지만 양 계열의 사회적 기능은 다르다. DNA데이터를 둘러싸고 개체의 지표군을 형성하는 제1계열의 개체데이터는 인식론적 위상에 있

---

polymorphism이라고 하는데, 특히 1~5%인 경우 rare polymorphism으로 분류한다.-옮긴이

* 나와는 고찰의 위상과 문제의식에서 차이가 나지만 DNA데이터의 본질적 이중성을 지적한 것으로 사쿠라 준佐久間淳, 「ゲノミックプライバシー」, (『増刊 実験医学ビッグ・データ: 変革する生命科学·医療』, 羊土社, 2016년에 수록)도 참고할 것.

어서 **타자에 대해** 데이터적 자아랄 수 있는 생물학적 나Me를 추출한다. 반면 두 번째 계열의 생체데이터는 존재론적 위상을 점유하는 DNA데이터를 핵심으로 삼아 때때로 데이터적 자아인 생물학적 '나I'를 구성한다.*

이 두 개의 데이터적 자아, 즉 생물학적인 나와 생물학적인 '나'를 총칭하는 말이 데이터 '자아Data Self'나 데이터 더블Data Double인데 혼동스러운 것은 데이터 '자아'가 라이언이 자주 쓰는 데이터 더블로 오해되고 있다는 점이다. 더블이란 본래 대역 · 배후의 인물이라는 의미로서 본래의 것이 아니라는 뉘앙스를 지닌다.** 그러나 DNA데이터가 양 계열의 중심에 있는 이상 그것은 생물학적 차원의 존재인 데다가 역사적 차원의 것이기도 하다. 데이터 더블이라는 명칭을 붙이게 되면 생물학적 '나'가 지닌 존재론적 함의가 통째로 날아가 버린다. 여기서 나는 생물학적 나와 생물학적 '나'의 총칭으로서 니콜라스 로

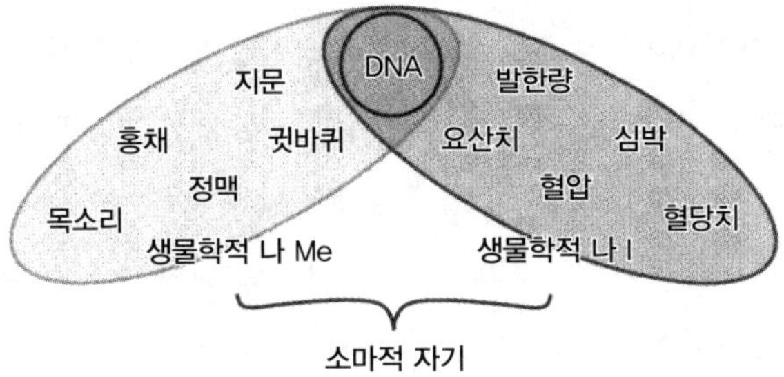

---

* 인식론적 나Me와 존재론적 '나I'를 구별하여 표기하였다.-옮긴이

** 이 장에서 데이터 '자아'처럼 자아를 따옴표로 표시한 것은 그것이 진정한 자기가 아니라는 뜻이 아니라 어디까지나 생물학적 수준의 존재임을 표시하기 위함이다.

즈Nikolas Rose가 제안한 소마적 '자아σώμα'를 사용하고자 한다.*

정보사회의 감시 형태로서의 주시

소마적 '자아'는 정보사회에서 생명정치Biopolitique의 기본단위이지만 그것이 사회에 들어설 때에는 생물학적인 나와 생물학적인 '나'의 결합체 이상으로 복잡성을 띤다. 앞서 복잡성의 원류를 두 가지 거론하였다. 하나는 생체데이터 개념의 도입 시 살펴보았으나 그대로 방치된 논점, 바로 생체데이터의 이중성이다. 즉, 생체데이터에서 개체의 계기와 별도의 빅데이터적 계기가 합쳐져 나온 역동성이 해명되어야 한다. 둘째, 물론 소마적 '자아'는 의식Bewußtsein이나 자발성Spontaneität을 가진 이른바 주체Subjekt로서의 자아가 아니다. 그것은 단순한 데이터 덩어리도 아니다. 그것은 사회적 관계 속에서 최초로 자아로 결정화Kristallisieren된 데이터 묶음이다. 즉, 개체데이터는 제3자로서의 타자에 의해 식별·특정됨으로써 생물학적 나Me를 결정화한다. 한편, 생체데이터도 주체적 자아로 의식됨으로써만 생물학적 '나'로 구성된다. 그렇다면 정보사회의 자아는 삼중구조를 띠게 된다. 우선 소마적 자아는 타자를 향한 생물학적 나Me와 의식을 지닌 주체적 자아를 향한 생물학적 '나'라는 두 반원으로 성립한다. 그러나 생물학적 나Me, 생물학적 '나', 주체적 자아는 어떻든 자아의 양태로서 이들이 분열과 통합을 거듭한 것이다.

---

* Rose, N., *The Politics of Life Itself: Biomedicine, Power, and Subjectivity in the Twenty-first Century*, Princeton University Press, 2007. (번역 『生そのものの政治学: 二十一世紀の生物医学, 權力, 主体性』, 法政大学出版局)을 참고.

여기서 주체적 자아와 생물학적 자아^{I}의 관계만을 떼놓고 보면 생물학적 '나'가 '주체적 자아=주체적 나^{I}'로 인해 나^{Me}로 변한다는 것을 알 수 있다. 즉, 생물학적 자아나 소마적 자아는 'I'와 'Me'의 두 계기로 이중화된다. 다른 한편 '나^{I}' 또한 '생물학적=**비**주체적 나^{I}'와 '**비**생물학적=주체적 나^{I}'로 이중화된다. 필자는 '**비**생물학적=주체적 나^{I}'에 의한 '생물학적=**비**주체적 나^{I}'를 배려^{souci}하는 관찰을 정보사회에 고유한 새로운—희망컨대 포스트 일망감시 시대의—감시 형태로 파악한다.

여기서 필자는 생체데이터가 일인칭의 개체에 관한 데이터인 한편 네트워크를 시시각각 변경시키며 유통하는 비인칭적 빅데이터라는 점을 생각할 필요가 있다고 본다. 이 빅데이터로서의 생체데이터로부터 인공지능이나 의료데이터 분석에 이르기까지 데이터마이닝을 통한 적정치가 추출된다. 예컨대, 혈압은 '120~140/80~90mmHg가 적정치이고 혈당치는 'HbA1c: 4.6~6.2'가 적정치이다. '**비**생물학적=주체적 나^{I}'는 이 적정치와 측정 시 자기의 생체데이터를 비교하면서 적정치로 자신의 생체데이터가 수렴되도록 매일 절제하고 자신

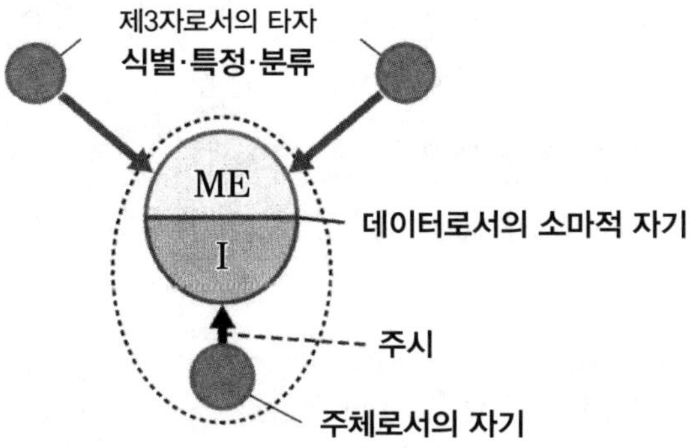

의 행동을 배려하듯 '감시'한다. 나는 스스로에 대한 이 배려Rücksicht를 '주시'看-視=Rück-sicht로 부르고자 하며, 이 자기지시적 구조를 띤 '주시'야말로 정보사회 특유의 새로운 감시형태이다.

정보사회의 자기배려·자기의 테크놀로지

'주시'에 관해 세 가지를 보충하고자 한다. 첫째, 사회적 수준에서 '주시'는 개별적이고 국소적이며 미시적인 이 행위를 통해 특권적 권력 주체나 자기지시적 통치를 실현한다. 즉, '주시'는 개인적 수준의 사건일 뿐 아니라 사회적 수준의 사건이며 사회 자신의 자기지시적 '주시', 곧 사회의 자기통치이다. 말년의 미셸 푸코는 끝내지 못한 대저작인 『성의 역사』를 집필하는 과정에서 지금까지 취해온 권력pouvoir의 문제를 통치gouvernement, gouvernementalité의 문제로 대체하기 위해 고군분투했다. 그는 권력 개념이 결국 국가를 모델로 한 타율적 원리이며 이는 사회의 자기지시적 구조를 짚어내지 못할 것이라는 점을 헤아렸던 것이다. 이는 푸코의 통치 개념이 자아soi 개념과 연동되면서 자기배려ἐπιμέλεια ἑαυτοῦ, souci de soi, 자기 테크놀로지les techniques de soi의 문제로 강구된 것이라는 점을 보면 알 수 있다. '주시'는 푸코의 이런 문제를 정보사회에서 이어받고 있다.

둘째, 생물학적 '나'에 대한 '주시'는 주체적 나I가 아닌 타자에 의해 수행된다는 점이다.* 병원의 집중치료실ICU에서의 '주시'가 알

---

* 이 논점은 이 장을 최초로 발표한 심포지움에서 있었던 질의응답 이후 교정했다. 나는 고교高橋, 히로노 요시유키廣野喜幸로부터 '당신의 입장은 노동현장의 생체감시에 대한 시각을 결여한 것이 아닌가?'라는 질문에 대한 답변 격으로 이 장을 썼다. 두 분께 감사드린다.

기 쉬운 사례이지만 이는 예외 사례로 간주될 수 있을 것이다. 오히려 주목해야 할 것은 현재 노동현장에 도입되고 있는 사물인터넷IOT=Internet of Things과 웨어러블 센서가 결합된 스마트 계측이다. 예컨대, 노동현장에서 뇌파의 활동, 시선의 움직임, 심박수 변화 등이 시시각각 모니터링되어 클라우드에 집적된 생체데이터로 해석된다. 개발 · 이용 측면은 안전관리나 스트레스 억제 등을 칭송하는 문구들에 불과하지만 결국 웨어러블 센서의 장착은 새로운 스트레스를 유발한다. 이것이 겉과 속이 다른 새로운 방식의 노무관리임은 불을 보듯 뻔하다. 그러나 나는 이런 동향을 정보사회에 고유한 사태라고 생각하지 않는다. 그것은 지난 세기 초 프레데릭 테일러Frederick Winslow Taylor의 악명 높은 과학적 관리법Scientific Management, 이른바 테일러 시스템의 정보사회 버전에 불과하다. 이는 신기술을 장착했지만 본래 권력을 통해 찬탈한 위계적이고 구습적인 구조를 바탕으로 개인의 생체데이터를 활용하여 범인이나 용의자를 특정하려는 목적에서 나온 자기지시적인 '주시'에 불과하다.

셋째, 이 '주시' 기제가 정보사회의 기초적이고 범용적인 규약임을 강조하고자 한다. 즉 '주시'는 생체데이터뿐 아니라 다른 빅데이터 처리와 같은 기능을 한다. 예컨대, SNS를 매개로 한 네트워크상의 소통에서도 자기지시적 '주시'와 그에 따른 자아의 적정화modulation 기제가 항시 작동하며 그것이 소통장애라는 말을 낳았다.*

'주시' 기제가 정보사회에서 범용성을 띰에 따라 라이언이 정보사회에서 감시의 새로운 기능으로 지목한 선별의 불가분성이 드러난

---

* 이에 관한 상세한 논의는 이 책 제4장을 참고할 것.

다. 확실히 정보사회는 감시를 통해 네트워크를 유지하는 요소로서 불합격인 사람을 체계로부터 일시적으로 내쫓는다. 그러나 이는 라이언이 생각한 것처럼 단순한 구분demarcation, 추방banishment을 통한 질서의 고정화가 아니다. 이는 루만이 적절히 지적한 것처럼 '포섭/배제inclusion/exclusion'라는 구별 운동이다. 현재 체계에 포섭된 인재도 언제 배제될지 알 수 없고 현재 배제된 낙오자도 부활의 희망이 없는 것이 아니다. 그리고 개인이 '주시'를 통한 자아의 적정화를 행하는 한에서 체계로부터 배제될 위험은 극소화된다. 라이언이 생각한 경직된 선별과 달리 정보사회의 '포섭/배제'는 강한 가소성을 지니고 있다.

3 감시사회에서 통제사회로

통제사회의 삼중의 감시

이 장에서 나는 사회의 자기지시적 통치 기제를 갖춘 정보사회의 존재방식을 들뢰즈의 목소리를 빌려 통제사회société de contrôle로 부르고자 한다.* 들뢰즈는 이 개념을 다듬지 못한 토르소 상태로 두고 사망해버렸다. 때문에, 이는 다양한 해석을 허용하는 문제적 개념으로 남아 있으며 기존의 관리사회라는 번역은 오역에 가깝다. 관리사회Management Society는 1970년대에 유행한 조직경영이 모델인 데 비해

* Deleuze, G., 'post-scriptum sur les société de contrôle' in *L'autre journal*, 1990.

통제사회는 한 개인이 조직기구의 톱니바퀴에 비유되는 기술관료 사회의 이름으로서 자기지시적 통치를 본질로 삼는다. 들뢰즈는 자주 녹슨 개념 장치를 새롭게 바꿔서 되돌려놓곤 했다. 통제contrôle란 푸코의 통치gouvernementalité가 장치dispositif에 투사되어 비가시적인 기구로 실현된 통치 상태를 말한다. 우리는 통치gouvernement의 원어가 사이버네틱스Cybernetics와 마찬가지로 그리스어인 인도κΰβερνήτης에 있다는 사실을 주의 깊게 받아들일 필요가 있다. 때문에, 그것은 2차원적 네트워크 사회인 정보사회 특유의 성격, 즉 위계적인 권력구조를 갖지 않은 자기지시적 역동성 한가운데에서 창발하는 역선flux lines*의 배치arrangement 상태이다. 이 장에서 논한 '주시'는 그 배치 일반을 가리킨다. 그러나 통제사회인 정보사회의 통치는 '주시'만 실현한 것이 아니다. 그것과는 다른 두 개의 감시 형태, 즉 시선의 회전還視, Retro-Sicht과 주변 시선環視, Um-Sicht이 사회의 자기통치의 성취에 필요하다.

시선의 회전은 개체를 엄청난 빅데이터의 묶음으로 환원시켜 모니터링하고 클라우드상에 있는 데이터에서 데이터마이닝을 통해 기준치나 적정치를 해석하여 추출한다. 과정을 통해 인식된 시선의 회전은 인공지능이나 로봇에 의해 완전히 자동화 가능한 과정이다.

주변 시선은 특권자가 부재의 2차원적 네트워크에서 노드 간에 동위적·평면적으로 벌이는 상호관찰을 말한다. 중요한 것은 주변 시선을 통해 앞서 시선의 회전 과정에서 추출된 기준치, 적정치가 윤리적인 규범의 성격을 띠게 된다는 점이다. 기준치, 적정치가 네트워

---

* 유선(流線, 전기장·자기장) 따위에서 가정되는 곡선으로 밀도와 방향에 따라 장場의 세기와 방향을 나타낸다.-옮긴이

크상에서 유통되는 가운데 사실상의 표준이 되는 것이다. 우리는 이 유사 윤리적으로 물화된 기준치, 적정치를 요시모토와 앞서의 논의를 참고하면서 환상이라고 부르기로 한다.

정보사회의 주체성의 장소

주변 시선의 강화 과정 속에서 환상으로 변한 기준치, 적정치는 주체적 개인을 유사 윤리적으로 속박한다. 각각의 개인은 일상생활 속에서 혈당치나 혈압을 매일 측정하고 규범화한 기준치와 적정치—즉, 환상—에 자신의 가치를 가까이 두고자 하며 안약이나 영양제 섭취, 음식제한이나 칼로리 계산을 통해 눈물겨운 신체 개조에 나선다. 또, 평상시 소통에서는 SNS를 통해 실체화된 '리아쥬'라는 환상에 가까워지고자 하는 반면 소통장애로부터는 조금이라도 멀어지고자 소통력 개선을 위해 노력한다. 이렇게 개인의 마음과 신체 모두 환상에 종속되어 간다. 이는 권력에 강제된 채 누군가의 부추김으로 종속되는 것이 아니다. 주체적으로 환상에 자신을 맡긴다. 나는 이런 현실에 대해 특권적인 위치에서 윤리적 평가를 내릴 의도는 전혀 없다. 다만, 시선의 회전還-視, 주변 시선環-視, 주시看-視라는 세 개의 과정으로 구성된 최신 데이터 감시가 주체의 자리를 개인에서 사회로 양도하고 있다는 점은 확실하다.

6장

VR혁명과 리얼리티의 잠재력*

VR의 현황

엔터테인먼트 분야에서는 2016년이 'VR원년'으로 확인된다. 이는 VR 업계에서 태풍의 눈으로 불리는 미국 벤처발 브랜드인 오큘러스Oculus—창업 때 거액의 투자자금을 조달하였고, 페이스북에 20억 달러에 매각된—가 발표한 '오큘러스 리프트Oculus Rift'를 필두로, 컴퓨터 게임 업계에서 이미 확고한 지위를 확립해놓은 일본의 소니 엔터테인먼트사SIE(SONY Interactive Entertainment)가 작심하고 내놓은 '플레이 스테이션 VRPlay Station VR', 대만 모바일 단말기 브랜드인 HTC가 미국 게임업체의 대부 벌브사Vulve Corp.와 합작하여 내놓은 '에이치티씨 바이브HTC Vive', 저 구글의 독자 VR 브랜드 게임인 데이드림Daydream을 배경으로 한 '데이드림 뷰Daydream'에 이르기까지, VR 게임의 핵심 디바이스인 HMD의 가격하락으로 인해 쟁쟁한 VR 기기들이 출시됐기 때문이다.

이 네 업체들을 중심으로 일확천금을 꿈꾸는 여러 VR 벤처 기업들이 우후죽순으로 창업되기 시작했다. 이듬해인 2017년에는 신주쿠 시리에 VR 아케이드 게임을 모아놓은 'VR 존 신주쿠VR ZONE SHINJUKU'

---

* 잠재력의 함의에 관해서는 이 책 후기를 참고.

가 문을 열었다. 한편 영화업계에서도 한국의 CJ 그룹을 필두로 입체 화면을 볼 수 있는 좌석이 도입되고, 안개와 물방울 및 방향제 생성 같이 영상에 어울리는 특수효과를 동반한 VR시스템인 '4DX', 관객의 시각·청각을 중심으로 몰입감을 극적으로 높인 IMAX 3D가 복합영화관의 표준 설비로 보급되었다.

이런 VR의 약진이 2018년 들어서 변화를 일으킨다. 한 가지 징후는 앞선 해에 이미 일어났다. 2010년에 등장한 3D 텔레비전 판매 대수가 2013~2014년을 기점으로 커다란 감소세로 돌아섰고, 2017년에는 생산이 완전히 중단되기에 이른 것이다. 또 자금력과 기술력이 없는 여러 VR 벤처 기업이 사업을 접거나 시장에서 퇴출당했다. 대대적인 선전 끝에 열린 'VR 존 신주쿠'가 기대만큼 고객을 모으지 못한 것도 VR 붐의 그늘을 보여준다. VR 버블의 종언, VR 원년이 언제였나와 같은 한탄과 비유 섞인 언사도 나오기 시작했다. 항간의 풍문처럼 VR 열풍은 환상에 불과했던 걸까? VR은 정말 종언을 맞이한 걸까?

VR의 새로운 징후

항간의 이런 비관적 관측에도 불구하고 나는 VR이 종언을 맞이했다고 생각하지 않는다. 왜냐하면 VR은 지금까지와 달리 새로운 전개를 시작했기 때문이다. 첫째, HMD로 대표되는 VR 하드웨어에 몇 가지 새로운 동향이 관측된다. 오큘러스가 2018년에 발매한 신 HMD, '오큘러스 고Oculus Go'가 상징하는 것은 VR 디바이스의 콤팩트화와 가격하락이다. 나아가 아이폰이나 안드로이드 같은 스마트폰 플랫폼은 VR의 모바일화를 촉진하였다. 특히 주목할 것은 iPhoneX 카메라에 들어간 안면인식기능을 통해 시시각각 표출되는 감정을 실시간 3D 캐릭터로 변환시켜 주는 '애니모지Animoji(애니메이션 문자)'라는 어플리케이션의 출시이다. 이는 VR이 **감상**을 위한 것에서 **표현**을 위한 것으로 변용하고 있다는 점을 보여준다.

둘째, VR 콘텐츠의 사회화 징후이다. 이 새로운 징후는 단순한 콘텐츠 개발 경향을 넘어 VR에 대한 이해 자체를 바꾸어놓고 있다. 현재 우리들 중 다수는 VR을 자연(=물리) 모델하에서 생각하기 때문에, 그것을 현실세계에 존재하는 모든 사물의 충실한 인공적 재현(시뮬레이션 VR의 경우)으로 본다. 그러나 판타지 세계 같은 가공의 환경을 창조할 경우에도 그것을 현실세계에 존재하는 모든 사물의 **합성**으로 파악한다. 결국 어떤 경우에도 VR은 물리적인 물체가 본래상으로 전제된 상태에서 그 형상이나 거동을 인공적·기술적으로 모방μίμησις하는 방식으로 개발·실현해왔다. 재현·모방된 대상이 인간이나 동물 같은 유기체일지라도 사정은 바뀌지 않는다. 이들은 VR에서 물리적인 물체로 간주된다. 때문에 VR 기술은 초기에는 영상(회화·사진·동영상)의 형태였고 이후 입체상(입체경·입체영상) 나아가 3D 모델링(폴리곤 렌더링·물리연산)의 형태를 취하게 된다. 그러나 VR의 최신 경향인 사회적 VR의 모델은 물리적 존재나 물리적 현상으로서의 자연이 **아닌** 소통, 즉 니클라스 루만이 말한 의미에서의 사회**이다**. 이 경향의 최전선에 있는 것이 일본의 경우 트위터나 인스타그램, 라인같은 SNS 계보에 속한 'VR 챗VR chat', 유튜브나 니코니코 동화 같은 계보에 속하는 버추얼 유튜버Virtual YouTuber나 브이튜버VTuber이다.

셋째, VR에서 MR로 주역이 교대될 징후이다. 뒤에 상세히 보겠지만 VR, 즉 가상현실Virtual Reality*은 현실세계 외부에 인공적 가상세계를 구상하여 일시적으로 전자를 후자로 바꾼 것 혹은 기술(그리고 그 결과로 나온 가상세계 자체)을 뜻한다. 하지만 이는 '현실세계/가상세계'라는 배타적 이원론, 바꿔 말해 신칸트학파인 에밀 라스크Emil Lask의 용어인 두 세계설Zwei-Welten Theorie**적 존재론을 암묵적으로 전제한다. 이에 비해 MR, 즉 믹스트 리얼리티Mixed Reality는 지각의 층과 정보의 층을 등치시켜 현실을 구성하는 '소재=매체'로 간주하고 단일 세계를 중층화하여 증폭시키는 기술이다.*** 이는 루만 사회체계론에서 '매체/형식'의 구별에 기반한 소재의 형식에 따른 포섭 구도, 곧 라스크의 표현으로는 두 요소설Zwei-Elementen Theorie적인 존재 이해에 기반한다. VR 주류가 현실 외부의 대체세계, 다른 세계를 엔터테인먼트 형식으로 제공함에 따라 일시적으로 사람들에게 현실도피를 제공하는 버추얼 리얼리티를 통해 **단일한** 현실세계 내부에서 정보를 세계의 '계기=요소Element'로 차차 들여와 복합현실로 이동하고 있다. 이를 통해 VR은 엔터테인먼트라는 멍에를 벗어나 사회에 없어서는 안 될 기술적 인프라로서 정보사회의 일부가 된다. 이에 관한 선구적

---

* 이 책은 'Virtuality' 및 'Reality' 두 개념의 사회철학적·미디어론적 해명을 최종 과제로 삼기에 이것들의 합성태인 'Virtual Reality'에 대해서도 신중을 기하고, 기존에 '버추얼 리얼리티'를 무비판적으로 받아들여온 점을 삼가고자 한다. 이를 대신하여 채택된 '실질현실'이라는 번역어도 채택하지 않는다. 'Virtuality' 및 'Reality' 개념의 함의를 고려하여 원어 그대로 표기하거나 약어인 VR을 잠정적으로 쓰겠다.

** Lask, E., *Die Logik der Philosophie und die Kategorienlehre*, 1911. (번역『哲學の論理學並びに範疇論: 論理的形式の統治領域に関する研究』, 岩波書店)

*** MR에 대한 규정은 잠정적으로 유보한다. 최종적인 정의는 제3절에서 다룬다.

기술이 바로 구글글래스이지만 이는 현재 같은 구글 사의 안드로이드 단말기에 들어간 구글렌즈로 발전하였다. 이외에도 마이크로소프트의 웨어러블 단말기인 홀로렌즈Hololens나 미국 메타Meta사의 키트인 Meta2, VR 버추얼 매직 립Magic Leap사가 극비리에 개발 중인 라이트웨어Lightwear 같은 후속 기술이 등장하고 있다.

이 장의 과제

앞 절에서 대략 VR에 관한 최신 동향 세 가지를 살펴보면서 VR 종언과 같은 말이 낡은 VR관에 갇힌 상황인식에 불과함을 확인하였다. 2016년 VR 원년 이후 긴 시간에 걸쳐 일어난 움직임은 어쩌면 VR 혁명이 단지 엔터테인먼트 업계의 세일즈뿐 아니라 기존의 IT 혁명에 비견될 정보사회 전체의 구조변동을 의미하는 서곡에 불과할지도 모른다. 2016년 시작된 VR 혁명의 서곡은 지금까지 그것을 규정해온 다양한 잔존물과 발상이 총결산된, 과거의 질곡에서 벗어나길 기획하는 단계에 이르렀다. 이후 새로운 VR의 지평을 구성하는 요소가 모색되고 모습을 갖추기 시작했다. 2018년은 이런 모색 끝에 VR 혁명이 오게 된 해이다. 물론 IT 혁명을 필두로 정보기술에 관련된 다양한 구호나 표어가 나왔지만 현재 범람하는 VR에 관련된 표어들을 떠벌리던 시기는 지나 조용해졌고 과거는 다 잊어버린 척하고 있다. 그러나 이는 동시에 VR 혁명의 성취도 의미한다. 즉, VR이 정보사회의 기술기반으로 사리 삽음에 따라 비가시적인 매체가 됐음을 뜻한다.

이 장의 과제는 앞서 지적한 VR의 세 가지 최신동향, 다시 말해

① VR 하드웨어의 가격하락, 콤팩트화, 모바일화, 표현수단화, ② VR 콘텐츠의 사회화, ③ VR의 MR화를 살펴본다. 이들 현상이 잉태한 사회적 함의를 순서대로 살펴보는 것이다. 이들 세 현상에서 정보사회의 심층부로 나아가는 새로운 사회적 현실의 VR 편제의 실상, 곧 VR 혁명의 동태를 대상으로 삼는다.

이를 위해 우선 ① VR 기술의 역사적 진전과 기술적 조건의 역사성을 확정하며 이를 매체사 속에 위치 짓는 작업을 펼친다(VR의 기술적 차원). 이 과정에서 '자연적=물리적'인 실재성Reality 개념의 내용과 그것이 전제하는 모방의 구도를 '존재=현전Presence'과 비교하여 밝힌다. 다음으로 ② VR의 사회화가 의미하는 바를 실재성과는 다른 리얼리티인 현실성 개념의 축으로 분석한다(VR의 사회적 차원). 이때 사회적 차원의 리얼리티인 현실성이 계층적 구조를 갖는 것과 최상위의 현실성이 사회적 현실Social Actuality, Soziale Wirklichkeit임을 파악한다. 마지막으로 ③ VR의 중심축이 MR로 이동하여 실현된 정보사회의 새로운 윤곽을 잠재성Virtuality 개념을 중심으로 철학적 시각에서 재해석 · 재규정한다(VR의 사상적 차원). 그러면 우선 VR 기술을 역사적으로 검토하고 그 본질을 규정해보자.

1 VR의 기술적 차원

최초의 VR 열풍

VR에 관해 다소간의 지식을 가진 사람이라면 앞서 본 것처럼

2016년 VR 원년의 열풍이 사실 역사상 두 번째 일임을 알 것이다. 최초 VR 열풍은 1980년대 말에서 90년대 초에 걸쳐 일어났지만 이 가운데 주목할 것은 1989년 라니아J. Rania가 세운 VR 벤처기업 VPL 리서치사의 VR 체계인 'RB2(Reality Built for 2)'의 발표였다. 입출력 데이터의 통제나 인공 환경의 실시간 렌더링을 탑재한 워크스테이션과 그래픽 컴퓨터 외에도 데이터글로브Data-Glove로 불리는 장갑형 감각 입력sensing 디바이스와 아이폰EyePhone으로 불리는 HMD형 디스플레이 디바이스에 이르는 체계구성은 고성능화와 콤팩트화를 이루었다. 더구나 가격을 현실화한 지금의 VR 체계구성과 거의 다를 바 없다. VR에 컨볼보트론Convolvotron으로 불리는 3D 입체음향 시스템을 장착하고 이더넷을 통한 네트워크 기능을 넣은 점을 볼 때 현재 수준에 비춰 보더라도 'RB2'는 원대한 관점에서 선진적인 설계를 채용한 매우 혁신적이고 다양한 가능성을 품은 시스템이었음을 알 수 있다. '버추얼 리얼리티'라는 말을 내놓은 당사자도 라니아였다.

버추얼 리얼리티라는 말은 이와 경합하는 다양한 용어군, 예컨대 사이버스페이스Cyberspace, 시뮬레이션Simulation, 인공현실Artificial Reality, 원격-존재Tele-Existence, 원격-현전Tele-Presence 같은 동시대 개인이나 집단*이 각자의 입장에서 경쟁하듯 내민 용어이고, 사상이나 기술의 존재를 전제로 한다. 다음 절들에서 다룰 버추얼 리얼리티라는 말로 수렴된 VR에 대한 역사적 관점은 기존에 각각의 명칭하에 비연속적으로 존재하던 사상이나 기술에 의거한 것들이었다.

---

* 상세한 것은 이 장 제3절에서 다시 설명하기로 한다.

VR 기술의 계보학(1): 몰입

VR의 한 가지 계보는 의심할 바 없이 몰입Immersion 기술의 전통이다. VR에서 몰입이란 나의 **의식**이 어떤 광경Sight에 꽂혀 거기서 달아나지 못하는 상태이다. 일반적으로 '나를 잊어버리는' 사태이지만 반드시 망아의 경지에 있을 필요는 없다. 의식의 대상이 특정한 것에 완전히 고정되어 그 외의 선택지가 존재하지 않는 상태라고 생각할 수 있다. 이런 의미에서 눈을 감지 않으면 늘 일상풍경Ordinary Scene에 몰입된 상태라고 할 수 있다. 예컨대 자각몽Lucid Dreaming—꿈속에서 '이것은 꿈이다'라고 느끼는 상태—같은 예외를 제외한다면 꿈 또한 몰입 체험의 하나이다.

그러나 이런 자연적 광경에 대한 몰입과 달리 인위적 광경에 대한 몰입은 매우 어렵다. 예컨대, 회화에 대한 몰입, 소설에 대한 몰입, 연극에 대한 몰입은 각각 회화를 건 액자, 광경의 상상에 찬물을 끼얹는 잡념, 배우의 연기에 대한 관객석의 환호 · 야유 등의 방해를 받는다. 일반적으로 말해 광경의 외부가 양자의 경계나 외부의 소음으로 두드러질 때 몰입은 일어나지 않는다. 경계나 외부의 제거를 통해 외부를 은폐하기 위해 역사상 등장한 기술이 19세기 무렵 전 세계로 퍼진 파노라마관이다.

파노라마관은 원형 시설의 벽면에 그려진 거대한 회화(후에는 사진)로 관객을 둘러싸서 광경의 외부를 제거한다. 회화 앞에는 실물 크기의 투시화가 배치되고 원근법을 통해 근경에서 원경에 이르는 농담이 구현되어 나를 중심으로 전방위적 광경이 전개되고 결국 무한원점으로 사라져간다. 그래도 소거할 수 없는 노이즈가 남는다. 나와 타자의 신체이다. 파노라마관의 콘텐츠에는 전쟁을 모티브로 한 것이 많다. 전장에 들어선 착각을 관객에게 주는 것이다. 그러나 나를 포함한 관객의 화려한 **옷차림**이나 담소가 광경에의 몰입을 방해한다. 엿본다는 음란한 행위에서 거의 완전한 광경에의 몰입이 가능한 것은 이 행위로부터 나의 신체성(예컨대, 눈에 의한)이 소거되어 순수한 시각으로 변하기 때문이다.

20세기 들어 파노라마관이 어느 순간 영화관으로 대체된 것은 이런 사정 때문이다. 즉, 영화라는 기술의 실체는 빛에 의해 생성되는 그림으로서 암흑이라는 지평의 존재가 영화가 성립하기 위한 조건이 된다. 암흑은 관객의 신체라는 최후의 노이즈도 칠흑의 어둠 속으로 빨아들인다. 이렇게 영화가 **기술적으로*** 파노라마관 이상으로 광경에의 몰입을 실현함에 따라 관객은 순수한 시각을 갖는다.

1950년대 영화계는 초대형 스크린을 가리키는 시네라마의 등장으로 파노라마에서의 관객을 둘러싸는 요소를 다시 도입한다. 더불어 19세기 초부터 이미 입체경으로 실현한 입체시각 기술을 채용하였다. 또, 1960년대에는 할리우드의 영상기사인 모턴 하일리그Morton Heilig가 발명한 센소라마를 통해 시각 이외의 청각, 후각, 촉각에 대한 몰입 기술을 구현하여(다만 센소라마는 일인용 아케이드 기계이다) 보다 강력하고 높은 몰입을 실현하였다. 이 장 서두에서 본 '4DX'나 'IMAX 3D'는 이런 몰입 기술의 최신형이자 후손이다.

---

* 여기서 말하는 몰입은 광경에 대한 것이지 내러티브에 대한 것이 아님에 주의할 것. 물론 영화의 줄거리나 배우의 연기가 형편없는 경우에도 몰입은 일어나지 않는다. 문제는 내러티브 수준의 몰입으로서 지금 다루고 있는 광경에서의 몰입이 아니다. 광경에의 몰입은 순수하게 **기술적** 수준에서 달성되며, 내러티브에서의 몰입의 **물질적** 제약을 이룬다.

현재 VR 기술의 핵심 디바이스인 HMD(Head Mounted Display)도 나의 시각이나 청각을 빼앗아 신체라는 노이즈를 차단하는 것이다. 대신 인공적으로 생성된 전자적 광경을 강제로 나의 감각에 주입한다는 의미에서 틀림없이 몰입 기술의 범주에 속한다. 더구나 이 몰입은 본래의 자연적 태도Natürliche Einstellung 아래 나타난 일상적mundan 광경을 몰아넣고Einklammern 차단Ausschalten하여 인공적 광경으로 대체하는 것이다. VR 기술을 몰입 기술과 등치시킬 수는 없다. 바꿔 말해, 현재 VR 기술의 대명사인 3D는 몰입의 조작 후 광경을 채운 인공적 지각대상의 구성양식에 불과하다. 엄밀히 말해 VR의 본질에 속하지 않는다. 여기에는 VR의 본질을 구성하는 중요한 **무언가가** 빠져 있다. VR은 몰입이라는, 자연적 광경의 배타적 조작으로 실현되는 순수한 '지각작용-지각대상νόησις-νόημα'이라는 단순한 관조적 관계가 아니다. 그것은 빼놓을 수 없는 하나의 요소를 필요로 한다.

VR 기술의 계보학(2): 상호작용

제어용 컴퓨터를 제외하면 VR의 표준 디바이스는 HMD라고 볼 수 있다. 일반적으로 표시 디바이스Display Device라고 불리는 출력장치—다만 이 경우 디스플레이는 시각만이 아닌 청각이나 촉각 등의 감각 일반을 포함한다.—외에 위치센서, 움직임센서, 외골격센서 같은 감각입력 디바이스Sensing Device로 총칭되는 입력장치로 구성된다. 전자는 보통 미각과 후각을 제외한 감각을 연속적으로 표시함으로써 인공적 광경을 창출하며 이를 유저에게 제공하는 역할을 맡는다. 앞 절에서 본 몰입이란 이 인공적 광경을 유저에게 강제적으로 보내는 사태이며, 그런 의미에서 몰입은 표시 디바이스에 의해 실현된다고 할 수 있다.

그러나 사실 몰입으로 달성된 것은 고도의 감각체험에의 몰두에 불과하며 인식론적 수준의 관조θεωρέιν 체험—순수한 감각작용νόησις으로 변하여 광경에 대한 고착을 유발하는 엿봄—에 그친다. 이는 광경의 외부에서 순수한 시각작용으로서 광경과 대립하여 이를 응시하는 것이기 때문에, 단순한 몰입만으로 내가 광경에 작용을 가할 수는 없다. 광경에 작용을 가하기 위해 나의 **신체**와 광경 간에 상호작용Interaction*을 일으키는 기술을 구현하는 것이 바로 감각입력 디바이스이다.

예컨대, 인공적 광경 내부의 나무에서 돌으로 내가 시선을 움직일 때 초점이 이동하며 수반되는 윤곽의 명료함—게슈탈트 심리학**에서 말하는 배경과 전경—또한 전이될 수밖에 없다. 이때 시선의 미

---

* 이 경우 상호작용은 사회학에서 말하는 상호행위가 아니다. 상호행위로 번역되는 것은 대인관계 장면을 상정하지만 VR 체험자와 인공적 환경 간에는 실시간 피드백 피드포워드(자동 제어에서, 변화를 미리 검출하고, 출력에의 영향을 예견하여 수정을 가하는 방식)를 의미한다. 이 책에서는 후자를 상호행위와 구별하여 상호작용으로 번역한다.

** 게슈탈트 심리학파는 전체로서의 형태, 모양이라는 의미를 지닌 독일어 '게슈탈트Gestalt'를 사용해 전체는 부분의 합 이상이며 인간은 어떤 대상을 개별적 부분의 조합이 아닌 전체로 인식하는 존재라고 주장하는 심리학파이다. 게슈탈트 심리학은 1900년대 초 독일에서 발전한 심리학 사조로서 구성주의 심리학에 반대하여 '전체는 부분의 합과 다르다'고 주장하면서, 지각된 내용을 하나의 전체로 통합하고 분리된 자극들을 의미 있는 유형으로 통합하는 데 초점을 두고 학습, 기억, 문제해결 등의 지적 활동에서 지각 중심적인 해석을 강조한 심리학이다. 독일의 베르트하이머(Max Wertheimer, 1880-1943)와 쾰러(Wolfgang Kohler, 1887-1967) 등에 의해 이론화되었다. '전경-배경'은 1915년 루빈Edgar Rubin이 최초로 자세히 기술했다. 루빈은 게슈탈트 심리학자는 아니지만 게슈탈트 심리학자들은 그의 전경-배경 현상을 자신들의 주장을 지지하는 데 사용했다. 전경(형태)은 앞에 떠오르는 형상이고 배경은 전경의 뒤로 확산된 무정형의 공간처럼 지각되는 부분을 말한다.-옮긴이

세한 이동을 감지하는 것이 시선 검출센서라는 감각입력 디바이스이다. 또 광경 내부의 먼 쪽에 있는 꽃을 발견하고 거기에 접근할 때 나는 현실세계의 절대적 위치를 바꿀 수 있고, 그렇지 않으면 외관상의 이동을 뜻하는 신체조작을—예컨대, 보행 모션 베이스 상에서—행하며, 이에 맞춰 꽃의 시각상도 상대적으로 확대될 수밖에 없다. 이때 나의 신체이동을 감지하는 것이 위치센서position sensor 혹은 외골격센서exoskeleton sensor라는 감각입력 디바이스이다. 이런 감각입력 디바이스에 의해 검지된 내 신체의 변용은 데이터로서의 제어 단말기나 그래픽 컴퓨터로 송출되어 편차 수정이 이루어진 뒤 광경에 피드백된다. 그리고 묘사된 광경이 다시 표시 디바이스로 되돌아온다. 더구나 이 과정은 순간적으로, 곧 실시간realtime으로 실행되어야만 한다. 왜냐하면 신체변용은 점차 지속적으로 생겨나기 때문에, 약간의 지연으로 광경 표시가 잘 안 되는 것을 말하는 유저의 'VR 멀미'—시감각과 평균 감각의 비동기—를 초래하기 때문이다. 이 때문에, 광경의 실시간 재현을 담당하는 제어 단말기나 그래픽 컴퓨터에는 강력한 파워가 요구된다.

여기서 중요한 것은, 상호작용을 꾀함으로써 내가 광경을 외부로부터 엿보는 단순한 지각작용을 넘어 신체적 존재로서 광경 내부에 자리 잡는다는 점이다. 이때 광경 또한 관조의 대상일 뿐인 단순한 광경Sight이길 멈추고 내가 작용할 수 있는Ich kann 대상으로서의 환경Environment으로 변신을 이뤄낸다. 바꿔 말해, 몰입에서 광경에 대한 시선Anblick auf die Szene에 불과했던 나는 상호작용을 통해 신체를 동반한 '환경-내-존재In-der-Umwelt-Sein'로 변용되는 것이다.

VR에 합류하는 상호작용 기술의 계보는 1930년대까지 거슬러 올라간다. 전쟁 중 미국에서 파일럿 양성을 위해 개발한 가상 비행연습기Flight Simulator가 효시이다. 초기의 가상 비행연습기로 유명한 '링크 트레이너Link Trainer'는 오르간 페달을 응용한 모의 비행장치로서 외견은 아파트 옥상이나 약국에서 자주 본 코인식 전동 놀이기구인 라이드와 비슷하다. 그것은 항공기 모양, 고도, 위치 및 진로 측정을 기기상의 계측기에만 의존하여 나가는 계측비행을 상당히 섬세하게 가상화하였다. 즉, 훈련자의 조종기 조작을 감각입력하여 기체의 자세나 계측의 눈금을 표시출력으로 삼는 상호작용을 실현한 것이다.

여기서 유의할 것은 이러한 초기의 시뮬레이터가 하나의 '인간-기계'라는 의미에서 닫힌 상호작용 루프를 형성하나 몰입에서 벌어지는 경계소실과 혼동해서는 안 된다는 점이다. 즉, 초기 시뮬레이터에는 상호작용은 있었으나 몰입은 없었다. 시뮬레이터의 바깥에는 어수선한 작업장 같은 일상적 광경이 펴져 있지만 그 내부의 광경은 연결되어 있기 때문이다. 몰입에서는 일상적 광경이 배제되지만 시뮬레이터 내부의 광경은 어디까지나 일상적 광경의 **일부**이다. 이를 볼 때 몰입과 상호작용이 다른 기술적 계보에 속한다는 것은 분명하지만 현재의 가상 비행연습기는 몰입 기술을 장착한 채 진화하고 있으며, 최신 훈련용 항공기 시뮬레이터는 실제 조종실을 충실히 모방하여 일상적 광경과의 단절을 실현하였다.

상호작용을 대표하는 구체적 기술인 시뮬레이터는 가상 비행연습기 외에도 수술훈련을 위한 의료 시뮬레이터, '전차로 Go!'로 유명한 트레인 시뮬레이터, 무중력 공산 내의 활동을 베낀 우주개발 시뮬레이터 등 분야나 용도에 맞춰 폭넓게 선보여지고 있다. 또, 시뮬레이터를 로봇공학과 결합한 '원격-존재Tele-Existence' 기술도 무시할 수 없지만 시뮬레이션이나 '원격-존재' 자체가 지닌 의의에 관해서는 제 3절에서 다른 각도로 보도록 하자.

'존재=현전'과 실재성

우리는 ① '일상적=자연적' 환경의 일시적 제거를 통한 현실세계의 중단ἐποχή 및 인공 환경을 통한 강제 대체 기술인 몰입, ② 인공 환경 내부에서 나와 환경 간에 **신체를 매개로** 조응하는correspondance 상호작용Interaction을 VR 기술의 (또는 '물리=자연'적 차원의) 두 가지 필수항목으로 생각할 수 있다. 이 두 가지를 합쳐 실현된 사태가 '존재=현전Presence'인 것이다. VR 업계에서 현전은 '마치 바로 거기(=인공적 환경)에 있는 감각feeling of being there or You are there'처럼 설명된다. 그러나 이를 하이데거의 말로 바꿔보면 '내가 **신체적 존재로서** 그 환경에 내던져졌다geworfen sein'라는 내던져짐Geworfenheit, '환경-내-존재In-der-Umwelt-Sein'로서 **선택의 여지없이** 거기에 있게 된Da-sein 사태를 뜻한다('Da-sein=being there'인 점에 유의!). 나는 환경 **한가운데에** 존재present하며 환경 또한 나에게 **직접** 현전present한다. 나와 환경의 이러한 '밀착적=무매개적' 호응을 나는 '존재=현전Present'으로 파악한다. 여기서 우리는 특히 '존재=현전'과 실재성Reality이라는 두 개념을 구별할 필요가 있다. 두 개념은 존재에 관계되며, 후자의 경우 존재자das Seiende의 존재성(…**가** 존재한다)이 문제시되는 데 비해, 전자는 복수의 존재자 간의 관계성, 존재자 간에 맺어진 네트워크에서의 조응correspondance의 사실성(…**에** (**의해** 혹은 **향해**) 존재한다)이 문제시되는 개념이다. 또, 실재성이 판단으로 매개된 확정인 데 비해 '존재=현전'

은 '무매개=직접적인' 명증적 사실이다.*

예컨대, 사막 한가운데에 드러난 호수의 신기루는 **여행자에게** '존재=현전'하는 것이지만 호수 **자체**는 실재성을 갖지 않는다(=실재성을 **확정할 수 없다**). 호수를 본 장소에는 그림자도 모양도 없기 때문이다. 또, 괴수 꿈이나 정령을 보는 환각은 **그것을 본 사람에게** '존재=현전'하는 것이지만 꿈속의 괴수나 환각 속의 정령 **자체**는 실재성이 없다. 눈으로 보고 기운으로 느낀 것은 구름처럼 사라지기 때문이다.

VR의 경우는 어떨까? 예컨대, 레이싱 시뮬레이터의 디스플레이에 표시되는 감각상은 틀림없이 **유저에게** '존재=현전'할 것이다. 그러나 다양한 감각으로 구성된 레이싱카 **자체**는 실재성을 띤다고 할 수 있을까? 창밖 풍경이 바뀌고 운전대가 돌아가면 시트와 몸도 기운다. 물론 시뮬레이터를 나오면 레이싱카의 실재성이 곧바로 무너진다는 것을 유저도 이미 알고 있다. VR 체계가 일상적 환경을 침범하는 동안 '존재=현전'에 의해 지지되는 감각상의 격류가 유저에게는 지속된다. 또, 감각적으로 구성된 조종석이라는 인공 환경의 실재성을 의심할 틈을 주지 않는다.

VR에 있어서 가장 중요한 과제는 감각상의 '존재=현전'으로부터 인공 환경의 실재성—본래 인공 환경은 이를 결여했다는 점에서 가상적virtual이라는 형용사가 붙어야겠지만—을 일관되고 모순 없이 안정적으로 유지하는 것이다. 때문에, 유저는 결코 실재성에 대한 의심

---

* 데카르트가 발견한 'cogito ergo sum'을 통해 얻은 것은 정신mens이라는 실체의 실재성이 **아니라** 고차원의 코기토라는 의식작용과 그 의식작용이 향하는 의식대상 간의 직접성correspondance, 즉 양자의 '존재=현전'의 명증적 사실성이다.

을 품지 않는다.

우리는 이 절 서두에서 최근 VR 열풍이 두 차례 있었다는 것을 확인하였고, 그 역사를 거슬러 올라가 몰입성과 상호작용이 VR 성립의 기술적 조건이며 이 조건들이 합쳐질 때 '존재=현전'이 실현된다는 것, 다만 그것은 어디까지나 표시된 개별 감각 수준에서 달성되는 것에 불과하다는 것을 확인한 바 있다. 바꿔 말해, 체계적 세계로서의 인공 환경의 실재성은 감각을 소재로 구축 · 유지될 수밖에 없다는 것, VR의 본질적 과제는 감각으로부터 인공 환경의 안정적 구성 내지 '존재=현전'으로부터의 실재성의 생성이다. 그런 의미에서 1980년대 말의 제1차 VR 열풍이나 최근의 열풍도 앞서의 과제를 **물리적 차원에서** 공유하고 있다고 할 수 있다.

그러나 30년이라는 시간을 사이에 둔 두 열풍 사이에는 결정적인 환경적 차이가 확인된다. 그것은 1995년 Window95의 발매를 계기로 순식간에 인프라가 정비되고 전 세계적으로 보급된 인터넷이라는 매체의 탄생이다. 즉, 제1차 VR 열풍은 독자적 기준 위에 서 있는데 비해 제2차 VR 열풍은 인터넷과의 유대, 네트워크라는 틀을 사실상de facto 전제하고 있다. 이 장 서두에서 지적한 VR 디바이스의 콤팩트화, 모바일화, 표현 도구화의 흐름 또한 이런 조건을 고려해보면 충분히 이해할 수 있다. 그리고 그 영향은 VR 하드웨어의 새로운 경향 수준에서 멈추지 않는다. VR과 인터넷의 유대는 실재성 자체의 파악에 중대한 변경을 만들기 때문이다.

2 VR의 사회적 차원

리얼리티의 다의성

당연한 말이지만, 사람들은 일상생활을 리얼리티에 의존하여 살아간다. 즉, 사람들은 일상생활 속에서 리얼리티를 자명한 것으로 간주하고 수용한다. 이 세계의 모태나 토대인 리얼리티의 자명성을 의심하기 시작하는 순간 우리는 일거수일투족마다 의심에 빠져들 수밖에 없다. 예컨대, 태양은 동쪽에서 뜨고 서쪽으로 진다는 사실, 대지가 움직이지 않는다는 사실이 어느 순간 의심될 때에는 걸음을 내딛고, 아침에 일어나는 행동조차 곤란해진다. 이런 천체나 대지의 리얼리티는 안정적이며 간단히 흔들리지 않는다. 지금도, 내일도, 10년 후에도 그리고 어쩌면 만년 후에도 태양은 동에서 서로 뜨고 질 것이며, 육지와 바다의 비율은 3 대 7을 이어나갈 것이다. 이것들이 급변한다는 SF 같은 사태는 벌어지지 않는다. 이는 지구과학적 수준의 리얼리티가 문자 그대로 천문학적 · 지질학적 규모로만 변한다는 점에 기반하기 때문이다. 그러나 신이나 국가의 존재 같은 종교적 혹은 정치적 리얼리티는 어떨까? 이것 또한 우리의 일상을 지탱하는 리얼리티이지만 앞서 말한 지구과학적 리얼리티와 비교할 때 안정적이지는 않다. 우리는 그 변화를 종교개혁이나 정치혁명의 과정 혹은 이를 서술한 문헌에서 확인하고 경우에 따라 현장에서 체험하는 것도 가능하다. 즉, 종교적 · 정치적 수준의 리얼리티는 인위적인 형성물이기 때문에, 역사적 과정 속에서 변화한다. 이 장의 주제인 버추얼 리얼리티나 인간관계의 거리에 따라 경험되는 심리적 리얼리티는 변용 가능하며, 상대적인 것이라고 할 수 있다.

이렇게 생각해보면 일상을 지탱하는 리얼리티는 앞서 본 것처럼 계층을 이루는 존재이며, 우리가 생각하는 만큼 단순하고 견고한 것이 아니다. 철학에서도 리얼리티 개념은 전통적으로 다양한 문제를 자아낸 개념이다. 예컨대, 리터J. Ritter 등이 편찬한 유명한 『철학역사 사전Historische Wörterbuch der Philosophie, HWPh』에는 리얼리티(Realität[독], realitas[라])에 관한 서술이 20쪽에 이른다. 이와 같이 착종된 개념인 리얼리티에 관해 생각하고자 한다면 그것이 어떤 맥락에서 사용되는가를 엄밀히 규정할 필요가 있다. 예컨대, 서양어인 'reality', 'Realität'에 실재성이라는 번역어가 쓰일 경우의 리얼리티는 볼 것도 없이 '진짜 존재하는 것', '세계를 구성하는 궁극적 실체'를 뜻하면서도 외관appearance이나 가상Schein 같이 첨예하게 대립하는 뜻도 가지고 있다. 예컨대, 신기루의 경우 그 실재는 대기의 밀도 차에 따른 굴절이며 그것 자체는 착각, 즉 가상에 불과하다. 또, 물건의 냄새나 감촉도 주관적인 가상에 불과하지만 그 실재는 물리학적인 실체로서의 미립자이다. 이 경우 사용되는 리얼리티에는 주관적인 판단으로 좌우되지 않는 사물의 객관적인 정체라는 뉘앙스가 들어 있다. 앞 절에서 VR의 기술적 차원을 다룰 때 Reality에 **실재**라는 말을 쓰는 것은 이 차원의 VR이 물리적인 환경의 인공적 재현을 지향하는 기술이기 때문이다. 가공 세계를 구성할 경우라도 이는 물리적 차원의 현실세계에 대한 재구성인 것이다.

그러나 이런 의미에서 우리가 리얼리티라는 말을 쓸 기회는 이론물리학자가 아닌 한 거의 없다. 이 말이 사용되는 중요한 하나의 맥락은 상상물이나 인공물과의 비교 속에서 사용되는 경우이다. '만화 같다'는 표현이 있지만 이는 발상이 기상천외하여 리얼리티가 결여될 경우 쓴다. 만화 같은 상상의imaginary 세계와 현실세계의 간극을 이 표현이 말해주고 있다. 또, 지금 다룰 주제인 버추얼 리얼리티의 경우 인공적artificial 환경과 현실 환경의 상관과 대립이 초점이다. 이와 같은 의미에서 Reality에는 현실(성)이라는 번역어가 쓰인다. 여기서 중요한 것은 이것이 현실성을 결여했을 경우 그것이 실제로 존재한다는, 즉 앞서의 실재성을 가졌음에도 불구하고 아직 확실히 현실적인 사회적 망에 들어오지는 못한 채 붕 뜬 시험적이고 모의적인 존재에 불과하다는 의미이다. 예컨대, 가상 비행연습기를 생각해보자. 이는 실제로 존재하는, 즉 실재성을 가지지만 본 물건인 비행기처럼 하늘을 날지는 않는다. 즉, 그것은 교통기관으로서 사회에 들어온 것이 아니다. 그것은 어디까지나 시험적 · 모의적인 장치에 불과하며 현실성을 결여했다. 이런 사정을 볼 때 실재성이 물리적 수준의 리얼리티인 데에 비해 현실성은 사회적 수준의 것임을 알 수 있다. 나는 이제 실재성과 현실성을 의식적 · 전략적으로 구별하여 쓸 것이다.

사회적 VR의 등장

VR 원년의 허실과 옳고 그름이 판명나기 시작한 2017년, 이와 연관된 두 개의 서비스와 콘텐츠가 인터넷에 등장하였다. 하나는 대만의 HTC사와 자본관계인 미국 VR 챗사가 내놓은 'VRchat'이라는 서비스이다. VRchat은 온라인상에 구축된 VR 공간을 이용한 SNS이다. 유저는 3D 아바타를 VR 공간에 업로드하여 다른 유저의 아바타와 소통을 즐길 수 있다. 아바타는 만나는 것 외에도 유저 자신과 유사한 캐릭터를 통해 동물이나 가공의 캐릭터를 만들 수 있다. 또, 물건이나 일용품 등의 물건을 스스로 만들어 VR 공간 내부에 배치하고 세계Worlds라고 불리는 아바타들의 모임 장소 자체를 유저가 설계하는 등 표현의 자유도가 올라가고 있다.

다른 한 가지는 2016년 말 슈퍼 AI를 자칭하는 3D 소녀 키즈나 아이*가 유튜브에 등장한 것을 계기로 2017년 들어 미라이 아카리, 가구야 루나輝夜月, 후지사키 유아藤崎由愛, 시로シロ, 네고마스ねこます 같은 신인 버추얼 유튜버 즉, VTuber를 배출한 일이다. 또, 2018년에는 천 명이 넘는 명부가 나올 정도로 활황을 띠었다.

VR 챗사의 아바타가 'VRchat'이라는 특정한 서비스에 구속되는 데에 비해 버추얼 유튜버는 다수가 유튜브를 주 활동 무대로 삼고, 니코니코 동화 외에도 SHOWROOM, 트위터 같은 서비스에도 등장함으로써 플랫폼의 틀을 넘어 활약한다는 점이 특징이다. 그리고 이것이 버추얼 유튜버의 인격과 아이돌로서의 성격에 어떤 리얼리티를 부여할 실마리가 되고 있다. 실제 몇 명의 버추얼 유튜버는 예능사에 소속되어 있기도 하다. 우리는 2017년 현재 이 두 현상을 사회적 VR이라는 범주로 묶을 수 있지만,** 이는 두 현상의 차이의 배후에 있는 공통의 특성을 새로운 VR의 동향으로 파악하여 지금까지의 특성과 비교하기 위함이다.

---

* 세계 최초의 버추얼 유튜버로 구독자 수가 200만 명을 넘어선 바 있다.-옮긴이

** 항간에서 사회적 VR은 SNS와의 연결에서 VRchat으로 대표되는 VR 공간의 소통 서비스를 가리키기 위해서만 사용되며 버추얼 유튜버나 VTuber에 대해 쓰지는 않지만 이 장에서는 뒤에서의 전개를 고려하여 외연을 확장한다.

VR의 매체화

두 현상에 공통되는 것은 첫째, 지금까지의 VR 콘텐츠 수용자가 이제는 제작자로 스며들기 시작했다는 점이다. 이 동향은 앞서 지적한 VR 디바이스의 가격하락 · 콤팩트화 · 모바일화 그리고 무엇보다 표현도구화 경향과 맞물려 있다. 이 흐름은 프로 사양의 업무용 비디오카메라가 가격하락 · 콤팩트화 · 모바일화로 인해 수용자가 제작자로 바뀌게 된 경위, 활판인쇄기가 워드프로세서에서 퍼스널 컴퓨터 그리고 스마트폰으로 바뀌는 과정과 유사한 경향을 보임에 따른 위상 변화와도 관련있다. 매체사적 관점에서 일반화하자면, VR 분야 또한 고가의 제작 및 배포 자원을 독점하는 전문적이고 특권적인 제작자 집단이 완성도 높은 작품을 대중에게 팔던 원뿔형의 '매체 모델=방-송Broad-Cast'에서, 질적으로 동일한 자격의 노드가 방사형으로 그 표현을 무한히 확산해가는 이차원적 '인터넷 모델=네트워크Net-Work'로 패러다임 이동을 이룬 것이다. 이는 VR의 주역이 전문적이고 완성도 높은 게임이나 동영상 콘텐츠 제작 집단에서 소비자에 불과했던 층으로 서서히 이동한다는 의미이다.

영상 매체나 활자 매체와 마찬가지로 VR 콘텐츠의 제작성 · 작품성 · 이야기성 · 상품성도 희박해져 지금까지와는 다른 비즈니스 모델, 즉 표현도구나 노하우를 발표의 장면과 세트로 만들어 패키지로 판매하는 모델이 조금씩 침투 중이다.* 이런 의미에서 VR 또한 매

---

* 이런 비즈니스 모델은 문단의 권위실추가 현저한 문예 분야에도 엿보인다. 이 책 제2장 3절 '형상에서 질료성으로'를 참고.

체화하고 있다고 할 수 있다.

리얼리티 기준의 변질

두 현상의 또 하나의 공통점은 인공 환경 구축의 대상이자 모델이 자연에서 인격으로, 혹은 물리적 모델에서 사회적 모델로 그 기준이 바뀌고 있다는 점이다. 이는 우리가 두 현상을 사회적 VR로 부르는 이유이기도 하다. 바꿔 말해 VR에서 기술적 모방의 대상이 많은 경우 사물이나 자연이었으나 현재는 사회적 인격으로 대체되고 있다는 것으로서, 이는 리얼리티 이해의 근본적 변화를 함의한다.

물리적 모델에서 VR은 진짜 존재하는 물리적 자연을 실재성의 '원바탕=본래 이미지'로 삼으며 이에 대한 충실한 재현을 목표로 한다. 이때 '원바탕=본래 이미지'와 **유사한가, 가까운가**가 '본래다움=실재성'의 기준이 된다. 예컨대, 가공 대상의 구성에서 키메라를 생각해보면 알 수 있듯 실제로 현실세계에 존재하는 사물의 일부 각각을 모아놓은 한계 내에 있다. 즉, 물리적 모델은 모방μίμησις의 원리에 매우 충실하다.

사회적 모델에 있어서도 사정은 마찬가지이며 온라인 공간의 3D 인격은 현실세계의 유저가 본래 가진 인격Personality의 모방으로 이해된다. 당연히 유저들은 복수의 계정을 쓰기 때문에, 어떤 인격은 위조될 가능성이 있다. 그러나 다른 인격의 부분적 모방이나 유저의 심층심리에 본래 잠재한 잠재적 인격의 무의식적 모방으로 생각해보면 앞선 키메라의 경우와 큰 차이가 없다. 이런 발상은 사회적 모델에서 리얼리티의 담지자가 키즈나 아이나 가구야 루나같이 인격의 특이성이나 특권성을 요구하는 경우도 왕왕 등장한다. 그러나 이와 같은 이해는 사정의 본질을 오해하는 것이다. 사회적 모델에서 리얼리티란 인격의 리얼리티가 **아니다**. 그것은 소통의 리얼리티**이다**. 즉, 사회적 VR에서 사회적이란 연쇄적 소통의 접속으로서의 사회인 것이다.

VRchat은 미국 린든Linden Lab사가 2005년 정식 공개한—그리고 현재는 서비스 종료 상태인—네트워크 가상공간인 '세컨드 라이프Second Life'의 단순 되풀이에 불과하다고 평가받아 왔다. 그러나 양자는 그 성격이 매우 다르다. 많은 기업이나 조직이 버추얼 지사를 열고 진짜 화폐를 모방한 린든 달러L$를 유통하는 것처럼 '세컨드 라이프'는 현실세계를 '원바탕=본래 이미지'로 삼아 모방한 거울상이다. 진짜 화폐와 린든 달러 간의 교환비율이 설정되며, 주인인 아바타도 현실세계 유저의 모방이자 대리Surrogate에 불과하다. 요컨대, '세컨드 라이프'는 물리적 모델, 자연의 모방 원리에 충실히 종속된 구세대 VR이다.

VRchat은 어떨까? '세컨드 라이프'가 하나의 가상세계밖에 없는데 비해 VRchat에는 복수의 가상세계Worlds가 있으며 유저가 이를 새롭게 창조할 수도 있다. 또, '세컨드 라이프'는 거의 뉴턴역학에 버금가는 자연법칙이 지배하는 데 비해 VRchat에서는 마술적인 부유와 비행이 가능하다. 아바타도 인간의 모습을 한 것 외에 동물이나 로봇, 애니메이션 캐릭터 등 서로 다른 모습의 축제의 장 같다. 이는 현실세계와 조금도 **비슷하지 않다**. 거기에 분명히 존재하는 리얼리티는 소통 유지의 **현장**이라는 사실에 전적으로 기대고 있다. VRchat이 바디 트레킹이나 아이 트레킹을 통해 비언어적 수준의 교환을 실현하는 것도 가상공간 내의 소통에 리얼리티를 부여하고 있다.

버추얼 유튜버에게도 사정은 같다. 그들 중 몇몇은 3D가 아닌 2차원 애니메이션 캐릭터이다. 현실세계 인격과 외견상의 유사성과 진짜 같은fidelity 면을 완전히 결여한 2차원 인격에 리얼리티가 부여되는 이유는 바로 소통 유지 덕분이다. 또, 그들에게는 '주노히토中の人'*라 불리는 현실세계의 조작자가 있지만 버추얼 유튜버의 인격과 '주노히토'의 대응성이나 괴리에 팬들은 연연해하지 않는다. 예컨대, 스키나 아이의 실체는 슈퍼AI로서 실제로 그것이 있건 없건 픽션으로서의 설정 자체를 소통 중의 '장치'로 즐긴다. 또, 미소녀 캐릭터 VTuber의 '주노히토'가 알고 보니 **세상 물정 익숙한** 남성임이 밝혀진다 해도 이렇다 할 요동이나 혼란은 일어나지 않고 미소녀의 인격 붕괴도 벌어지지 않는다. 이는 인격이 소통 유지의 효과이며 리얼리티를 소통에서 2차원적으로 취한 것일 뿐, 그것의 기점이 아닌, 오히려 소통 유지의 노드로서 **그 속에서 사후적으로 구성된** 것에 불과함을 보여준다. 세상 물정 익숙한 '주노히토'는 소통 지속이라는 닫힌 체계의 외부적 존재이기에 체계 내부의 리얼리티와는 **관계가 없다**. VTuber나 팬들에게 '주노히토'는 누구라도 좋은gleichgültig 것이다.

내가 여기서 강조하려는 것은 사회적 모델에서 소통의 리얼리티가 물리적 모델의 모방이나 시뮬레이션의 실재성과 전혀 다르다는 점이다. 사회적 VR의 소통은 어떤 현실세계에서 상호행위Interaktion의 모방이나 시뮬레이션이 **아니다**. 소통의 노드 환경인 인격이 어떤 모습인가와 무관하게 소통은 **그것 자체로** 리얼한 것이다. 연쇄적 소통

* 애니메이션 캐릭터의 성우. '캐릭터 속의 소리를 내고 있는 사람'이라는 뜻으로 파생된 말이다.-옮긴이

의 지속이 이루어지는 닫힌 체계**야말로**—그 '노드=환경'에 불과한 인격이 아**니라**—일차적인 것으로서 그 자체로 리얼리티의 원천이다. 나는 사회적 VR이 실현하는 리얼리티를 물리적 VR이 실현하는 **실재로서의** 리얼리티와 구별하는 의미에서 이를 **현실로서의** 리얼리티로 부르고자 한다. 물리적 VR에서는 실재성의 기준이 '자연=물리'계에서 빌려온 것인 데 비해 사회적 VR의 리얼리티 기준은 반대로 VR로부터 현실사회로 역류한다는 것이 이후 논의의 초점이다. 나는 이 사정을 보기 위해 사회적 VR과 현실사회의 현실성의 관계라는 문제에 관여할 수밖에 없다.

상호행위와 VR

VR이란 한마디로 정보를 통한 환경구축 기술이다. 앞 절에서 본 것처럼 이는 물리적 차원의 일상세계에서 지속적으로 이루어지는 것이다. 때문에, 의식되지 않는 감각을 통한 환경구축을 일단 차단하고 '정보=인공적 감각'으로 치환하여 몰입하도록 하는 유사환경Pseudo-Environment 구축을 목표로 한다. 이때 유사환경의 '진짜다움fidelity=실재성'을 담보하는 것이 나와 환경과의 감각입력 디바이스와 표시 디바이스를 통한 대량의 데이터 교환, 즉, 상호작용Interaktion이다.

여기서 유의할 것은 물리적 VR에서 유사환경이 물체의 집적으로 이루어진 물리적 세계에 속하며 사람이나 동물 같은 유기체까지도 물리적으로 모델링된다는 점이다. 때문에, 상호작용 또한 나와 사물의 관계에서 벌어진다. 앞 절에서 본 것처럼 사회적 VR의 등장으로 그 패러다임은 물리적 모델에서 사회적 모델로 이동 중이다. 사회적 모델에서 앞서 본 VR의 기본구도는 근본적인 전환을 겪는 중이다.

우선 나와 사물 간에 생기는 상호작용interaction이 나와 타자를 '노드=환경'으로 삼아 연쇄적으로 지속되는 소통, 곧 상호행위Interaktion로 변하여 이것이 사회적 VR의 리얼리티인 현실성을 담보한다. 오해하지 말아야 할 것은 사회적 모델의 리얼리티인 현실성은 물리적 모델의 실재성과 달리 '진짜/원본임'을 정확히 함의하지 않는다는 점이다. 이미 지적한 것처럼 사회적 모델에서는 모방이나 시뮬레이션해야 할 진짜나 원본이 존재하지 않기 때문이다. 반복하자면 연쇄적 소통으로서의 상호행위는 **그 자체로** 현실적인 것이다. 때문에, 상호행위는 현실성의 원천으로 간주되어왔다.

다음으로 물리적 모델에서는 ('일상적=자연적' 환경을 제거한) 몰입의 방법이 상호작용의 전제조건이지만 사회적 모델에서는 그 순서가 역전된다. 즉, 상호행위가 앞서고 그 과정 속에서 몰입이 일어난다. 예컨대, VRchat에서 처음에는 이질적인 모습을 한 인격과의 교환에 위화감을 느끼던 내가 연쇄적 소통 속에서 거기에 빠져들어 가 몰입하는 것이다. 나는 이 상호행위의 효과로 생겨난 몰입을 물리적 모델의 방법인 몰입Immersion과 구별하기 위해 고프먼의 용어인 전념 · 몰두Engrossment로 부르고자 한다.*

여기서 한 가지 중대한 문제가 생겨난다. 상호행위로서의 소통이 사회적 리얼리티인 현실성의 원천이라면, 모든 상호행위는 현실적인 것이기에 가상virtual현실 자체가 성립의 근거를 잃어버린다는 점이다. 플라톤의 유명한 동굴 비유에 기대어보자면 태양이라는 유일한 광원

* 전념·몰두의 고프먼적 함의에 관해서는 뒤에서(6장 '리얼리티 기준의 변질') 다룬다.

에 의해 실체로서의 이데아와 그 그림자가 구분되는 것과 마찬가지로 기존의 물리적 모델 VR에서는 실재성의 '원바탕=본래 이미지'가 유일한 것으로 간주됨에 따라 진정한 실재와 가상적 실재의 구분이 생겨났었다. 그러나 사회적 VR에서는 모든 상호행위가 각각 독자적인 광원이기 때문에, '그림자=가상성'이 전혀 생기지 않는다. 이는 모든 것이 진정한 실재가 되어 VR 자체가 개념을 상실하기에 이른다. 그렇다고 해서 실제로 일어나는 모든 상호행위를 동등한 리얼리티로 간주할 수는 없다. 따라서 상호행위가 리얼하다는 것이 어떤 의미인가를 해명하는 일이 우선이라 하겠다.

다양한 현실의 문제사

지금부터는 VR에 구애되지 않는 일상적 현실세계 일반을 고찰하고 VR의 위상을 고찰하기로 하자. 사상사적으로 상호행위의 리얼리티를 체계적으로 주제화한 사람은 현상학적 사회학의 창시자인 알프레드 쉬츠Alfred Schütz이다. 그는 미국에 건너간 뒤 발표한 논문인 「다양한 현실에 관해」*에서 스승인 에드문트 후설Edmund Husserl이 도출한 생활세계Lebenswelt를 (상호)행위[inter]actions에서 나오는 일상생활세계the world of everyday life로 파악한다. 그는 그 가운데 다양성(예컨대, 꿈, 환각, 예술, 유희 등)과 그 토대인 숭고한 현실Paramount Reality을 노동Working 개념을 통해 확립하고자 한다.

다양한 현실의 문제는 체계이론 초창기에 그레고리 베이트슨G.

---

* Schütz, A., 'On Multiple Realities', In *Philosophy and Phenomenological Research*, Vol. 5, No. 4 (June, 1945), pp. 533-576; by International Phenomenological Society.

Bateson의 체계론으로 환골탈태한다. 베이트슨은 「유희와 공상의 이론」*이라는 논문에서 꿈, 위협, 허구, 유희란 소통의 '기저=규정'적 맥락의 의도적 오해나 바꿔치기—길버트 라일Gilbert Ryle의 범주 오해—라고 말한다. (여기서 그는 기저 맥락을 프레임이라고 부른다.) 혹은 그것을 버트런드 러셀Bertrand Russell이 말하는 집합론적 유형Type에서 혼동을 야기하는 패러독스의 일종으로 간주한다. 반대로, 일상세계의 안정적 소통인 사회적 현실성은 프레임의 존재를 알지 못한 채로 현실화된다. 프레임의 존재가 의식되어 그것이 해당 소통 체계 내부에 들어올 때 비로소 패러독스가 생겨나고 생활세계의 안정성이 위협받는다. 베이트슨은 이 사태야말로 정신분열증—최근에는 조현병으로 부르는—이라는 현실성의 붕괴라고 진단한다.

쉬츠와 베이트슨 모두 꿈, 환각, 위협, 허구, 유희 같은 다양한 현실을 일상생활세계에서 벗어난 현실성의 열화인 '유사-존재'나 '아류-존재'로 간주하거나 배척하지 않았다. 오히려 그들은 일상생활세계가 결코 단층이 아니라 다양한 사회적 현실까지도 직소퍼즐 조각처럼 맞추는 풍부한 지평임을 지적하고, 이런 다양한 사회 현실이 일상생활세계 지평에 어떻게 자리 잡을 것인가에 관심을 기울였다.

사회학자 어빙 고프먼은 이런 쉬츠와 베이트슨의 문제제기에 정면으로 도전하였다. 그는 자신이 내건 상호행위 분석을 다양한 현실 문제에 접목하여 독자적인 접근법을 다듬어나갔다. 저항체험Widerstandserlebnis을 통해 현실성의 기반을 다지고자 한 빌헬름 딜타이

---

* Baetson, G., 'A Theory of Play and Fantasy', In *Steps to an Ecology of Mind: Collected Essays in Anthropology, Psychiatry, Evolution, And Epistemology*, 1987. (번역 『精神の生態学』, 新思索社)

Wilhelm Dilthey나 막스 셸러Max Scheler의 생철학 전통(이들은 쉬츠의 노동 개념을 통해 현실성을 실체화하고자 했다),* 또 동물행동학적이고 진화심리학적인 해석을 펼치는 베이트슨의 현실성에 기대지 않은 것이다.

고프먼의 이론은 자주 베버류의 사회유명론적 경향을 띤 허버트 조지 블루머Herbert George Blumer의 상징적 상호작용론, 그리고 사회학적 반성을 방법론에서 배재하는 해럴드 가핑클Harold Garfinkel의 인류학적 방법론의 변종으로 간주된다. 이로 인해 특히 그의 후기 작업은 많은 경우 오해를 사고 있다.** 사실 그는 일찍이 사회실재론의 계보인 에밀 뒤르켐 학파에 속했으며*** 한때 바르트에 가까운 구조주의자라는 평가를 받기도 했다.****

나는 고프먼이 구조주의를 신봉했다는 견해를 부주의하게 받아들일 마음이 없으며, 그의 최후의 대저 『프레임분석』이 루만의 사회

---

* Dilthey, W., 'Beiträge zur Lösung der Frage vom Ursprung unseres Glaubens an die Reakität der Aussenwelt und seinem Recht' In *Die geistige Welt*: S. 90-138, 1890. (번역 「外界の実在性論考」, 『ディルタイ全集: 第三巻』, 法政大学出版局). Scheler, M., Erkenntnis und Arbeit Studie über Wert und Grenzen des pragmatischen Motivs in der Erkenntnis der Welt, 1926. (번역 「認識と勞動」, 『シェーラー著作集: 第二卷』, 白水社)

** Lemert, C., "Goffman", In *The Goffman Reader*, Blackwell, 1997. 여기서 레머드는 『프레임분석』을 실패작으로 간주한다.

*** Collins, L., 'Ervin Goffman and the Development of Modern Social Theory', In *The View from Goffman*, Macmillan, 1980.

**** Jameson, F., 'On Goffman's Frame Analysis', In *Theory and Society*, Vol. 3, No. 1(Spring, 1976), pp. 119-133. 프레드릭 제임슨은 대담하게도 바르트의 『사물의 체계』가 패션 잡지를 소재로 사물에서 기호론적 통사구조의 분석인 동시에 『프레임분석』이 사회면 기사를 소재로 상호행위에서의 통사적 틀을 기호론적으로 분석하고자 한 것이라고 해석한다.

체계론과 밀접한 연관이 있다는 점을 의심하지 않는다.* 『프레임분석』을 뒷받침하는 것이 바로 체계론자인 베이트슨의 논의이며 제목의 일부인 프레임 개념도 베이트슨이 고안한 것이기 때문이다. 사회체계론에서 보자면 루만의 사회체계론은 포괄사회Gesellschaft 혹은 하위체계로서의 경제체계, 법체계, 학문체계 등 이른바 기능적 분화체계funktionär differnzierte Systeme 내지 체계로서의 조직Organization을 두텁게 분석하고 있다. 이는 고프먼이 말하는 사회학의 핵심문제로서의 사회조직과 사회구조**를 다루고 있는 것이다. 반면 상호행위Interaktion에 입각한 상세한 논의가 적기 때문에, '상호행위는 사회체계가 아니다'라는 초보적 오해가 가끔 일본에서 벌어지기도 한다. 그런 의미에서 고프먼의 상호행위에 대한 상세한 체계론적 분석은 루만 이론을 보완하는 의미가 있다.

상호행위의 프레임

그렇다면 고프먼은 상호행위체계인 일상생활세계에서 다양한 현실을 어떻게 위치 짓고자 할까? 연쇄적 소통의 접속으로서의 상호행위는 그것이 벌어진 장소·장면을 바꾸고, 참여 구성원을 교체해 가면서 끝없이 지속된다. 때문에, 그 밑에 깔린 연쇄적 소통의 **두루뭉실한** 리얼리티가 과정 전체를 뒤덮어버려 현실의 다양성을 설명해 주지 못한다.

---

* 물론 『프레임분석』의 출판(1974년)이 루만의 체계완성(『사회의 사회』가 출간된 1997년)에 앞서기에 고프먼이 사회체계론적 상호행위를 선취했다고 보는 것이 타당하다.

** 원어는 'the core matters of sociology-social organization and social structure', *Frame Analysis*, p. 13.

고프먼은 이를 음악에 견주면서* 일련의 선율(=연쇄적 소통)이 다양한 조바꿈Keying을 통해 분절됨으로써 게슈탈트화되어 한 덩어리(=하나의 닫힌 체계)가 된 것에 비유한다. 선율도 주음의 변화에 따라 장조에서 단조 그리고 변형된 장조로 조성이 바뀐다. 이처럼 임의의 연쇄적 소통—이를 그는 단편Strip이라고 부른다—또한 동일하게 일련의 교환을 통해 일상대화와 영화 혹은 유희 장면에서 상이한 조성Key을 띤다. 동일한 조성에 의해 식별된 상호행위를 특징짓는 암묵적 규범, 즉 미시적인 소통 체계의 구조야말로 그가 말하는 프레임이다.

음악으로 치자면 C장조(C 메이저)에 해당하는 기본 프레임Primary Framework이 변조에 의해 흉내내기Make-believe, 공상Phantasie, 백일몽Daydream, 각종 상연Dramatic Scripting 같은 프레임으로 대체되어 다양한 현실이 출현하는 것이다. 앞선 모든 현실은 상호행위에 참여한 모든 구성원이 균질한 신념Believe을 공유하는 것이다. 예컨대, 연극에서 배우와 관객 그리고 무대 뒤의 스태프 모두가 '이것은 연극이다'라는 신념을 품고 있기에 공연이라는 현실이 유지된다. 마찬가지로 상호행위 참여자가 다른 신념을 가질 경우 고프먼은 이를 허구Fabrication로 범주화한다. 여기서 속이고 당하는 쪽 모두 같은 자리에 있으며 쌍방은 상이한 신념을 공유하는 셈이며, 허구라는 프레임 또한 속이는 쪽이 주도한 변조의 일종인 것이다. (속이는 쪽은 상황이 거짓이라는 신념을 공유하고, 당하는 쪽도 마찬가지 상황을 보통의 상황이나 문제없는 것으로 믿는다. 그러나 이는 결국 속이는 쪽이 유도하는 것이다.)

프레임은 고프먼의 상호행위론에 나오는 키워드의 하나인 상황

* *Frame Analysis*, p. 44.

Situation 개념의 발전형이라고 할 수 있다. 그러나 여기서 상황 개념은 프레임의 변용을 그냥 지나쳐버리고 상호행위 내부에서 생기는 구체적인 **내용**만을 언급하는 경향이 짙다. 이에 비해, 프레임은 사회적 현실의 다양성을 담보하는 개념이기 때문에, 상호행위의 구조(=**형식**)와 그 변용에 초점을 맞춘다.*

중요한 것은, 이런 상이한 조성을 가진 닫힌 상호행위 체계에 현실의 신분을 보증함으로써 사회에서 일정한 위치를 얻는 것이 바로 프레임이라는 사실이다. 즉, 고프먼은 상호행위의 현실성을 프레임이라는 형식의 선재성—엄밀히 말해 초월성Apriorität—에서 구한다. 이는 직접대면의 사실성이나 담화의 구체적 내용, 교섭 과정의 생생함 같은 소재적 계기가 아닌, 연쇄적 소통이 암묵적으로 따르는 비가시적인 체계구조의 우선성에 주목한다는 의미이다.

상호행위의 현실성 인정

이제 고프먼에 대한 논의를 확장하여 프레임 개념의 성과를 비판적으로 재구성해보자. 다양하게 나타나는 상호행위체계의 리얼리티에 대한 평가와 성격에 대한 해명이 핵심일 것이다. 이에 관한 고프먼의 대답은 다음 세 가지로 요약된다. 우선 리얼리티의 상대성 문제이다. 이미 몇 차례 말한 것처럼 고프먼이 말하는 프레임이란 제3자적으로 볼 때 미시적이며 닫힌 연쇄적 소통으로서의 상호행위 체

---

* 이 점에 관해서는 다음 논문도 참고. Gonos, G., “Situation” versus “Frame”: The “Interactionist” and the “Structuralist” Analyses of Everyday Life, *American Sociological Review*, Vol. 42, No. 6(Dec., 1977), pp. 854-867.

계에 속하는 구조이다(후기 고프먼이 구조주의자라는 견해도 여기서 발생한다). 그것이 구조인 이상 연쇄적 소통 시 매번 생겨나고 소멸하기ad hoc 전에 미리 주어져 있지 않으면 안 된다. 이는 물론 연쇄적 소통의 반복 속에서 '결정화kristallisieren=강화'된다는 의미에서 그러하다. 소통의 많고 적음도 결국 구조로 회귀하는 유연성으로 인해 강화되는 것이다. 기존의 연극이나 허구 내지 환각 같은 다양한 상호행위 체계의 리얼리티란 소통(=과정)에 대해 프레임(=구조)이 미리 주어져 있다는 점을 가리킨다. 다양한 상호행위 체계가 각각의 특유한 '구조=프레임'을 통해 고유의 현실성을 부여받는다. 그런 의미에서 다양한 현실의 리얼리티는 본질적으로 상대적인 것이라고 하지 않을 수 없다.

둘째, 현실의 계층성 문제이다. 개별적이고 다양한 현실의 현실성은 상대적이다. 그러나 이는 단순한 무질서가 아니다. 고프먼의 기본 프레임은 변조의 기반이 되는 프레임의 지평이다. 여기서 오해하지 말아야 할 것은 이 기본 프레임이 노동을 뒷받침하는 쉬츠의 숭고한 현실처럼 실체적 존재가 아니라는 점이다. 고프먼은 기본 프레임을 '자연적인 것=조작되지 않은 사건unguided events'과 '사회적인 것=조작된 행위guided doings'의 둘로 나눈다.* 그러나 이는 프레임 자체라기보다는 변조에 따라 어느 정도 실현된 2차 프레임의 소재라고 볼 수 있다. 즉, 현실의 프레임은 어떤 것의 변조로 매개되며 변조가 이루어지지 않은 날것의 기본 프레임은 한계개념일 뿐 실제로는 존재

* 조작되지 않은 사건은 예컨대, 자연현상인 지진이나 해일에 대한 **보고** 같은 상호행위이다. 한편 조작된 행위는 예컨대, 지진이나 해일 보고에 따른 피난권고 등 인간의 의지나 의도가 확인되는 상호행위이다. 그러나 조금만 생각해 보면 알 수 있듯 전형적인 전자의 사례로 생각되는 날씨보고조차 거기에 의도가 개입될 수밖에 없다. 양자를 나누는 것은 무리이다.

하지 않는다. 다양한 현실의 리얼리티는 기본 프레임을 이른바 제1질료πρώτη ὕλη로 삼는 '질료/형상'—루만식으로 말해 '매체/형식'—형식의 계층적 질서이자 일관된 체계적 질서인 것이다.

셋째, 현실의 초월성 문제이다. 고프먼이 다양한 현실의 그 현실성을 문제 삼음에 따라, '상호행위의 현실성이란 무엇인가What is *real* in interactions?'와 같은 단순한 초월성transzendent에 관한 물음보다는, 윌리엄 제임스William James의 '어떤 조건에서 우리는 현실성을 생각하는가Under what circumstances do we think things are *real*?'와 같은 보다 우월한 초월론적 과제설정에* 주목하게 된다. 고프먼은 이 물음을 상호행위의 현장에서 벌어지는 사회학적 물음, 곧 '여기서 과연 무슨 일이 벌어지고 있는가What is it that's going on here?'라는 물음으로 대체한다.** 이에 따라 그가 주목한 것은 현실성이 상호행위 중에 문제시되는 것이 아니라 애초 존재한 바 없다는 것, 곧 반성Reflexion을 통해 최초로 문제시된다는 현실성의 원리적 구조였다. 예컨대, 연극이나 유희 혹은 꿈이나 환각에 빠져든 상태에서 나는 이 사태의 구성요소가 되어 그것과 불가분의 관계에 놓인다. 여기서는 나와 환경 간에 분할선이 그어지지 않으며 환경을 나로부터 떼어내 그 현실성을 말하기 어려워진다.*** 연극이나 유희라는 허구에서 나로 돌아와 그 꿈이나 환각에서 각성

* *Frame Analysis*, p. 2. 및 James, W., *Principles of Psychology*(1890), Vol. 2, chap. 21.

** *Frame Analysis*, p. 8.

*** 여기서 자각몽은 어떨까? 지긋지긋한 반론이 등장할 것으로 예상되지만 그러한 논자들이 말하는 '꿈속에서 이것은 꿈임을 알고 **있다**'라는 주장은 본래 난센스이다. 실태는 오히려 **각성 시** '꿈속에서 이것은 꿈임을 알고 **있었다**'처럼 회고적으로 반성하고 이것이 타자와 공유되는 사태가 자각몽이라고 부를 수 있다. 자각몽이란 보는 것이 아니라 사후적 반성을 통해 인정되는 것이기에 이 경우는 원리의 예외가 될 수밖에 없다.

한 후 '저 연극은 훌륭하다'거나 '재미있다' 혹은 '무섭다', '꿈같다'처럼 회고하는 장면에서야 최초로 그것이 고유한 프레임을 부여받아 다양한 현실 중 하나로 윤곽을 얻는 것이다. 이는 상호행위에서 날것의 기본 프레임이 존재하지 않는다는 앞서의 논의를 다른 각도에서 뒷받침한다. 고프먼은 프레임이 단순히 체험experience되는 것이자 그것의 존재를 자각하지 못하는 전자의 위상을 상호행위로의 전심 · 몰두Engrossment*로 불렀다. 반면 사후적 반성을 통해 일상생활세계와의 관계에서 다양한 현실의 성격을 밝히는 작업을 상호행위의 프레임 분석Frame Analysis이라고 불렀다.**

바꿔 말해보면, 전심 · 몰두란 당사자로서의für es 체험이 전면화되어 체계가 폐쇄적인 자족상태αὐτάρκεια로 있는 상태를 말한다. 이는 상호행위 당사자가 연쇄적 소통 체계의 과정에 들어가 그 내부에 닫힌 채로 있기 때문에, 체계가 분리되지 않는 상태를 가리킨다. 이에 비해 프레임 분석은 사회학이라는 학문적 시각의für uns 반성을 통해—엄밀히 말해 다른 체계 관계 수준System Referenz의 관찰Beobachtung을 통한—상호행위 체계를 평가하고 현실성을 **인정**하는 것이다. 이는 하버마스의 견해, 곧 상호행위에서 관찰을 통해 투명하고도 동등한 양자관계를 설정하는 견해와 다른 것이다. 고프먼의 상호행위 파

---

* Engrossment에 대해 몰입이라고 번역하지 않은 것은 물리적 모델 VR에서 Immersion 개념과의 함의 차이를 명확히 하기 위함이다. 전심·몰두는 현상학적으로 말해 중단 이전의 자연적 태도natürliche Einstellung에 해당한다.

** 프레임 분석 또한 일종의 변조로서 고프먼은 『프레임분석』이라는 저서를 통해 이를 실천했다. 인류학적 방법론은 사회학적 반성을 인위적 조작에 의한 상호행위의 변경으로 간주하며 어디까지나 전심·몰두의 차원에서 다루기 때문에, 실재성 문제에는 원칙적으로 관여 불가능하다.

악은 연극을 모델로 한 삼자관계이다. 제3장에서 지적한 것처럼 상호행위의 이 모델은 비트코인의 블록체인에도 채용된다.* 반복하자면, 어떤 프레임을 가진 상호행위 체계든 그 현실성은 체계에 부수적으로 존재하는 것이 아니라 어디까지나 ('반성=관찰'을 통해) 인정되는 것이다.

또, 전심 · 몰두는 '반성=관찰'을 통해 완전히 폐쇄된 체계에 프레임 분석을 야기한다. 또, 체계 내부에 단단히 고정되어 있던 그것은 프레임 분석이라는 변조를 통해 체계 외부로 나와 해당 체계를 '평가=비판kritisieren'하고 기초 짓는다fundieren. 그런 의미에서 상호행위의 현실성을 인정하는 것은 그것이 바로 초월론적 연산임을 재확인시켜주는 작업이기도 하다.

다양한 현실의 일환으로서의 VR

내가 고프먼의 분석을 높이 사는 것은 일상생활세계의 일반적 의미영역으로부터의 비약leap이나 돌파break through 혹은 충격체험shock experience이 일상으로부터의 단절이 아닌 연속임을 쉬츠에게 보여주기 때문이다.** 즉, 그의 논의는 일탈성anomaly이 특별히 강조되는 허구적인 현실들을 일상생활세계를 배경으로 한 변용적 반복으로 바꿔 보는 관점을 보여준다. 연쇄적 소통이 체계구조(=프레임)의 다양성과 그것들 간의 교대로 새롭게 파악되는 것이다.

---

* 이 책 제3장 2절 '체계신뢰에서 익명신뢰로'를 참고.

** Schütz, *Ibid*, II. The Many Realities and Their Constitution.

본래 문맥에서 보자면 나는 VR도 다양한 여러 현실 일반이며 변조를 통해 프레임의 변경이 일어나는 상호행위 체계라고 생각한다. 때문에, VR이라는 현실 또한 앞 절에서 지적한 ① 상대성, ② 계층성, ③ 초월성을 갖는 동시에 이를 통해 일상생활세계와 단절된 실재가 아닌 연쇄적 소통에 의해 일상과 연결된다. 사회적 VR의 등장은 이 점을 정확히 보여준다.

확실히 물리적 모델을 따랐던 기존 VR에서는 '자연적=물리적' 환경에 대한 인공적 대체로 파악됨으로써 일상적 생활세계와의 불연속성과 단절이 강조되었다. 그러나 사회적 VR에서 창조되는 인공적 환경은 그 성격이 다르다. 인격Person을 환경으로 삼으면서 기술을 통해 인격을 캐릭터Character로 바꿔 소통을 이어간다. 이때 인격이 3D 특성을 가지는가 아닌가는 사회적 VR의 본질이 아니다. 그것이 아무리 추상적이고 익명적이라 해도 네트워크상의 지속적 소통이 갖는 사실성Faktizität만이 가상 환경의 리얼리티와 (가상 OFF 상태의) 상호행위 현장의 리얼리티를 동일 평면에서 평가하는 이음매가 된다. 즉, 사회적 VR이란 상호행위에서 변조를 통해 하나의 새로운 프레임을 창조하고 채용하는 것이다. 바로 VR 프레임이다. 그러나 이는 일상생활세계와 단절을 일으키는 상이한 공간의 창설을 뜻하지 않는다. 어디까지나 소통의 지속이라는 사실성을 전제로 한 **지평 내부의** 현실을 **변용**하는 것에 불과하다.

이렇게 사회적 VR은 물리적 모델에서 다른 세계, 곧 현실세계의 외부로 파악되어온 VR 공간을 연쇄적 소통의 사실성을 매개로 현실세계와 접속 · 융합한다. 더구나 그 융합은 '세컨드 라이프'처럼 현실세계를 원형으로 두고 가상세계를 열등한 것으로 보지 않는다. 오히려 다양한 가상세계 내지 상이한 모습의 인격을 연쇄적 소통의 환경으로 삼아 상호행위 공간에 그대로 집어넣어 실현한다.

그러나 연쇄적 소통을 축으로 한 다양한 세계, 다양한 공간의 접속과 융합은 상호행위 공간과 VR 가상공간 사이에 일어난 것이 아니다. 이는 일상생활세계의 구석구석까지 품고 있다. 이후 도입할 용어를 앞서 거론하자면 체험으로서의 현실과 정보로서의 현실 간의 관계에서도 그러하다. 이 절 후반부에서는 이를 이론적으로 밝히는 동시에 사회적 차원의 리얼리티Reality 개념을 정식화하고자 한다.

체험으로서의 현실과 정보로서의 현실

일상생활세계에서 우리가 직접 접할 수 있는 사회적 현실은 제한되어 있다. 그것은 기껏 오관을 통해 체험 가능한 범위, 예컨대 지금 있는 건물의 내부나 외부에 있는 시가지의 일부에 불과하다. 그럼에도 우리는 국내 정치가가 국유지를 팔겠다고 선동할 때, 영국에서 일어난 테러로 수십 명의 사상자가 발생할 때 이를 사회적 현실로 인식하고 자명한 것으로 수용한다. 이렇게 직접 보고 들을 수 있는 범위를 넘어선 사회적 현실은 정보를 통해 구성된 것이다. 물론 단순한 정보에서 사회적 현실이 구성되는 것은 아니다. 정보의 진실성truth이 담보된 사실을 사람들이 공유할 때 '정보=사실'이 사회적 현실 일반으로 통용되기 시작한다. 우리는 직접적 지각으로 구성된 현실을 체험으로서의 현실로, 전해 들은 정보로 구성된 세계를 정보로서의 현실로 각각 부를 수 있다. 일상생활세계는 이 체험으로서의 현실과 정보로서의 현실로 이루어진다. 리얼리티는 양자의 총합인 것이다.

먼저 체험으로서의 현실을 담보하는 것은 벌어진 사실에 대한 직접체험과 현장의 확증성이다. 지금 먹는 사과의 시큼함이나 책상 표면의 매끈함, 햇살의 눈부심같이 시시각각 변하는 직접적 감각의 강도가 사실의 리얼리티를 보증한다. 체험으로서의 현실을 이루는 하나의 원천은 대인관계에서 상호행위의 솔직함 · 대면성이다. 교섭이나 대화에 임하는 일Anwesenheit, 얼굴을 맞대고face to face 말하는 '부버=쉬츠'류의 체험 내부에 나타나는 인칭은 늘 '나-너Ich-Du' 관계로 한정된다. 지각과 교섭에서는 **직접성**이 체험으로서의 현실의 원천이다.

한편 정보로서의 현실에서 정보에 리얼리티를 보증하는 것은 대중매체이다. 우리는 체험으로서의 현실 외부에도 현실—인칭적으로는 관계Ihrbeziehung의 현실—이 광범위하게 있음을 알고 있지만 이를 직접 일일이 확인할 방법은 없다. 왜냐하면 어떤 체험의 현장에 있다는 것은 다른 가능한 현장은 체험 대상이 될 수 없음을 뜻하기 때문이다(현장의 배타성). 더구나 가능한 현장은 무수히 존재한다(잠재적 현장의 무제한성).

대중매체는 이 두 개의 문제를 일거에 해결한다. 즉, 특파원이나 지국망, 세계 각국의 통신사와의 네트워크를 통해 가능한 한 현장을 망라하여 그 배타성에 대처한다. 그렇다고 현장에서 얻을 수 있는 일체의 정보를 전달 · 보도할 수는 없다. 무수한 정보로부터 보도될 것을 선별하고 중요도에 따라 서열을 매긴다(현장의 무제한성에 대한 처리). 이렇게 서열화된 정보가 사실로서 신문지면에 등장하고, 방송 라인업에 올라 널리 배포되는 것이 정보로서의 현실이다. 정보로서의 현실을 구성하는 사실이란 선별되고, 가치 부여된 정보인 것이다.

리얼리티의 구조

우선 살펴볼 것은 체험으로서의 현실이 사실의 **직접 체험성**을 통해 일상생활세계의 리얼리티의 원천적 기준이 된다는 사실, 정보로서의 현실이 가진 리얼리티의 기준이 측량가능하다는 사실이다. 대중매체 현장에서 늘 요구되는 증거수집이란 단순한 정보에 체험이나 지각을 가미하여 사실로서의 자격을 부여하는 방법이다. 즉, 리얼리티라는 점에서 체험으로서의 현실이 우위를 점하고 정보로서의 현실은 낮게 평가된다. 여기서는 제1절에서 비판적으로 본 '본래상-모방상'이라는 물리적 모델에 숨을 불어넣고자 한다!

그러나 그것만으로 끝나지 않는다. '물리=자연'적 장면과 '사회=소통'적 장면의 차이는 리얼리티의 문맥성과 권력성 유무에 있다. 지나가는 사람을 살해하는 장면을 봤다는 체험으로서의 현실을 예로 들어보자. 낭자한 선혈이나 지나가는 사람들의 고함 같은 강렬한 강도를 띤 직접적 감각 체험을 실질로 갖는 지각수준의 리얼리티가 확실히 존재한다. 그러나 집에 돌아가 뉴스 보도를 통해 피해자가 유명한 정치인이었다는 사실을 알게 되었다고 생각해보자. 그 현장에서 내가 목격한 것은 테러를 통한 암살사건이다. 이때 사태의 양상은 일순간 변한다. 체험된 사실이 사회적 문맥에 들어감으로써 리얼리티는 체험의 수준에서 정보의 수준으로 이동한다. 동시에 체험된 지각적 리얼리티는 정보로 구성된 사회적 리얼리티에 포섭된다. 체험이 정보로 조직화되는 것이다. 여기서 체험으로서의 현실과 정보로서의 현실 간의 주종관계가 역전된다.

일상생활세계의 리얼리티는 '자연=물리'적 세계처럼 지각의 직접성으로서의 현전이나 그로부터 구성된 실재성으로 환원되지 않는다. 그것은 체험의 수준에서 리얼리티를 조직화하면서 정보의 수준에서 고차원의 사회적 현실Social Actuality/Soziale Wirklichkeit로 구성된다.

이때 상호행위 현장과 사회적 VR의 가상세계가 지속적 소통이라는 사실성에 입각해 지속되는 것처럼, 체험으로서의 현실과 정보로서의 현실 또한 사실의 지평에서 융합을 거듭할 것으로 생각하기 쉽다. 왜냐하면 상호행위 현장과 가상세계가 접속되는 지평인 사실성이 양 세계에서 변함없이 동일한 지속적 소통의 무매개적 리얼리티인* 데에 반해, 사회적 현실—체험으로서의 현실과 정보로서의 현실이 융합한—은 대중매체를 통해 선별되고 서열화되어 **가치가 부여된** 사실의 지평이기 때문이다.

그렇다면 사회적 현실의 리얼리티는 우리가 대중매체에 대해 그 리얼리티를 보증하는 신뢰Vertrauen로 표현된다고 할 수 있다. 혹은 대중매체를 주어로 바꾸어 보면 체험으로서의 현실과 정보로서의 현실을 하나의 사회적 현실로 묶는 권능이 대중매체의 권위Autorität에 있다고 하겠다(제3장의 논의를 상기할 것!). 그것이 체험으로서의 현실로 일어난 것이든 정보로서의 현실에서 선별·서열화를 통해 승격된 것이든 일반화된 사실은 대중매체의 권위를 통해 정당화된legitiniert werden 것이라는 사실이다. 이는 애초 사회적 현실로서 정식으로 조직화 가능하다. 그리고 정당화된 모든 사실들로부터 대중매체의 권위를 배경으로 일관된 문맥을 지닌 **유일한** 현실이 나타난다. 일상생활

* 다만 이 절 전반부에서 논한 것처럼 이 현실성의 인식은 보편자로부터의 초월적 반성을 요청한다. 여기서의 무매개성은 어디까지나 당사자 수준의 그것임에 유의할 것.

세계의 현실은 대중매체를 정점으로 대중을 아래에 둔 원뿔형 권력 관계를 띠면서 그 유일성을 유지해나간다.

이제 맥락에 따라ad hoc 잠정적으로 규정해온 리얼리티Reality를 총괄하여 엄밀히 정의할 수 있겠다. 우선 그것은 '자연=물리'적인 환경과 '사회=소통'적 환경으로 구별된다. '자연=물리'적인 환경에서 기축을 이루는 것은 실재성으로서의 리얼리티이다. '사회=소통'적 환경에서는 현실성으로서의 리얼리티가 중요한 기축을 이룬다.

그러나 실재성과 현실성은 **구성된** 리얼리티이지 처음부터 그랬던 것이 아니다. 실재성은 감각 수준의 원초적 리얼리티인 현전성Presence으로부터 구성된다.* 물리적 모델의 VR은 자연적 이유인 현전성 단계의 리얼리티 수준까지 거슬러 올라가 '자연=물리'적 환경을 인공적 환경의 실재성으로 치환하는 것을 목표로 한다. 한편 현실성은 '상호행위 현장=체험으로서의 현실'을 모태로 삼아 VR을 포함한 가상세계, 다른 한편으로는 정보로서의 현실로 분화하는 총 세 개의 '국면=층위'를 통해 일상생활세계 전체를 뒤덮는다. 그럼에도 처음부터 부여된 리얼리티는 없다. 우리는 '상호행위 현장=체험으로서의 현실'이 지각 체험에 기초를 둔 현실임에 비해 가상세계와 정보로서의 현실이 모두 구성된 현실이라는 점에 유의해야 할 것이다.

'상호행위 현장-가상세계' 축에서는 기존의 지각을 리얼리티의 기준으로 삼기에 가상세계를 폄하했다. 그러나 다양한 문제를 둘러

---

* 다만 이 확정은 어디까지나 인지적 수준에 한정된 것이다. 실천적 수준을 고려하는 순간 직접적인 이유는 현전존재Vorhandensein인 현전성으로부터 도구적 존재Zuhandensein로서의 개념으로 이행한다. 이 논점에 관해서는 신체성의 문제가 개입되기에 상세한 설명을 미루기로 한다.

싼 논의들, 특히 고프먼의 프레임 분석이나 사회적 VR의 등장으로 리얼리티의 기준이 지속적 소통의 사실성으로 이동한다. 이에 따라 가상세계는 상호행위 현장과 동등한 현실성을 획득한다. 한편 '체험으로서의 현실-정보로서의 현실' 축에서는 대중매체가 권위를 방패 삼아 원뿔형의 정보 독점 위계 구조인 '방-송'을 뒷받침하며 정보를 사실로 가공한다. 또, 이를 대중에게 배포하여 두 세계를 사회적 현실이라는 유일한 리얼리티로 만드는 역할을 담당해왔다.

대중매체라는 VR

대중매체의 패러다임이 '방-송'에서 네트워크로 이동하여 지금까지 일극 중심적이고 위계적이던 구조가 특권적 장소를 갖지 않는 이차원 평면 구조로 대체되고 있다. 이때 대중매체의 권위가 소실되고 사실에 대한 정당화도 사라진다. 이는 대중매체가 권위를 통해 유지해온 **유일한** 사회적 현실이라는 규율이 사라진 대신 상대화된 여러 사실들이 난무하는 막막한 바다가 출현한다는 뜻이다.

20세기 전반 월터 리프먼W. Lippmann은 대중매체가 낳은 현실—정보로서의 현실—이 지각적 환경Environment—체험으로서의 현실—과 본질적으로 다른 전문적 정보로 구성된 유사환경Pseudo-Environment에 불과하다고 말하였다. 그럼에도 이 유사환경이 환경으로 변함과 더불어 환경 또한 스테레오타입Stereotype 형태로 유사 환경이 되어 사회적 현실을 구성한다고 지적했다.* 이 경우 유사환경과 환경과의 상호

* Lippmann, W., *Public Opinion*, 1922. (번역 『世論』, 岩波書店)

침투를 일으키는 것이 바로 대중매체의 권위—대중매체에 대한 대중의 신뢰—이자 그 정당화 기능이다.

20세기 후반 들어 대중매체의 권위와 그 정당화 기능에 균열이 나타나기 시작했다. 이를 날카롭게 간파한 것이 장 보드리야르이다. 그는 리프먼이 말한 유사환경이 사실의 이면을 결여한 정보의 유희성jeux, 곧 일종의 스펙터클임을 간파하고 이를 시뮬라크르Simulacre로 규정했다. 그리고 이렇게 구성된 유사 현실pseudo actualité을 하이퍼 리얼리티hyperréalité로 불렀다.* 그는 하이퍼 리얼리티 개념을 통해 정보로서의 현실이 지닌 사실faits을 모든 현전présence의 차원으로 환원하고 이를 현실과 등치시켰다. 즉, 그에게 현실이란 디스플레이상에서 확장된 감각상의 움직임에 불과하다. 여기서 사회적 현실 자체가 가상현실—물리적 모델의 그것—로 변한다. VR은 단순히 1980~1990년대에 제1차 열풍을 일으켰던 기술 혁명이 아니라 동시대 사회의 현실 자체이기도 했다.

대중매체에서 SNS로

최근 자주 버추얼 리얼리티에서 버추얼을 가상으로 번역하려는 시도가 이루어지고 있다. 또, 이를 대신하여 '실질'이라는 번역어가 추천되기도 한다. 그러나 적어도 1980~1990년대의 VR에 관한 한 버추얼을 실질로 번역하는 것은 큰 오역이며 '가상'으로 번역하는 쪽

---

* Baudrillard, J., *Simulacres et simulation*, 1981. (번역 『シミュラクールとシミュレーション』, 法政大学出版局), *la guerre du Golfe n'a pas eu lieu*, 1991. (번역 『湾岸戦争は起こらなかった』, 紀伊國屋書店)

이 낫다. 버추얼을 터무니없이 실질로 번역하는 경향은 다음 절에서 다룰 '원격-현전'이나 '원격-존재' 등 세계 내재적이고 도구적인 VR의 기능을 VR 자체와 동일시하는 기술개발자들 특유의 편향에서 기인하는 바가 크다. 그러나 1980~1990년대 다수의 VR은 '본래 상'이나 본체로서의 진실성을 상정한다. VR은 그 모방이나 대체인 것이다. 여기서 리얼리티가 진실재 내지 본래의 것을 기준으로 '가짜fake-, 유사pseudo-, 준quasi-' 같은 함의를 지닌 가상적virtual이라는 한정사로 통하는 것은 당연한 이치였다. 그리고 이는 보드리야르가 거론한 사회적 차원의 VR인 하이퍼 리얼리티에도 해당한다. 물론 보드리야르는 수사적으로 하이퍼 리얼리티 '너머'의 존재를 부정했다. 그러나 그것이 작위적인 것임은 텔레비전에 나오는 스펙터클 리얼리티와 체험으로서의 현실이 지닌 리얼리티를 비교해보면 확연하다. 스펙터클은 박진감이 넘치는 만큼 결국 연출된 구경거리에 불과하여 그 거짓말이 시청자에게 발각되고 만다. 스펙터클이 작위적인 것임을 인식하면서도 긴박감에 취해 세간을 풍미한 사조가 바로 포스트모던(보드리야르의 사상은 전형적이다)류의 작법이었다.* 바꿔 말해, 현실과 스펙터클의 차이를 관객이 변별하는 것, 그것이 스펙터클 성립의 조건이다.

이런 의미에서 당시 사회적 차원의 VR(=하이퍼 리얼리티) 또한 얼핏 자크 데리다적인 표층적이고, 일차원적인 장치와 달리 실질적으로 본체를 염두에 둔 물리적 모델에 해당하는 것으로 볼 수 있다. 반

---

* 이 시기 크게 유행한 영화 장르인 스플래터 필름[피와 살점들이 난무하는 영화-옮긴이] 등이 상징적 사례이다.

대로 말해 대중매체의 권위와 그 정당화 기능이 이 시기에도 건재했다는 것이다.

사태가 급변한 것은 21세기에 들어선 후 십여 년으로 SNS가 파죽지세로 세를 불리기 시작한 때이다. 이 시기 미디어의 주도권을 완전히 인터넷이 쥐게 되자* 사람들이 텔레비전 방송이나 신문이 아닌 스마트폰 뉴스 어플리케이션이나 인터넷 서비스를 통해 정보를 얻는 것이 일반화되었다. 그것만이 아니다. SNS는 미니블로그로도 불리면서 개인적인 의견 · 정보발신의 원천이 되고 리트윗을 통한 확산의 매개로 기능한다. 즉, SNS는 네트워크 각 노드를 발원지로 삼는 미시적Micro '방-송Broad-Cast'이 되었다. 물론 이는 대중매체 본래의 '방-송'과 달리 위계적인 구조를 무시할 수 있을 정도로 소규모이며 정보 파급범위 또한 한정적이다. 나아가 미시적인 위계가 무수히 병립하기에 각 노드를 정점으로 하는 위계성이 이미 상대화되어 각각의 위계적 권위—즉, 다른 노드로부터의 신뢰—조차 없는 것과 같다. 그런 의미에서 본래의 '방-송'은 입체적인 원뿔 이미지인 데에 비해 미시적인 '방-송'은 웅덩이에 쏟아지는 비가 만들어낸 이차원적 잔물결 혹은 무수한 고원mille plateaux에 가깝다. 잔물결들은 겹치면서 서로에게 영향을 끼쳤다 사라지기를 반복한다. 거기에 특이점은 존재하지 않으며 모든 것은 상대적이다. 실제 미시적 '방-송'인 SNS에서 발신된 다수의 정보는 출처가 불분명하다. 이는 어디까지나 발신자의 생각이나 이데올로기를 담고 있어서 어떤 것이 사실이고 전달인지 알

* 엄밀히 말해 나는 이 전환을 2011년으로 본다. 상세한 것은 졸저 『情報社会の哲学: グーグル·ビッグデータ·人工知能』 서장을 참고.

수 없을 정도로 신뢰성이 낮다.

정보 유통 시 네트워크의 두드러진 특성은 대중매체인 '방-송'이 원뿔형 구조라는 특권적 정점(방송국 · 신문사)에서 낮은 곳(대중)으로 향하는 일제 보도방식을 취하는 데 비해, 네트워크의 경우 정점이 없는 이차원적 네트워크 평면인 노드 간의 무작위적 송수신을 이어간다는 점에 있다. 때문에, 네트워크에서 유통되는 정보는 불균등하고 국소적이다. 결과적으로 이런 정보로 구성된 사회적 현실은 얼룩으로 왜곡되어 있다. 이는 출처가 상이한 정보가 이미 고유하고도 상대적인 현실성을 갖춘 채로 서로 합쳐진 결과가 정보사회의 총합적 현실을 구성함을 보여준다. 때문에, 어떤 것의 시초가 되는 정보의 층이 붕괴하면 지금까지의 사회적 현실도 간단히 대체된다. 예컨대, 대중매체의 정보 배포가 (보도 관리나 혁명 등에 의해) 완전히 끊길 경우 네트워크 미디어(SNS)로부터 얻은 정보만으로 구성된 현실을 비교하면 이해하기 쉽다. 정치 분야에서 유행중인 탈진실post-truth이라는 말, 곧 대중매체에서 네트워크 미디어로의 패러다임 전환에 의해 야기된 사회적 현실의 전면적 상대화 현상이 뜻밖의 좋은 사례이다. 문제는 탈진실이라는 말에 담긴 부정적 함의에도 불구하고 2010년대를 통해 미시적인 SNS '방-송'이 기존 대중매체 '방-송'을 대체했다는 사실이다. 그리고 이를 상징하는 것이 2017년 유행어가 된 페이크 뉴스Fake News이다.

페이크 뉴스는 종종 가짜뉴스로 번역되며 20세기에 맹위를 떨친 프로파간다와 연속성을 띤다. 그러나 페이크 뉴스는 가짜뉴스와도, 프로파간다와도 관계없다. 오히려 그것은 현재 네트워크 패러다임에서 대중매체의 보도Coverage를 대체하며 등장한 정보발신의 사실상 표준de facto standard이다. 페이크 뉴스는 프로파간다와 달리 발신자에게 음모나 조작에 대한 의식이 전혀 없다. 전문가의 견지에서 보더라도 명확히 그것이 잘못된 의식을 가지고 있음에도 다수의 발신자는 페이크 뉴스를 진심으로 믿으며 리트윗한다. 이른바 넷우익의 리트윗이나 악플의 쇄도, 한때 문제시되었던 건강정보 안내 사이트 등을 보면 알 수 있다. 페이크 뉴스는 정보사회에서 특수한 사태가 아니다. 일반 유저의 일상적 중얼거림이나 확산 전부가 페이크 뉴스가 될 만하다. SNS의 미시적 '방-송' 정보 전부가 잠재적인virtual 페이크 뉴스인 것이다.

그런 의미에서 SNS도 광의의 버추얼 리얼리티라고 할 수 있다. 그러나 이때의 버추얼은 지난 세기 VR의 '가짜fake-, 유사pseudo-, 준quasi-' 같은 가상적 뉘앙스를 더 이상 유지할 수 없다. 왜냐하면 거기에는 연쇄적 소통이라는 사실성Facticity의 수준에서 불확정적인wharscheinlich 리얼리티만 존재하기 때문이다. 그 이면에는 본바탕이나 기준을 이루는 진실성이 존재하지 않는다.

앞서 그것이 과장된 것임을 지적한 보드리야르가 주장했던 지난 세기 사회적 현실에 대한 버추얼화가 이번 세기 들어 터무니없이 비싼 값을 치르게 된 것은 명확하다. 그러나 이는 동시에 지금까지 대중매체의 권위적 구조에 의해 재생산·유지되어온 **유일한** 사회적 현실이 두루뭉술해져 가늠이 되지 않는 바다, 즉 불확정적인 소통의 무제한적 연쇄로 붕괴됨을 뜻한다. 지금까지 대중매체가 선별과 서열화 연산을 행사해온 결과 실질의 정당화Legitimierung 기능이 무효화되었다는 뜻이다.

이때 대중매체의 권위를 배경으로 행해진 선별이나 서열화로 진실에 부여된 가치가 박탈된다. 이에 사실의 계층적 질서는 정보의 커다란 바다, '가치 무기명=몰가치'한 데이터의 쓰레기 산이 되어버린다. 이때 쓰레기의 가치를 결정하는 것은 양 외에 없다. 즉, '좋아요!'의 수, 리트윗한 사람 수, 리뷰 별점 개수, 시청 횟수가 '전송정보=페이크 뉴스=쓰레기'의 가치를 결정한다.

인터넷 패러다임에 등장한 이 기준은 다수결 원리에 적합하며 그런 한에서 기존의 대중매체를 통한 권위주의적 사실의 정당화를 대체하는, 그리고 미국적 민주주의와도 조화를 이루는 새로운 정당화 수단으로 간주된다. 훌륭하진 않지만 긍정적으로 이해될 수 있는 것이다. 그러나 SNS에서 양을 근거로 한 데이터로부터 사실로의 승격이라는 정당화 규약은 **유일한** 사회적 현실을 완전히 상대화하고, 확고한 현실의 안정적 질서를 흔들어 무엇보다 사실을 빅데이터로 대체함으로써, (예컨대, AI를 통해) 그 정당화 수단을 자동적인 데이터 처리 과정에 일임한다는 것을 뜻한다. 이를 민주주의라고 부른다면 그럴 수 있겠지만, 이는 인간의 의사결정이 개입되지 않은 비인칭적 민주주의라고 해야 할 것이다.

소결

이 절의 논지를 정리해보자. 2010년대 VR을 둘러싼 사회적 차원의 중대한 두 가지 변화가 출현했다. 하나는 2016~2017년에 등장한 VRchat과 버추얼 유튜버이다. 이들 사회적 VR은 지금까지의 VR이 채용해온 물리적 모델, 곧 일상적 상호행위 현장과는 다른 비일상적 공간인 가상공간을 만들어냈다. 이에 비해 체험으로서의 현실과 정보로서의 현실 간의 융합이 존재한다. 이 융합은 소통의 사실성을 띤 리얼리티를 이음매 삼아 가상공간과 상호행위 현장을 잇는다. 그러나 가상공간과 상호행위 현장의 융합은 2010년대 초반부터 시작된 또 하나의 결과이자 보완에 불과하다.

정보로서의 현실은 직접적 체험이라는 리얼리티 기준을 결여함으로써 불가사의한 비현전적 체험으로서의 현실(리프먼의 환경)에 비해 늘 폄하된다. 이 정보로서의 현실은 직접적 지각 대상이 아님에도 불구하고 대중매체를 통해 시시각각 제공되는 정보로 구축된 인공적 환경이라는 의미에서 물리적 모델을 따르는 일종의 VR이다. 그리고 대중매체의 권위를 통해 정당화된 체험으로서의 현실에 준하는 리얼리티 회복을 염원한 리프먼은 이를 유사환경이라고 불렀다. 유사환경은 정보를 통한 구성물이라는 점에서 진짜 환경에 비해 실재성 면에서 열악하다. 그러나 현실 일반을 구성하는 점에서 역시 환경에 다름 아니다. 여기서 VR을 통해 사회적 리얼리티를 회복하는 것이 원리적으로 불가능하다는 생각에 멈추지 않고 VR화가 체험으로서의 현실에 영향을 미칠 수 있다고 본 보드리야르는 이를 하이퍼 리얼리티라고 불렀다. 물론 수정이 필요하지만, 2010년대 초부터 급속히 보급된 SNS는 보드리야르의 주장이 대체로 틀리지 않았음을 입증했다. 최신 정보사회에서는—보드리야르가 말한 현전성의 유희jeux의 무대인 스펙터클이 아니라—몰가치적인 모든 '정보=데이터'가 범람하는 자기생산적인 빅데이터 체계로 재편되었다. 거기서는 대중매체를 통해 제공된 유일하고 고유한 사회적 현실이 소멸하고 각자가 사실을 참칭하는 상대화된 데이터들이 쓰레기처럼 증식한다. 그리고 이 살아 있는 쓰레기는 다수결이라는 정당화 원리에 맞춰 양의 많고 적음에 따라 데이터에서 사실로 승격된다. 이런 혼돈상황 속에서 새로운 리얼리티의 지평, 곧 잠재성으로서의 리얼리티가 출현하고 있다.

3 VR의 사상적 차원

이 절의 과제

나는 이 절에서 앞서 구별한 실재성, 현실성과 달리 최신 정보사회에서 현재화되고 있는 새로운 수준의 리얼리티인 잠재성Virtuality을 VR 기술의 최신형인 복합현실Mixed Reality과 관련지어 다루고자 한다. 때문에, 필수적으로 VR이 지금까지 어떤 사회적 맥락에서 위치 지어져왔는가를 기능 면에서 개관할 필요가 있다.

VR의 사회적 기능

VR이 버추얼 리얼리티로서 명확히 사회적으로 인지되기 시작한 것은 1980년대 말 이후, 실질적으로는 1990년대에 들어서부터이다. 지금까지 VR은 **사회적 기능**에 맞춰 다양한 이름으로 불리면서 세력권 다툼을 펼쳐왔다. 개발자들은 VR에 삽입된 사회적 기능을 다음 네 가지로 분류한다.

첫째, 초월Transcendence이다. 이는 정보사회의 선각자인기도 한

SF 작가, 윌리엄 깁슨William Gibson의 사이버 펑크 소설들*을 통해 유행한 입장이다. 신체라는 감옥에서 해방된 의식만이 인공적 환경인 데이터스케이프Datascape의 세계에 몰입하여 공감각적 환상consesual hallucination—인공적 감각의 공유를 통한 타자와의 교감 및 일체화—의 경지에 이른다는 다분히 문학적이고 형이상학적인 전망이다. 이 비전을 공유하는 VR은 일반적으로 사이버 공간Cyberspace으로 불린다. VR 평론가인 마이클 하임Michael Heim**이나 켄 힐리스Ken Hillis*** 등은 이런 방향에서 VR을 해석하고 3D CAD 업계의 큰 손인 오토데스크Autodesk사 또한 자사가 개발한 VR 체계가 실현한 세계를—옳고 그름은 별도로 하고—이렇게 불렀다.

역설적이지만, 초월 기능을 위임받은 VR은 초사회 나아가 반**사회적인** 함의를 VR에 부여한다. 실제 깁슨의 대표적인 사이버 펑크 소설 『뉴 로맨스』는 범죄소설이다. 인공적 환경인 사이버스페이스는 현실사회의 다양한 속박에서 해방된 저편의 세계로 이미지화된다. 그러나 인터넷이 보급된 1990년대 후반 이후 사이버스페이스라는 말은 VR이 **아니라** 인터넷**이** 실현하는 유토피아 내지 디스토피아로(곧, 사회의 현실이 반전된 디지털이라는 별도의 세계) 불리며 급속히 유

* Gibson, W., *Burning Chrome*, 1986. (번역 『クローム襲撃』, 早川書房), *Neuromancer*, 1986 (번역 『ニューロマンサ』, 早川書房), *Count Zero*, 1986. (번역 『カウント·ゼロ』, 早川書房), *Mona Lisa Overdrive*, 1988. (번역 『モナリザ·オーヴァドライブ』, 早川書房)

** Heim, M., *The Metaphysics of Virtual Reality*, Oxford University Press, 1994. (번역 『仮想現実のメタフィジックス』, 岩波書店). *Virtual Realism*, Oxford University Press, 2000. (번역 『バーチャリアリズム: 自然とサイバースペースの共存』, 三交社)

*** Hillis, K., *Digital Sensations: Space, Identity, and Embodiment in Virtual Reality*, University of Minnesota Press, 1999.

통되기 시작했다.

둘째, 확장Extension 내지 증폭Amplification이다. 이렇게 VR을 이해하는 이들은 기술개발자들이다. 예컨대, 다모클레스의 칼*이라는 별명을 가진 프로토타입 HMD 개발자이자 VR의 전설적 비조로 알려진 이반 서덜랜드Ivan Sutherland,** 일본에서 VR 기술의 제1인자로 통하는 다치 스스무舘暲***, AI 업계에서도 유명한 마빈 민스키Marvin Lee Minsky**** 등이 여기에 속한다. 이 방향에서 이해되는 VR은 시뮬레이션Simulation이나 '원격-존재Tele-Existence', '원격-현전Tele-Presence'으로 불린다. 시뮬레이션은 밀착적이고 근접한 '인간-기계'계를, '원격-존재'는 멀리 떨어진 '인간-기계'계를, '원격-현전'은 멀리 떨어진 '인간 사이'계를 인간의 고유한 감각(입력)기관이나 효과(출력) 기관의 인공적 · 기계적 확장과 증폭을 통해 실현한다. 시뮬레이션은 **현실세계 내부**의 대규모 혹은 미세한 장치 가동의 모방을 목적으로, '원격-존재'는 위험이나 곤란함을 수반하는 **현장**에서 장치의 원격 조작을 목적으로, 또 '원격-현전'은 원격지에 산재한 인원을 가상적으로 규합하여 협동을

* 영화 속에도 위험이 닥친 것. 시라쿠사의 왕 디오니시오스의 정신 다모클레스(Damocles)가 왕위의 행복을 칭송하자, 왕이 그를 천장에서 머리칼 하나로 검을 매단 왕좌에 앉혀 왕자의 신변에 항상 위험이 있음을 일깨워 주었다는 고사에서 비롯된 말.-옮긴이

** Sutherland, I., 'The Ultimate Display', In *Proceedings of IFIP Congress*, pp. 506-508, 1965. 'A Head-Mounted Three Dimensional Display', In *Proceedings of AFIPS Fall Joint Computer Conference, Washington D. C.*, 1968.

*** 舘暲, 「テレイグジスタンスと人工現実感」, 『精密工学会誌』 Vol. 57, No. 8, pp. 1321-1325, 1991. 舘暲, 荒井裕彦, 「テレイグジスタンスにおける視覚情報提示系の設計と評価」, 『日本ロボット学会誌』 Vol. 7, No. 4, pp. 50-62, 1989.

**** Minsky, M., 'Telepresence', In *OMNI magazine*, June 1980.

실현할 목적으로 개발되고 사용 중이다.

이 입장에서 중요한 것은 앞선 초월적 입장과 달리 VR이 세계 내재적으로, 즉 사회에서 **쓸모 있는** 도구Instrument로 파악된다는 점이다. 때문에, '원격-현전'에 입각해 실현되는 '인간 사이'계는 앞 절에서 본 사회적 VR과 언뜻 보면 같아 보이지만 실은 다른 것이다. 사회적 VR이 목적을 전제로 하지 않은 순수한 연쇄적 소통인 데 비해 '원격-현전'은 특정한 목적의 실현에 **유용한**, 인간을 구성요소로 보고 그 기능에 주목하는 도구적 성격을 본질적 특징으로 삼는다. 원격회의체계나 협동체계가 특정한 미션을 전제로 한다는 점에서 전형적이다.

셋째, 표현Expression이다. 이는 예술가들이 채용하는 VR 해석이다. 이 입장을 대표하는 것은 디지털 아티스트인 마이런 크루거M. Krueger,* 연극을 소프트웨어 개발에 응용해온 프로그래머 브렌다 로럴Brenda Laurel**이다. 그들에게 디스플레이상의 영상은 바라보는 방향에 있다고 상정된 실물에 대한 묘사·재현이 아니다. 그것은 단독으로 완결된 존재, 즉 '비언어적≒신체적' 표현이다. 이를 표현자와 감상자가 공유하는 장, 그것이 VR이다. 이런 의미에서 VR은 극장이나 무대에 비유된다. 이 입장 또한 세계 내적으로 VR을 파악하지만 확장·증폭의 입장과 달리 미적 측면을 강조하기 때문에, '아트/인공'적 리얼리티Artificial Reality로 불린다.

---

* Krueger, M., *Artificial Reality*, 1983, *Artificial Reality II*, Addison-Wesley, 1991. (번역 『人工現実: インタラクティブ・メディアの發展』, トッパン)

** Laurel, B., *Computers as Theater*, Addison-Wesley, 1991. (번역 『劇場としてのコンピュータ』, トッパン)

넷째, 마지막으로 변용Metamorphosis이다. 이 입장을 대표하는 것은 이 장 서두에서 언급한 VPL 리서치사의 창업자 라니아이다. 그러나 1960년대 이후 약물문화를 견인한 의식변성Altered States of Consciousness의 전도사 리어리Timothy Leary 또한 90년대 LSD로 대표되는 화학 합성 약물의 대체재로서 VR에 기대를 걸었다. 라니아는 중세의 신비주의 화가였던 히에로니무스 보스Hieronymus Bosch의 연작화인 〈쾌락의 정원〉을 마주한 일이 자신이 VR에 푹 빠지게 된 원체험이라고 고백하였다.* 이 입장에서 마술적 리얼리즘Magic Realism과 같은 세계 변용의 요소를 엿보는 것은 어렵지 않다.

이는 감각기관에 대한 직접 자극을 통해 VR을 인위적으로 의식하게 하는 기술을 이용해 세계의 실질을 완전히 다른 것으로 채우는 마술적 변용이다. 때문에, 첫 번째 입장처럼 현세적 사회로부터 초월하는 것이 목적이 아니라 일시적인 도주를 기획한다는 점에서 마약과 같다고 이야기되며, 때문에, 반사회적이다. 이러한 VR 해석은 컴퓨터 업계에 군림해온 권위주의적 메인프레임 아키텍처에 반기를 들고 퍼스널 컴퓨터를 개발 · 보급한 1980년대 후반 히피운동의 지류로도 이해할 수 있다. 이 입장은 VR에 버추얼 리얼리티라는 이름을 붙이지만 명칭과 범위를 둘러싼 네 개의 소용돌이를 제어한 것은 바로 마지막 입장이다.

---

* Lanier, J., *Dawn of the New Everything: Encounters with Reality and Virtual Reality*, Henry Holt and Co., 2017.

MR로의 변모와 오락의 과잉

마약 친화적이고 반사회적인 라니아의 버추얼 리얼리티라는 입장이 어떻게 싸움에서 승리를 거둔 걸까? 이는 VR의 변용에서 그 사회적 기능이나 마술적 리얼리즘이 오락과 엔터테인먼트 시장에서 개화하여, 버추얼 리얼리티의 마약성과 반사회성이 무력화된 동시에 체제 내화된 사정 덕분이다. 사실 버추얼 리얼리티라는 말이 시민권을 획득한 1990년대 이후 VR은 실질적으로 VR **게임**과 동의어가 되었다. 사회학자 로제 카유아Roger Caillois의 말을 빌리자면, 그것은 사회적 일탈을 제도화함으로써 사회 내부화를 수행한다. 또, 그것은 사회의 안정을 도모하는 놀이Jeux의 네 가지 기능 중 현기증Ilinx*을 낳는 기술이다.** VR이 창출한 가상공간이란 발터 벤야민의 유희공간Spiel Raum의 디지털판이라고 할 수 있다.*** VR은 사회의 주변에 인공적으로 설계된 기분전환Ablenkung을 위한 제도적 장치였다. 그것은 벤야민 시대에 영화가 담당했던 것과 동일한 사회적 기능을 가지고 그 모습만 바꾼 채 정보사회에 등장하였다.

1920년대가 넘자 VR의 사회적 기능에 큰 변화가 일어난다. 그 중 하나는 앞 절에서 본 사회적 VR의 등장에서 보여진 환경의 변화, 즉 '자연=물리'적 모델에서 '사회=소통'적 모델로의 전환이다. 물론 사회적 VR도 인격에서 캐릭터로의 변용이 일어난 이상 변용이라는

---

* 다른 세 가지 기능은 투쟁Agon, 모방Mimicry, 운Alea이다.

** Caillois, R., *Les jeux et les hommes*, 1958. (『遊びと人間』, 講談社)

*** Benjamin, W., *Das Kunstwerk im Zeitalter seiner technischen Reproduzierbarkeit*, 1936 (번역 『複製技術時代の芸術作品』, 品文社)

사회적 기능을 계승한다. 한편 사회적 VR은 콤팩트화, 가격하락, 네트워크화로 광범위한 유저들의 표현 도구로 변하는 중이다. 지금까지 주목받지 못했던 표현이라는 사회적 기능이 주목받기 시작한 것이다. 나아가 MR로의 변모는 확장, 증폭 기능을 복권해가고 있다.

이 장 서두에서 예고했지만 MR에 관해 원리적 요점만을 다시 이야기해 보자. MR, 곧 복합현실Mixed Reality이란 소지 가능한 반투과형의 디스플레이상에 지각 세계의 사물이나 사건에 시공간적으로 동기화된 정보를 그 세계 위에 중첩시킨 것이다. 나아가 사물이나 사건의 시공간적 변화를 시시각각 모니터링하여 동적이고 실시간적인 기술을 반영한다. 그것은 AR, 곧 증강현실Augmented Reality과 달리 신경에 초점을 맞추지만 양자는 실질적으로 동일한 기술사상에 입각해 있다. AR이 지각 세계에 우위를 두는 반면, MR은 지각과 정보를 등가로 취급한다는 강조점의 차이만 있을 뿐이다.*

오히려 여기서 독자에게 강조하고 싶은 것은 다음 세 가지이다. 첫째, 버추얼 리얼리티라는 이름에 친숙한 라니아가 VR에서 MR로의 교대를 적극적으로 추진한다는 점이다.** 그는 현재 프리FREE라는 비즈니스 모델에도 비판적이며 디지털 콘텐츠 저작권 보호에도 열심이다.*** 이는 MR에 대한 단순한 에피소드가 아니다. 이 장 서두에서

---

* 다만 뒤에 서술한 이유를 보면 알 수 있듯, 이 책에서는 AR이 아닌 MR이야말로 정보사회에서 VR의 본래 현상 형태라는 입장을 취한다. 이 장 마지막 절인 「잠재적 현실성과 정보사회의 새로운 사회적 현실」을 참고할 것.

** Lanier, *Ibid*.

*** Lanier, J., *You Are Not a Gadget: A Manifesto*, Vintage, 2011. (번역 『人間はガジェットではない』, 早川書房)

지적한 VR을 통한 세계의 변용에 관해, 두 세계설에서 두 요소설로의 패러다임 이동을 선도한 장본인이 바로 라니아이다. 그에 따르면 VR이란 현실세계의 주변에 우연히 만들어진 별도의 세계가 아니다. 그것은 지각과 정보라는 두 개의 요소로 구성된 현실세계 자체이다.

둘째, 사이버스페이스와 버추얼 리얼리티가 지나온 역사적 경위의 나란함이다. 앞 절에서 지적한 것처럼 사이버스페이스와 버추얼 리얼리티라는 두 용어는 본래 같은 용어(=VR)를 가리키기 위해 고안된 것이다. 그런데 역사적 사정으로 전자가 지각 세계 저편의 인터넷 정보 공간으로, 후자가 지각 세계를 대체하는 가상적 정보 세계로 각각 받아들여지기 시작했다. 두 정보 세계는 어느 쪽이든—그것이 전뇌 유토피아로서 긍정적이든 혹은 테크노 디스토피아로서 부정적이든—체험적 현실과 대립하는 별도의 동등한 세계로 이해되어 왔다.

20세기 들어 사이버스페이스라는 말은 사어가 된다. 왜냐하면 정보사회의 최신단계는 사이버스페이스를 사회 속에 들임으로써 지금까지의 현실사회로부터의 독립성, 별도 세계로서의 성격을 말소시켜버렸기 때문이다. 이는 당초 초월성이나 현실사회에 대한 외재성이 강조되었던 VR이 사회적 VR이나 MR과 같은 사회적 내화를 넘어 사회 자체와의 동화를 수행해가는 과정과 완전히 나란함을 뜻한다. VR 또한 사이버스페이스와 같은 뿌리를 가지면서 현실사회와 매끄럽게 연속적인 것으로 변하고 있다. 그리고 그것은 사회와의 동화를 실현함으로써 지금까지 폐쇄적이던 VR이 엔터테인먼트 분야에서 사회의 모든 영역으로 흘러넘치게 했다.

셋째, 가장 중요한 논점으로서 현재 징후가 보이고 있는 VR의

MR로의 변모는 결코 VR이 흔적도 없이 사라지고 이를 MR이 대체한다는 단순한 사태가 아니다. 오히려 이는 VR이 지금까지의 '방-송'이라는 대중매체 패러다임에서 네트워크라는 인터넷 패러다임으로 이동함에 따라 VR의 사회적 기능 자체가 변용을 거듭함과 동시에 새로운 본질이 개시되는 사태로 파악해야 한다. 헤겔의 말을 빌리자면 앞 절에서 분석한 사회적 VR 및 현재 검토하고 있는 MR 모두 VR의—대중매체적 현상 형태Erscheinungsformen로 바뀐—네트워크적 현상 형태인 것이다.

현재 발생하는 사태를 우리가 특별히 VR 혁명으로 부르는 이유는, 그 변모가 단순히 기존 VR 영역에 머물지 않고 사회 전체에 그 영향이 미치지 않을 수 없는, 곧 정보사회의 패러다임 자체에 관계된다는 인식을 가지기 때문이다. 사회적 VR이 상호행위 현장과 가상공간의—연쇄적 소통의 사실성이라는 지평에서—융합의 상징임에 비해 MR은 정보사회에서 사회적 현실의 새로운 차원을 연다. 우리는 정보사회의 새로운 사회적 현실의 실상을 드러내기 위해서라도 버추얼Virtual의 본의를 사상적 각도에서 밝혀야 한다.

버추얼리티의 어원학

일상어에서 버추얼이라는 말을 사용할 때 이는 보통 리얼이라는 말의 상대어 내지 반의어로 쓰인다. 즉, 리얼이 확고한 존재의 근거를 지닌 실재성을 의미하는 데 비해 버추얼은 존재의 근거가 허공에 매달린 비실재적 양태, 신기루와 같이 불확실한 존재성, 경우에 따라

허위적 가상을 뜻한다.* 물론 원어의 어감상 불확실함, 허위성이라는 마이너스의 이미지에 비해 실질적 기능과 역할을 충분히 수행한다는 플러스 이미지 쪽이 더 강한 느낌을 준다. 즉, 실질이라는 말이 가상으로 대체된 Virtual의 번역어로 통용되는 것도 이런 방향에서의 어감임을 강조하고 싶다. 그러나 이미 본 것처럼 VR의 대중매체적 현상형태인 '물리=자연' 모델에서는 '본래상-모방상'의 도식이 전제되고 리얼이 '본래상'에, 버추얼이 '모방상'에 각각 대응된다. 즉, 버추얼리티는 예외 없이 리얼리티에 대립되며 그런 의미에서 리얼리티가 가진 실재성의 결여태로 이미지화되는 것이다. 때문에, '물리=자연' 모델에서 Virtual Reality의 번역어는 가상현실로 해도 아무 문제가 없다. 오히려 문제가 되는 것은 네트워크적 현상 형태의 VR에서 Virtual이 가지는 함의이다.

어원학적으로 볼 때 버추얼리티Virtuality는 라틴어 비루투스virtus, 곧 'potentia=잠재적 능력'에서 유래한다. 버추얼리티의 원뜻에 비추어볼 때 그 반대는 실재성Reality이 아니라 오히려 잠재적 능력이 발현된 상태, 즉, 현재성Actuality이다. 즉, '버추얼virtual-리얼real'의 대립이 아닌 '버추얼-액추얼(현재성)actual'이라는 대립이야말로 버추얼리티의 본래 의미이다. 반복건대, 버추얼리티는 본래 가상성도 실질성도 아닌 잠재성을 뜻하며 그것이 현현할 때 현재성Actualization이 생겨난다. 이런 의미에서 'virtual-actual'의 대립이 아리스토텔레스의 철학에서 '잠재태δύναμις-현실태ενέργεια' 짝에 비견된다는 점에서 현재성을 현

---

* 철학적 관점에서 말하면 현상학적으로는 중성변용Neutralisierte Modifikation, 알렉시우스 마이농Alexius Meinong의 용어로는 가정Annahme의 사태이다.

실성으로 볼 수 있다.

한편 실재성Reality의 대립어는 버추얼리티Virtuality가 아니라 가능성Possibility이다. 실재성과 가능성의 차이는 양자가 서술어로 귀속되는 해당체가 실재하는가 아닌가의 차이에 있다. 칸트의 유명한 『순수이성비판』의 「초월론적 변증법」에 나오는 100탈러의 은화 사례를 굳이 들지 않더라도,* 머릿속에 존재하는 만 엔은 가능성이지만 실재로 사용할 수 있는 만 엔은 실재적이다. 바꿔 말해, '가능성-실재성'의 대립은 그것이 단순한 사고의 대상인가, 아니면 물질화된 대상인가라는 차이를 표현하고 있다. 즉, 양자에게 그 의미 내용이나 질적인 차이는 없다.

이에 비해 '잠재성-현재성(현실성)'의 차이는 질적이다. 예컨대, 종자 상태의 나무는 잠재적이지만 성장한 나무는 현재적(현실적)이다. 주의할 것은 종자상태의 나무도 성장한 나무도 모두 실재적real이라는 점이다. 확실히 종자상태의 나무는 그 단계에서 볼 때 어떤 나무로 성장할 것인가가 불확정적wahrscheinlich이며, 그런 의미에서 가능성에 머물러 있다. 그러나 이 가능성은 '가능성-실재성'의 대립에서 말하는 가능성Possibility과 확실히 구별되어야 한다. Possibility로서의 가능성은 물질화된 것이 아니며 그것이 만일 사고불가능한 모순적 존재라고 한다면 현실에 존재할 수 없기 때문이다. 예컨대, 페가수스나 키메라, 하늘을 나는 융단 등은 실재적real이지 않지만 가능적possible이다. 그러나 가능성으로서의 종자는 나무의 소질을 갖추고 **존재하는** 것이다. 식물 종자의 본질은 나무가 되는 것이기에 이미 나

---

* Kant, I., *Kritik der reinen Vernunft*, A599=B627.

무는 버추얼하게 실재하는 것이며 다만 아직 액추얼하게 실재하는 것은 아니다. 그리고 종자에 나무의 잠재성이 현재화될 때 한 단계 고차원의 현실성이 성취된다. 즉, 버추얼리티란 어떤 착각, 환상, 허위가 아닌 그 자체로 이미 **어떤 단계에 있는** 현실의 일부이자 그 구성요소이다.

우리는 '가능성-실재성'의 축과 '잠재성-현재성(현실)'의 축이 교차하는 일, 또 신학적 · 형이상학적 · 공상적 차원이 아닌 사회적 차원에서 '잠재성-현재성(현실성)'의 두 항 모두 실재적임을 인식할 필요가 있다.* 다시 '잠재성-현재성(현실성)'은 평면적 대립관계가 아니라 계층구조를 띤다는 것, 즉 어떤 계층의 현재성은 한 단계 상위의 현재성에서 볼 때 잠재성이라는 것, 그리고 현실Actuality/Wirklichkeit이란 단순히 어떤 계층에서 잠재성의 대립 항이 아니라 이보다 하위의 전 계층을 포괄하는 개념이라는 점에 유의할 필요가 있다. 때문에, 정보사회의 사회적 현실Social *Actuality*/Soziale Wirklichkeit은 잠재적인 것과 현재적인 것의 계층적 혼합태인 것이다. 그리고 '가능성-실재성'에서의 가능성과, '잠재성-현재성'에서 잠재성의 동의어인 가능성은 명확히 구별될 필요가 있다. 우리는 전자의 가능성을 사고가능성Possibility으로 후자의 가능성을 실현가능성Potentiality으로 각각 부를 수 있다.

---

* 신학적·형이상학적·공상적인 차원에서도 '잠재성-현재성'의 구별은 유효하다. 예컨대, 공상적 차원에서 하야타ハヤタ 대원[일본 애니메이션 울트라맨 속에 등장하는 대원의 이름-옮긴이]은 잠재적이며, 울트라맨은 현재적이다. 또, 신학적 차원에서 아들로서의 신은 잠재적이며, 아버지로서의 신은 현재적이다. 이런 경우 하야타 대원, 울트라맨, 아들로서의 신, 아버지로서의 신 모두 가능적 존재임에 유의할 필요가 있다. 이 장에서 이런 차원의 '잠재성-현재성'은 고려하지 않기로 한다.

가상화란 무엇인가?

일찍이 프랑스의 철학자 앙리 베르그송Henri Bergson은 앞 절에 제기한 잠재성으로서 버추얼리티를 해석하는 입장을 자신의 순수지속durée pure 개념을 통해 파악한 바 있다.* 그의 제자 격인 들뢰즈 또한 차이Difference 개념과의 연관 속에서 가능성Possibilité과 잠재성Virtualité의 차이를 논한 바 있다.** 미디어 철학자인 피에르 레비Pierre Lévy는 이런 지적 전통을 비판하면서 버추얼리티 개념을 정밀화·일반화하여 독자적이고 일관된 사상체계로 끌어올렸다.*** 레비에 따르면 인류 역사 전체가 가상화의 역사이다. 그중 대지, 영토, 교역, 지식이라는 네 종류의 공간이 헤게모니를 놓고 다투어왔다. 그에 따르면 현 단계의 역사는 지식 공간이 주도권을 쥐고 그 밖의 공간이 지식 공간 아래에 포섭된 시기로 이해할 수 있다. 이런 지식 공간이야말로 사이버스페이스이며 이를 기술적으로 가능하게 해준 인프라가 바로 인터넷이다. 그리고 그는 이 지식공간에서 실현된 인류의 궁극적 가상화를 집단지성l'intellignet collective이라고 부른다.**** 지난 세기 말, 시대를 풍미한 레비의 낙관적이고 유토피아적인 정보사회의 미래상에 대해 더 이상의 논평은 삼가도록 하겠다. 현재의 맥락에서 초점을 맞추어야 할 것

---

* Bergson, H., *Matière et mémoire*, 1896. (번역『物質と記憶』, 白水社).

** Deleuze, G., *Difference et Répétition*, PUF, 1968. (번역『差異と反復』, 河出書房新社).

*** Lévy, P., *Qui'est ce que le Virtuel? La Découverte*, 1995. (번역『ヴァーチャルとは何か?: デジタル時代におけるリアリティー』, 昭和堂)

**** Lévy, P., *L'Intelligence collective: Pour une anthropologie du cyberspace,* La Dècouverte, 1994. (번역『ポストメディア人類学に向けて: 集合的知性』, 水声社)

은 오히려 가상화Virtualisation 개념이기 때문이다.

레비는 버추얼리티 개념을 일반화하여 역사를 관통하는 메타이론으로 다루고자 이를 정보사회 특유의 현상이나 속성으로 간주하지 않았다. 예컨대, 망치라는 도구는 마셜 매클루언적인 매체 이해에 따르면 손이라는 신체기능의 확장으로 파악된다. 반면 레비는 이런 이해의 피상성을 지적하면서 다른 해석을 내놓는다. 그에 따르면 망치로 대표되는 다양한 도구는 일반적으로 볼 때 행동의 가상화이다. 예컨대, 어떤 것을 두드리는 행동을 할 때 태곳적 인류라면 이를 맨손으로 행할 수밖에 없었을 것이다. 그러나 석기시대의 인류는 돌로 두드리게 된다. 현재의 우리는 망치를 두드리는 것이 일반적이다. 즉, 두드리는 행동을 실현하기 위해 태곳적에는 맨손이라는 특정한 수단에 속박되어 있었고 선택의 여지도 없었다. 망치라는 도구의 발명으로 실현가능성potentiality이 증가하고 그에 수반된 복수의 선택 가능한 수단을 잠재적으로virtual 가지게 된 것이다. 마찬가지로 자동차는 걷는다는 행동의 가상화이고, 화폐는 교환한다는 행동의 가상화이며, 언어 또한 '지금-여기hic et nunc'에 속박된 현장 상황의 가상화이다.

가상화는 안정화되고 타성화된 현실에 대한 이해를 다른 방법으로도 할 수 있다auch anders möglich sein는 것을 보여주는 것, 곧 기존의 것을 상대화하는 것이다. 루만식으로 말해 복수의 '선택가능성Möglichkeit=실현가능성potentiality'이 병존하여 현실에서 복수성이 증가하는 일이다. 혹은 기능적으로 등가funktionelläquivalent의 선택지가 늘어나는 것이다. 누군가는 이렇게 말할 수도 있겠다. 정해진 항목인 현실이 변수화·함수화하는 것이 가상화라고 말이다. 레비는 가상화를 탈영토화déterritorialisation, 문제화problématique라고도 하지만 이는 안정적인 현실이 다층화 · 다중화 · 양상화된 것에 대한 은유로 볼 수 있다.

현대는 이런 가상화가 다양한 차원 · 국면에서 벌어진 시대로서 가상화가 상시화 · 보편화된 시대이다. 그리고 지금까지 오랫동안 느끼지 못했던 가상화가 우리 의식에 떠오른 것 자체가 VR에 다름 아니다. 물론 VR 등장 이전에도 언어 · 제도 · 도구 등 '버추얼한 것'이 현실을 구성하는 계기로 존재했지만 우리는 그것을 느끼지 못했다. 사람들은 실재성과 현재성(현실성)을 등치시켜 놓았던 것이다. 그러나 정보사회의 현 단계에서 버추얼한 것은 폭발적으로 증식하여 액추얼한 것을 억압하기 시작했다. 버추얼한 것이 현실을 구성하는 요소로 무시되지 않고 있고, 버추얼한 것 없이는 본래의 현실을 생각할 수 없게 되었다. 이때 버추얼한 것이란 제2장에서 다룬 질료적인 것, 곧 소재적인 것으로서의 '매체'이기도 하다.

MR과 잠재성

요점을 추려보자. VR의 네트워크적 현상 형태이자 정보사회적 단계인 MR에서 버추얼리티는 가상성도, 실질성도 아닌 잠재성으로 나타난다. 구체적으로 말해 (예컨대, 웨어러블 글래스로) MR에서 지각적 세계에 단편적 정보가 중첩되어 묘사된다. 우리는 이 지각적 세계에 중첩된 정보 단편을 정보체Informational Entity*라고 부르기로 하자.

---

* 정보체라는 말은 소가 치아기曽我千亜紀의 정보사회론에 나온 핵심어이지만(『情報体の哲学: デカルトの心身論と現代の情報社会論』, ナカニシヤ出版), 이 책에서 쓰는 말과는 함의가 크게 다름에 주의할 것.

정보체는 ① 맥락의존성, ② 환경과의 상호작용Interaction이라는 두 가지 현저한 특징이 있다.

먼저 맥락의존성은 정보체가 서적이나 신문, 텔레비전 방송에서 얻은 정보나 이와는 독립적인 세계를 구성하는 물리적 VR의 정보와 달리 완전히 독립하지 못한 채 환경의 보완을 필요로 하는 속성을 뜻한다.* 그러나 바로 그런 이유로 정보체는 단편적이다. 때문에, 정보체는 반드시 지각적 환경과 관계 맺을 수밖에 없다. 이는 정보체가 예외 없이 위치값place value과 시각값time value을 가진다는 것, 구체적으로는 시공간 두 가지의 메타데이터를 기반으로 한 '태그'를 핵심으로 한다는 것을 뜻한다. 이 두 가지 가치에 입각해 최초로 정보체가 특정한 지각적 환경 내부에 정립될 수 있기 때문이다. 이로 인해 아직 보급되지 않은 웨어러블 글래스를 매개로 하지 않고도 현재 스마트폰에서 사용가능한 구글 맵Google Map이나 스트리트 뷰 혹은 포켓몬 고Pokémon GO의 오버랩 동영상 또한 정보체이자 MR로 간주할 수 있다.

정보체가 맥락의존적이라는 사실이 낳는 주된 효과는 그것이 환경과 관련됨으로써 행동값Behavioral Value의 담지체가 된다는 점이다. 즉, 특정한 환경하에서 정보체는 그 환경에 맞는 특정한 행동Behavior을 개시하는release 신호Signal의 역할을 유저에게 알려준다. 예컨대, 스트리트 뷰의 거리 위에 중첩되어 묘사된 화살표가 해당 방향으로 보행을 안내하고, 포켓몬 고의 몬스터 영상이 포획행동을 안내하는 것 등이 사례이다.

---

* 마셜 매클루언을 좇아 표현하자면 전자를 '핫한hot', 후자를 '쿨한cool'이라고 부를 수 있다.

다음으로 환경과의 상호작용을 보자. 환경의 보완을 요청하는 정보체의 미완결성은 특정한 환경에 맞는 가변성을 함의한다. 서적이나 신문, 동영상이나 텔레비전 방송의 정보는 그것이 소속된 환경 여하에 관계없이 자기 완결적이다. 특히, 그것이 픽션에 입각한 정보일 경우 오프닝과 엔딩이라는 구획된 서사Narrative를 따르는 독자적이고 **고정적인** 구조를 갖는 것이 보통이다. 물리적 VR의 경우 제1절에서 본 것처럼 상호작용은 생겨나지만 어디까지나 감각입출력 디바이스에 의해 감지된 유저의 신체정보를 통해 구축된 인공적 환경 간의 상호작용이다. 다시 말해, 이는 가상공간 **내부**의 상호작용에 불과하다.

이에 비해 MR의 상호작용은 지각적 세계라는 환경 지평과 정보체 간에 존재한다. 지각적 세계는 시시각각 양상을 달리하지만 그 변화에 맞춘 정보체는 내용을 동적으로 대체해나간다. 예컨대, 도로에서 중첩되어 묘사된 목적지까지의 경로정보라는 정보체는 시간대에 따라 변화하는 정체에 맞춰 동적으로 최적경로를 재구성하고 그때그때 제시한다. 더구나 이때 중요한 것은 앞서 지적한 정보체가 가진 행동값의 작용으로 환경 자체가 피드백되어 대체된다는 점이다. 마찬가지로, 정보체를 통해 제시된 정체정보에 의해 빈 경로에 차량이 집중되고 그것이 새로운 정체를 야기할 가능성을 낳는다. 혹은 지각적 세계에 등장한 3D 인격이라는 정보체와의 대화를 통해 환경 내부에 있는 다른 인격과의 대화 양상이 바뀔 가능성도 있다. 이렇게 환경과 정보체는 상호 변화의 동인Trigger이 되어 긴밀히 관계를 맺는 사회적 현실Soziale Wirklichkeit이다.

처음의 물음으로 되돌아가 보자. MR에서 지각적 환경과 정보체는 단독으로 완결될 수 없고 환경은 정보체에 의해, 또 정보체는 환경에 의해 서로 보완될 필요가 있다. 그런 의미에서 환경과 정보체 모두 한편으로는 실재적real이면서 다른 한편으로는 기질적dispositional인, 즉 잠재적virtual 성격을 가진다. 혹은 환경과 정보체 모두 사회가 '현재=현실Actuality/Wirklichkeit'로 나타나기 위한 사회적 소재Medium이다. 이때 사회는 잠재적 현실성Virtual Reality의 지평이라는 모습으로 나타난다.

잠재적 현실성과 정보사회의 새로운 사회적 현실

지금까지 본 것처럼 VR에서는 '자연=물리'적 환경과 인공적 환경, 상호작용 현장과 가상세계, 체험으로서의 현실과 정보로서의 현실처럼 늘 '본래상-모방상'의 관계를 축으로 복수의 세계가 나란히 세워져 왔다. 그러나 VR이 대중매체의 '방-송' 패러다임에서 인터넷 네트워크 패러다임으로 이동함에 따라 지금까지의 두 세계Zwei-Welten적 세계상은 지각적 환경과 정보체를 소재로 삼는 두 요소Zwei-Elementen적 세계관으로 갱신되어가고 있다. 이 일원화된 실재성의 새로운 지평에서는 권리상 모든 존재자Seiende에게 동질의 잠재적Virtuality 실재성이 부여된다. 그러나 이 지평이 실재성에 관한 일체의 구별을 무화하는 평평한 무차별적 공간을 뜻하지는 않는다. 기존의 '본래상-모방상Urbild/Abbild'이라는 존재론적으로ontisch 수평적인horizontal 구별을 대신해 '잠재태/현실태δύναμις/ενέργεια'라는 계층적이고 수직적인virtical 분절화 원리를 품고 있기 때문이다. 즉, 잠재성 상태에 있는 지각적 환경과 정보체는 합하여 '현실=현재'성으로 나타난다.

그러나 이 드러남은—대중매체 패러다임의 안정적이고 고정적인 사회적 현실과 달리—늘 과도기적인 것으로서, 그것이 달성되는 순간 다시 늘어져 완성을 보지 못한다. 때문에, 어느 정도 현재화된 사회적 현실은 잠정적인 것에 불과하며 다음에 나타날 새로운 사회적 현실에 의해 당연히 잠재적 상태에 머무르는 것이다. 그리고 이때 정보사회는 맹렬한 속도로 새로운 사회적 현실을 차츰 현재화해나간다.

정보사회에서 대중매체의 권위적 구조를 통해 재생산되고 유지되어온 사회적 현실의 일의성은 원리적으로 불가능하다. 이는 두 종류의 잠재성으로 해체됨과 동시에 유동화되고 상대화된다. 네트워크 패러다임하의 새로운 사회적 현실은 늘 다르게 존재할 수 있는auch anders möglich sein, 또 늘 새로운 현재성의 씨앗을 품고 있다는 의미에서 항상 이미immer schon 잠재적이다.

기존의 현실이 정보에 의해 확장·증폭된다고 본다면 앞서의 사태는 그다지 새로울 것 없는 이른바 증강현실Augmented Reality의 최신판에 불과하다고 볼 수 있다. 그러나 증강현실에는 현실의 일의성과 지각적 환경의 정보에 대한 우위가 변함없이 전제된다. 일의적인 '현실=환경'이 정보의 **부가**로 강화되는 구도인 것이다. 여기서 정보는 현실을 통해 '부가적=비본질적'인 것으로 간주된다. 이에 비해 MR은 지각적 환경과 정보체의 동위성을 견지한다.* 양자는 동일한 현실을 드러내는 두 개의 '요소=소재'라는 의미에서 잠재적인 것이다. 반대로 Reality의 라틴어 원어인 realitas 또한 사물res을 구성하는 소재적

* 그러나 가치의 차원에서 이 동위성은 철회된다. 정보의 차원에서 가치는 생겨나지 않는다. 가치의 원천은 정보와는 다른 차원에서 구할 수밖에 없다. 이에 관한 상세한 설명은 이 책 3장 「비트코인의 사회철학」을 참고할 것.

요소라는 뜻을 가지고 있다. 이에 수반된 실재성은 역설적이게도 정보사회에서 있는가 혹은 없는가라는 디지털적 이치논리로부터 정도차를 반영한 '현재=현실'성의 연쇄적 단계—이를 존재의 정도Grad나 강도Intensity로 부른다—를 띤 아날로그적 '잠재=현재'의 계층적 계열로 바뀐다. 이상의 의미에서 정보사회의 최신 형태는 인간을 포함한 모든 존재를 소재화하는 사회, 즉 가상사회인 것이다.

종장

문서의 존재론과 탈진실 문제

시각의 설정

아베 정권에서 서서히 드러난 문서를 둘러싼 불상사는 일반적으로 정계 스캔들이나 관료의 부패 차원에서 받아들여졌다. 모리토모森友 및 가케加計 학원에 관련된 행정문서의 인멸과 왜곡, 자위대의 남수단 및 이라크 파병 때의 활동일지 은폐공작 등이 그것이다. 물론 언론적 관점의 진상규명이나 법규범 혹은 윤리적 수준의 철저한 문제해명은 당연히 필요하다. 그러나 이런 수준과 별도로 사실 이 문제는 정보사회에서 총체적 사회 구조의 변용을 문서document라는 매체의 위상 변화를 통해 보여준다고 할 수 있다. 이 장에서 다루고자 하는 것은 이런 차원의 문제에 대응하는 매체론적 · 사회철학적 수준에서의 문서의 존재론적 위상 그리고 정보사회에서 매체 생태계의 재편성에 수반되는 문서의 위상 변화, 실제로는 격하의 양상을 분석하는 일이다.

따라서, 이 장에서 쓰는 따옴표 친 문서는 사문서를 포함한, 쓰여진 것 일반이라는 의미의 문서the written or printed와는 내포와 외연을 달리한다. 동시에 행정실무에서 쓰이는 이른바 공문서official or public document와도 반드시 일치하지 않는다. 이러한 설정이 자의적인 것에 불과하지 않은가라는 질문이 있겠지만 이는 뒤에 다룰 내용에서 핵심적 사안이기에 통속적으로 안이하게 다루지는 않겠다. 우선 문서 개념에 대한 권리부여 작업을 필두로 단계를 확대해가 보자.

1 문서란 무엇인가?

문서에 대응하는 서구어 document(영·불), Dokument(독)는 모두 라틴어 '도큐멘텀documentum'에서 기원했다. 이 '도큐멘텀'이라는 명사는 '가르치다'라는 의미의 동사 '도케레docere'에서 파생되었다. 따라서 '도큐멘텀' 또한 어떤 본질적인 것에 대한 모방으로의 실현이나 본질적 통찰을 추출해낸 교훈이라는 뜻으로 오늘날 우리가 문서를 접할 때 느끼는 인상—마치 생기를 잃은 다양한 규격의—과는 꽤 먼 의미를 띠고 있다. 어의의 중심에 '도케레'로부터 계승한 가르치다라는 함의가 들어 있기 때문이다. 사실 현재의 문서에도 그 뜻이 사라진 것이 아니라 기저층에서 기능하고 있다. 실제 독일어 '도큐멘티에렌dokumentieren'이라는 동사는 어떤 사물이 무엇인지를 증명하고, 사인한다는 의미를 지니고 있어서 라틴어 '도케레'의 '가르치다'라는 뜻을 대체로 이어받고 있다. 일본어의 문서文書라는 말에는 문자가 쓰인 서류—한 세기 전이라면 종이다발, 정보화가 진행된 현재에는 디지털화된 것—라는 이미지가 들어 있다. 그러나 앞서 나온 독일어 '도큐멘티에렌'은 어떤 사물을 증명할 때 그것이 서류인가 영상인가에 관계없이 적용 가능하다. '도큐멘티에렌'의 어의에 종이나 문자 같은 특정한 매체를 뜻하는 함의가 없기 때문이다. 반복건대, 문서 개념의 핵심에 있는 것은 서류, 증서 같은 물질성이 **아니라** '가르치다, 증명하다'라는 기능**이다**.

내가 문서의 어원학적 고찰으로 확인하고 싶은 것은 그것이 존재하기 위한 세 가지 가능성의 조건Bedingung der Möglichkeit이다. 첫째, 문서가 실재세계reale Welt/문서세계Dokumenten Welt로 구별되는 두 세계설Zwei-Welten-Theorie을 전제하고 있다는 점이다. 즉, 문서에 의해 세계는 두 개로 나뉜다. 둘째, 실재세계가 문서세계에 대해 우위를 점하거나 문서세계가 실재세계의 흔적이나 반영 혹은 모사로 간주된다는 점이다. 여기서 나누어진 두 개의 세계가 문서에 의해 다시 결합된다. 그 결과 셋째, 열람자에게 문서는 직접 접근하는 것이 어울리지 않게 실재세계로 통하는 통로나 매체로 기능한다.* 즉, 문서는 우리에게 실재세계가 가진 다양함을 **가르친다**. 이는 문서에 어떤 힘이 잠재해 있음을 보여주며 그 힘의 근거가 바로 실재 세계와의 유대이다.**

문서가 지닌 힘에 관해 한 가지 보충하고자 한다. 나는 문서가 실재das Reale와 관계맺음으로써 힘을 얻었음을 확인했지만 그 힘은 문서에 기록된 내용에 관련된다는 점이다. 왜냐하면 문서는 실재의 내용에 대한 모사이기 때문이다. 예컨대 한 장의 사진에 찍힌 건물이

---

* 보다 정확히는 뒤에 볼 것처럼 실재세계를 구성하는 소재적 매체로 기능한다.

** 때문에, 실재 세계의 뒷받침을 결여한 개인적인 가설, 가공된 허구류는 일반적으로 문서에서 제외된다. 그러나 그것이 쓰인 시점에서 쓴 사람의 심리상태라는 실재세계와의 연관이 문제시되는 순간(예컨대, 공판에서 동기의 해명에 각서가 사용되는 경우) 그것은 문서로서의 힘을 가지기 시작함에 주의할 것. 문서란 문자·활자·영상을 따지지 않고 실재세계와 관련을 맺는 것에 다름 아니기 때문이다.

라는 내용은 피사체로 실재하는 건물의 모방이며, 여기서 사진이 되는 문서는 실재의 모습을 가르쳐주는 힘(=증거능력)을 얻는다. 그런데 문서는 이와는 다른 한 가지 힘을 잠재하고 있다. 예컨대, 왕정국가 내에서 전매를 확인하는 허가장이나 요즘의 표창장 같은 문서를 생각해보자. 이들 문서에도 내용이 당연히 있다. 그러나 이들 문서가 가진 힘은 그 내용과는 직접적인 관계가 없다. 그 힘은 전매를 허가한다는 것, 또 명예를 표시하는 주체, 문서의 발행인, 일반화하자면 문서 외부의 사회구조에서 유래한다. 때문에, 문서의 힘은 이중화된다.

나는 문서에서 전자의 힘, 곧 실재에서 유래하는 것을 문서의 강도Stärke로 보는 반면 후자, 즉 문서에 담긴 구조에서 나오는 힘을 문서의 위력Macht으로 부르고 양자를 명확히 구별하고자 한다. 위력이 문서에 부여하는 것은 위계화된 구조를 띤 사회적 현실soziale Wirklichkeit이다. 그렇게 얻은 위력으로 문서가 보여주는 실재에 관한 내용 또한 현실적인 것으로서 정당화legimieren 된다.*

---

* 엄밀히 말해, 날것 그대로의 벌거벗은 실재das Reale적인 것은 원리적으로 존재할 수 없다. 실재화된 것도 기존의 어떤 사회적 규정을 받아들인다는 의미에서 늘 이미 존재하는immer schon 현실적인wirklich 것이다. 때문에, 실재가 아닌 '실재' 등으로 표기해야 하겠지만 논의의 번잡함을 피하기 위해 과거 표현인 '실재'는 빼고 서술을 이어가기로 한다.

2 문서의 사회적 기능

나는 지금부터 문서의 사회적 기능을 분석할 텐데 이때 그것과 실재세계의 관계가 어긋나게 대응하는 세 종류의 문서를 구분하고자 한다. 곧, 조직이라는 실재에 관계된 문서는 ① 행정문서(administrative documents)로서 대표적으로는 관료조직에서 유통되는 공문서(official or public documents)이다. 관계되는 실재가 조직을 넘어 세계의 구석구석까지 공간적으로 확장된 문서는 ② 보도문서(journalistic documents)이다. 이는 일반적으로 기사(해설기사와 구별되는 스트레이트 뉴스)나 보도사진(다큐멘터리)으로 유통된다. 마지막으로 문서가 관계된 실재세계가 시간적 과거로 확장된, 그러나 존재하지 않는(때문에, 우리로서는 직접 접근이 불가능한) 실재로 기능할 경우 그것은 ③ 역사적 문서(historical documents)로 범주화된다.

행정문서의 사회적 기능

그러면 우선 모든 문서의 양식이기도 한 행정문서부터 검토해 보자.

행정문서와 관료제

행정문서는 관료조직Bureaucratic Organization과 분리될 수 없다. 관료조직에서 행정사무는 문서에서 시작하고 문서에서 끝나는 이른바 문서주의Red Tape가 이를 잘 말해준다. 때문에, 행정문서를 살피기에 앞서 관료조직의 특성을 어느 정도 밀도 있게 확인할 필요가 있다. 관료조직이란 한마디로 ① 의사결정과 ② 지속을 본질로 삼아 ③ 위계적인 구조를 띤 ④ 자기지시적인(즉, 폐쇄적인) 사회체계이다.* 여기서 의사결정과 지속은 동전의 앞뒷면과 같은 관계임에 유의하자. 의사결정의 잇따른 발생이 관료조직을 지속시키고 반대로 관료조직이 지속하는 한 그것은 의사결정을 해나가지 않을 수 없다. 다만 이 경우 관료조직은 행정관청에 국한되지 않는다. 일반기업이나 NPO · NGO 등의 각종 단체, 특정법인 또한 관료조직이 될 수 있다(물론 그것은 막스 베버가 말하는 의미의 관료제가 아니라 카리스마적인 것 혹은 가부장제적인 조직형태를 띤다. 반대로 행정관청은 예외 없이 관료조직이다).** 또, 학교법인이나 종교법인 등도 사무기구 내에 관료조직을 갖는 경우가 많다. 중요한 것은 어느 것이든 **목적여하에 관계없이** 관료조직에 고유한 의사결정을 **일정한 방식으로** 재생산하여 조직으로 지속된다는 점이다.

여기서 일정한 방식이란 어떤 것을 말하는 걸까? 관료조직의 의사결정은 방식Verfahren의 연쇄로 실현된다.*** 전문적으로 분화되어 직급에 맞게 할당된 권한에 맞춰 방법이 연쇄적으로 지속되는, 즉 위계적인 층위를 갖추고 상승하여 정점에 이른 최종 의사결정이 조직의 입장이 된다. 물론 의사결정에 따라 지향하는 목표는 조직마다

---

* Luhmann, N., *Die Gesellschaft der Gesellschaft,* Suhrkamp, 1997, Kapitel 4, XIV. Organisation und Gesellschaft.

** Weber, M., *Wirtschaft und Gesellschaft*, 1922, Dritter Teil: Typen der Herrschaft.

*** Luhmann, N., *Legitimation durch Verfahren*, Suhrkamp, 1983.

다르지만 그 기준은 반드시 조직 자체에 의해 조달되고(외부감독이나 자문기관의 설치를 통해 **참고**는 하지만) 외부의 기준이 의사결정의 원리가 될 수는 없다.* 이는 단적으로 조직으로서의 자율성의 상실을 뜻한다.

방법을 실제로 수행하는 것은 관리Beamter—관료제적인 기업의 사원Angestellte을 포함해—이지만 관리(사원)는 방법을 연쇄적으로 이어나가기 위한 환경Umwelt에 불과하거나 연쇄적인 방법의 결절점에 지나지 않는다. 체계의 본체 혹은 단위요소는 어디까지나 방법이다. 바꿔 말해, 방법의 연쇄적 지속에 따라 개별 관리(사원)는 **원칙적으로** 언제나 교체 가능하다. 다만 매번 방법을 쓸 때마다 이루어진 극도의 전문분화로 인해 그 담당자는 기준에 정통할 것과 운용의 연륜을 필요로 한다. 때문에, 누구라도 좋다는 임시방편이 아닌 그 직무를 잘 수행할 수 있는 기량이 요구된다. 그런 의미에서 관료조직이란 관리(사원)라는 매우 정밀한 톱니바퀴로 조밀하게 구성된 의사결정 기계라고 할 수 있다.** 이렇게 관료조직은 탈인격화된 의사결정 기계로서 의사결정의 자동화를 달성할 수 있다.

---

* 보도공개법의 제정에도 불구하고 여러 관공서가 완강히 비밀주의를 고집하는 것은 이런 사정이 크다. 물론 그렇다고 비밀주의가 정당화되는 것은 당연히 아니다.

** 베버가 관리의 특성으로 거론한 조직에 대한 충성(겸업금지), 선거와 관계없는 임명제, 계약을 통한 복무, 자격에 맞는 자리배치, 공사의 엄밀한 분리, 관식의 녹섬배세 보누 관료소식이 정확하고 엄밀한 방법의 연쇄적 지속을 담보하고 인격Person을 탈인격화한 정밀한 부품으로 만들기 위해 필요한 조건이다. Weber, M., *Ibid*, Kapitel VI. Bürokratie. 루만식으로 말해 앞서 말한 특성을 만족할 경우 관리는 관료조직이라는 체계의 원소로서 체계에 포섭include된 존재가, 반대로 만족시키지 못할 경우 그로부터 배제exclude된 존재가 된다.

베버가 관료제에 관한 논의에서* 그 즉물성Sachlichkeit, 비인칭성Unpersönlichkeit, 비인간화entmenschlicht zu werden와 같은 특성을 지적한 사실은 잘 알려져 있다. 그러나 이에 관해 그는 '예속의 강철감옥stahlharte Gehäuse der Hörigkeit'이라는 다분히 정서적인 어감을 띤 문구**를 통해 소외론적 관점에서 과도한 휴머니즘을 도출하고자 한다. 혹은 전간기 독일의 역사적 맥락을 고려한 카를 슈미트Carl Schmitt류의 결단주의로 이해하지만 나는 이런 관점에 반대한다. '예속의 강철감옥' 같은 표현은 당시 베버가 처한 상황을 반영한 강한 수사에 불과하다. 오히려 나는 그가 묘사한 관료제를 현재의 정보사회적 관점의 관료조직, 곧 인간Mensch, 인격Person과는 다른 층위에 존재하는 연쇄적 방법 지속을 통한 의사결정의 재생산으로, 또한 비인칭적이고 자기지시적인 자율 체계로 파악하고자 한다. 그리고 이 비인칭적 방법 체계인 관료조직에서 유통되는 매체야말로 행정문서라고 할 수 있다.***

행정문서의 힘

관료조직에서는 위계적이고 다양한 층위의 방법의 작동이 토론이나 구두로 동시에 지시된다. 그러나 어디까지나 이는 공간적으로 국소적인 사건에 불과하다. 행정문서는 불안정한 상태의 방법에 매

---

* *Ibid*.

** Weber, M., Parlament und Regierung im neugeordneten Deutschland: Zur politicshen Kritik des Beamtentums und Parteiwesens, in *Gesammelte Politische Schriften*, 1921.

*** 매체론적 시각에서 관료제와 문서의 본질적 결합을 지적한 토론토학파의 비조인 해럴드 이니스의 연구는 주목할 가치가 있다. Innis, H., *Empire & Communications*, Oxford Univ Press, 1950, 5. The Written Tradition and the Roman Empire.

체의 물질성을 부여하여 고정한 것이다. 이는 상부에서 의사결정의 출발점을 어떻게 설정하느냐에 따라 조직 전체가 그것을 공유하고 이후의 결정을 위한 자원으로 축적한 뒤 필요에 따라 제공하는 방식을 취한다. 의사결정에 이르는 일련의 과정을 반영한 전달문서·기안문서→품의서→결재문서는 전자의 기능을 전형적으로 체현한 것인 반면 각종 공람문서나 회의록은 후자의 기능을 대표한다.*

여기서 다시 확인할 것은 이 장 서두에서 어원학적인 각도에서 지적한 문서의 두 세계설, 곧 '실재세계/문서세계'의 이원론이다. 행정문서에서 문서가 의거한 실재das Reale는 조직**이라는** 실재, 곧 방법의 연쇄를 통한 의사결정의 재생산이다. 문서는 단순히 실재를 모방한—문서의 이 작용은 일반적으로 기록das Aufscheriben으로 불린다—것이 아니라 실재세계에 피드백되어 실재를 통제한다는 사실이다. 예컨대, 이는 결재문서의 축적으로 선례가 주어지거나 회의록을 확인함으로써 방법의 효율화를 꾀하는 일에서 볼 수 있다.

그것만이 아니다. 행정문서는 관료조직의 구성원인 관리나 사원에게 규범적 위력을 가진다. 행정문서의 이 힘은 탈락·승진·부서이동 등의 결정을 기록한 인사발령문에 가장 전형적으로 나타나지만, 모든 행정문서는 그것을 따라 수행되어야 할 모범, 견본의 기능을 담당한다는—문서의 라틴어 어원인 도큐멘텀documentum이 모범, 교훈의 뜻임을 상기할 것—점에서 관리나 사원이 활용하는 모든 행정문서가 규범의 역할을 한다. 그렇기에 관료조직이 받드는 문서주의란

* 공판기록, 판결문, 증거서류 등의 사법 문서 또한 재판소가 관료 조직인 한 행정문서에 준하는 것으로 볼 수 있다.

단순히 규칙이 까다롭다는 식의 모멸적 뉘앙스가 아니라 문서를 통해 조직에 규율을 부여하는 윤리적 원리로 받아들여질 수밖에 없다. 문서가 관료조직이라는 현실을 구성하고 반대로 관료조직이 문서를 산출하는 폐쇄적 재생산 고리를 양자가 만들어내는 것이다. 이렇게 문서가 관리(사원)에 대해 가진 규범적 위력으로 인해 관료조직이라는 실재는 늘 기존에immer schon 그곳에 있던 주어진 현실Wirklichkeit로 구성konstruieren되어 '정당화legimieren=기정사실화'된다.* 덧붙이자면, 행정문서의 이 힘은 관료조직의 외부에 가면 힘을 잃는다. 즉, 조직의 구성원 이외의 자에게 행정문서는 어떤 규범성도 가지지 못한다.** 행정문서가 위력을 발휘하는 범위는 그것이 의거한 실재, 그것이 구성한 현실의 범위로 엄밀히 제한할 수 있다.

---

* 'Legitimität, Legitimation, legitimieren'이라는 말이 지배나 통치와 관련되는 맥락에서 쓰일 때 기능적으로 정**통**성, 정**통**화라는 번역어가 채택되는 경향이 있다. 군주제로 대표되는 역사적·혈통적 지배의 경우 외에는 정**통**이라는 말이 친숙하게 느껴지지 않을 것이다. 그래도 저자가 소개하지 않은 업계의 특별한 사정이나 이유가 있지 않을까? 만일 그렇다 해도 이런 사정에 구애되지 않고 이 책에서는 의식적으로 정통과 정당이라는 두 번역어를 문맥에 따라 나누어 쓴다. 또, 하버마스는 루만과 달리 정당화에 방법 이상의 합의Einverständnis가 필요하다고 주장하지만 나는 의식적 합의가 아닌 문서의 위력을 통한 현실의 수용에 입각해 정당화가 부여된다고 생각한다. Habermas, J., *Legitimationsprobleme im Spätkapitalismus*, Suhrkamp, 1973. (번역 『晩期資本主義における正統化の諸問題』, 岩波書店). 하버마스 저작 제목에 있는 'Legitimation'을 정**통**화로 번역한 것은 어느 쪽으로 보더라도 오역이다.

** 조례, 계약서, 통보와 같은 이른바 법령문서는 마치 관료조직 외부에서 어떤 위력을 가지고서 일반 시민에게 규범성을 보여주는 것처럼 생각될 수 있다. 그러나 조직 외부에서 시행되는 시점에 그런 결정은 방법 체계로부터 법·정치 체계나 경제 체계로 위임된다. 때문에, 이 위력이나 규범성은 방법 체계로서의 관료조직을 배경으로 하는 행정문서가 아니라 법·정치 체계나 경제 체계에서 유래한다. 관료조직이 목적, 실질 혹은 내용을 묻지 않고서 **닫힌** 의사결정 기계가 되는 이유가 바로 이 때문이다.

보도문서의 사회적 기능

문서가 가르쳐주는docere 실재가 조직을 넘어 세계die Welt로 확장될 때 이는 보도문서가 된다.

보도문서의 규범으로서의 다큐멘터리

보도문서라고 말할 때 많은 독자가 신문이나 잡지의 기사를 떠올리겠지만 앞서 어원학적 분석에서 이미 확인한 것처럼 문서의 본질은 실재가 지닌 모습을 가르쳐주는, 곧 증거로 세우거나 이면의 기능을 알려줌으로써 그것의 물질적 지지체support 여부를 벗어나는 지점에 있다. 때문에, 문자 기반의 기사뿐 아니라 회화나 동영상 기반의 사진, 뉴스릴, 다큐멘터리도 보도문서에 포함된다. 오히려 동영상 기반의 다큐멘터리documentary야말로 보도문서의 이념형Idealtypus을 체현하고 있다.

다큐멘터리라는 말 자체는 19세기 초부터 있었지만 이는 '문서를 활용한', '문서에 기반한'이라는 의미의 '도큐멘트'의 형용사형이었다. 기록영상이라는 의미에서의 다큐멘터리라는 말은 영국의 영상작가인 존 그리어슨John Grierson이 1920년대 역사상 최초의 다큐멘터리를 제작했던 미국의 영상작가 로버트 플라어티Robert Flaherty의 작품을 비평할 때 쓴 것이 효시이다.* 이후 그리어슨은 20년대 말~40년대에 걸쳐 다큐멘터리 운동을 전개했지만 중요한 것은 그의 다큐멘터

---

* *New York Sun*, 8 February 1926. 플라어티의 동영상 『모아나』(*Moana*, 1926)에 대한 비평 기사에서.

리 개념이 촬영대상에 과잉 감정이입하여 시적 정서를 낳고 관찰자가 공감하게 만드는 플라어티의 기법—그리고 이는 플라어티에게 배운 오가와 신스케小川紳介에게로 계승된다—의 대척점에 있다는 점이다. 즉, 카메라라는 장치의 도움을 빌려 대상을 관찰하는 시야를 극단적으로 비인칭화함으로써 실재를 **문제로** 절단해 영상에 정착시키는 것이 그리어슨이 생각한 다큐멘터리였다.

나는 문서의 본질을 ① 실재와의 단절(즉, '실재세계/문서세계'의 형태로 실재가 가진 모습을 가르쳐주는 통로가 되는)로 간주하지만, 그리어슨의 다큐멘터리는 엄밀히 말해 문서의 두 요건을 만족한다(다른 한편 플라어티의 수법은 반대로 실재와의 융합을 지향한다).* 더욱이 중요한 것은 다큐멘터리가 '인공 지각도구=기계의 눈'을 통한 기록물이기에 실재를 모사하여 가르쳐주는 힘, 곧 객관적 강도를 최대화할 수 있다는 점이다.

물론 촬영 이후의 이른바 포스트 프로덕션의 편집이나 나레이션을 포함한 음향 녹음 단계에서는 저작권 고유의 '서술법=이야기의 실마리'를 필요로 하는 주관성을 완전히 불식시키는 것은 원리적으로 불가능하다. 이상의 의미에서 다큐멘터리 또한 **언어적** 문서의 구조적 유비임에 틀림없다(그러나 이로 인해 그리어슨이 실재를 **그의 시점에서** 문제로 절단해낸 것이기도 하다). 중요한 것은 다큐멘터리가 보도문서의 강도를 최대화한 서술법을 개발한 점이다. 그리고 이 서술법은 20세기 전반에 걸쳐 보도 분야를 석권했다.

---

* 물론 플라어티적인 수법의 다큐멘터리를 배제하거나 그 가치를 폄하하려는 것은 아니다. 여기서 강조하고 싶은 것은 다큐멘터리의 보도적 측면이다.

19세기 말에 개발된 사진 동판이 활자 인쇄와 사진인쇄 과정의 통합을 이루어냄에 따라 신문지면상의 사진과 문자의 공존의 실현, 나아가 사진잡지, 화보라는 신매체의 등장으로 사진이 언어로 편입되어 보조 문서의 강도가 높아졌다. 그것만이 아니다. 보도 언어 자체가 **무**인칭적 문체와 수사를 개발 · 완성함으로써 문장가의 개성과 주관성을—제거가 아닌—투명하게 만들어 다큐멘터리화를 이룬 것이다. 이런 보도 문체의 **무**인칭성은 롤랑 바르트Roland Barthes가 에밀 벵베니스트Emile Benveniste를 채용하면서 지적한 글쓰기écrire 행위에 본래 들어 있던 **전**인칭적 중동태middle voice—인칭에 앞선 행위—의 근대적 모방mimicry으로 어떤* '관찰자=문장가'의 고유한 편견을 제거한 영도degré zéro 글쓰기écriture의 발견이기도 하였다.**

보도문서와 세계의 현실

이렇게 보도문서는 다큐멘터리의 규격에 맞춰 세계라는 실재를 모방하지만 이는 세계의 확장이라는 측면에서 볼 때 단편적인 것에 불과하다. 이 단편성에 머무는 문서군을 조직적 · 계획적으로 수집정리 · 취합선택 · 편집할당하여 **하나의** 현실Wirklichkeit로 묶는 것이 대중매체의 역할이다. 실재의 이면이 지닌(업계에서는 '우라'(ウラ=裏)로 부르

---

* 때문에, 이는 중동태와는 본질적으로 다르다. 중동태에서는 행위 가운데 인칭이 만들어지지만 다큐멘터리의 서술법에서 인칭은 단적으로 **없다**. Barthes, R., 'To Write: An Intransitive Verb?' in *The Structuralist Controversy: The Language of Criticism and the Science of Man*, ed. Richard Macksey and Eugenio Donato, Johns Hopkins Press, 1970. (번역 「**글쓰기**란 자동동사인가?」, 『言語のざわめき』, みすず書房에 수록).

** Barthes, R., *Le Degré zéro de l'écriture*, 1953.

는) 보도문서군을 소재로 대중매체를 통해 구성된 현실은 다음 세 가지 특징을 보인다. 첫째, 구성된 현실의 시제는 늘 현재present라는 점이다. 개별 문서의 시제가 과거일 때조차도 그것이 현실에 들어서는 순간 현재로 변용된다. 예컨대, 50년대 이전에 촬영된 영상문서가 대중매체로 방영될 경우 다큐멘터리 자체가 가진 시제는 과거이지만 초점을 맞춘 것은 반세기 전의 귀중한 영상문서의 발견이라는 사건의 현재성으로 해당 영상에 묘사된 주제가 현재에도 유효하다는 식이다. 문서의 시제는 보도 중에 구성된 현실 내의 맥락 속에 위치지어지거나 과거의 현재가 보고된다.

이처럼 세계의 현재라는 현실은 대중매체에 의해 **시시각각** 다시 쓰여 갱신된다. 신문의 경우 조·석간을 통해 반나절 만에, 텔레비전 뉴스의 경우 몇 시간 만에 정기적으로 현실이 보고됨으로써 세계의 시제는 늘 현재에 머무르며 유지될 수 있다. 반대로 현재를 벗어날 때 대중매체는 현실구성 기능을 잃는다(예컨대, 도시락 싸는 종이로 변해버린 어제 신문). 둘째, 구성된 현실이 유일하다einzig는 점이다. 물론 복수의 보도문서 사이에 차이나 어긋남, 오보 혹은 경우에 따라 날조문서도 가끔 생길 수 있다. 각각의 보도기관이 구성한 현실에 왜곡이나 제동이 일시적으로 생기는 경우가 있다. 그러나 이런 문서 간의 부정합이나 불일치는 즉시 동료 기관의 상호참조를 통해 조정·수정되어 단기간에 하나의 수미일관한 현실로 동기화된다. 셋째, 보도문서에 의한 현실의 자기지시적 강화라는 점이다. 보도문서는 사실 실재의 단순한 관조적 보고가 아니다. 이는 대중에게 어떤 규범적 힘을 가지며 실재로 작동하도록 대중을 자극하여 현실의 구성을 한층 견고하게 한다. 예컨대, 보도문서가 알리는 어떤 유행이나 의제에 대중이 반응함으로써 대중매체가 알린 현실이 다시 강화되는 사태로 월터 리프먼의 스테레오타입stereotype이나 로버트 머튼R. K. Merton이 말한 자기실현적 예언self-fulfilling prophecy 현상에서 전형적으로 드러난다.*

보도문서의 힘

앞서 행정문서와의 비교에서 강조하고자 했던 것은 보도문서가 가진 힘의 원천이다. 행정문서의 경우 그 힘의 원천은 문서가 모방하는 실재, 곧 조직에서 연쇄적 방법의 위계성이 어떻게 문서에 들어가 (문서의 외부에 있던) 위계적 편제구조가 되는가에 있었다. 이 경우 문서가 모방하는 실재의 차원이 아닌 문서의 차원에서도 중요하고 엄격한 위계가 존재하게 되어, 실재와 문서를 관통하는 위계적 권위구조로 문서는 힘을 조달한다. 행정문서에서 강도와 위력이 일치한다고 할 수 있는 것이다.

이에 비해 보도문서에는 행정문서에서 보이는 위계성이 존재하지 않는다. 왜냐하면 앞서 말한 것처럼 보도문서를 통한 세계라는 실재에 대한 보고는 늘 단편적이기 때문에, 모든 문서가 세계에서 차지하는 지위는 서로 같을 수밖에 없기 때문이다.** 세계라는 '직소퍼즐의 큰 종이'에 문서라는 단편을 하나하나 붙여 현실이 구성된 이상, 모든 단편의 가치가 같아지는 것이 도리이다. 그런 의미에서 보도문서의 편제 원리는 행정문서의 계층구조Hierarchie와 달리 병렬적 배치

---

* Lippmann, W., *Public Opinion*, 1922. 및 Merton, R. K., *Social Theory and Social Structure: Toward the Codification of Theory and Research*, 1949.를 참고할 것.

** 다만 뒤에 4절에서 말하게 될 것처럼 보도문서의 경우 실재의 모방적 기록 단계에서 이미 선별이 이루어짐에 주의할 것.

assembly를 띤다고 할 수 있다. 마셜 매클루언을 차용해 말하자면 모자이크적mosaic 혹은 세공적patchwork, 점묘적pointillism 특성을 띤다고 할 수 있다.* 이는 마셜 매클루언도 지적한 것처럼 신문의 모자이크적 레이어드에 상징적 · 집약적으로 나타난다.

그러면 보도문서의 힘, 정확히는 위력이 그 편제에서 위계적이지 않다면 어디에서 그 힘을 조달해 오는 걸까? 바로 **널리 퍼진** 위계구조에서 온다. 개개인이 직접 보고 들을 수 있는 세계의 실재는 자신의 신체를 중심으로 한 한정된 범위에 그친다. 미국의 총기난사 사건이나 시리아의 공중폭격 같은 지구의 이면에 관한 실재는 대중매체가 알리는 보도문서에 의지할 수밖에 없는 개인에게는 아는 데 한계가 있다. 대중매체는 해외 각지의 지국망, 특파원, 보도기관 간 협력을 통해 세계의 구석까지 실재를 뒷받침하는 보도문서 작성체제를 구축하여 매일 뉴스를 양산한다. 대중매체는 보도문서를 독점 · 과점하고 일방적으로 우리 대중Mass에게 퍼트린다. 여기서는 관료조직과 달리 대규모의 위계화된 배포체제—대중매체를 정점으로 하는 원뿔형의—가 군림하고 있다. 개인에게는 대중매체에 의해 발표된 개별 보도문서의 보고를 확정적 사실fact로 수용하는 것 이외에 달리 방법이 없다. 이 권위적 구조야말로 보도문서가 가진 '힘=권위'의 원천이다. 그리고 대중매체가 보도문서에서 구성한 **하나의** 현실에 이 힘이 정당성Legitimität을 부여한다. 그리고 정당화된 **하나의** 현실이 진실Truth이라는 이름으로 불린다.

---

* McLuhan, M., *Understanding Media: the Extensions of Man*, 1962. 21. Press: Government by News Leak.

역사적 문서의 사회적 기능

최후의 역사적 문서를 가르친 '실재'는 과거Vergangenheit이다.

역사적 문서와 역사적 현실

정확히 말해 과거라는 실재와 관계시킬 때 일체의 쓰여진 것the written, or printed이 역사적 문서가 될 수 있다. 예컨대, 관료조직의 역할을 떠맡은 현실적으로 쓸모없는 행정문서는 그 시점부터 역사적 문서로 전환될 수 있고, 보도문서의 경우 보도 후 즉시 역사적 문서로 바뀔 수 있다. 보통 문서로 산입되지 않는 메모, 비망록, 일기, 편지나 사적인 스냅숏, 영상클립, 녹음 데이터 등도 그것이 과거라는 실재와 관계되면 역사적 문서의 신분을 얻을 수 있다. 그런데 흑요석 소재의 화살촉, 질그릇 같은 도구나 제작물, 조개더미나 주거흔적 등의 물적 사료조차 그것이 과거의 흔적을 보여주는 강도를 띠는 한에서 역사적 문서에 포함될 수 있다.

그러나 여기서 독자의 주의를 환기하고자 하는 지점은 과거라는 실재와 관계된 문서가 역사적historical인 것의 필요조건일 뿐 충분조건이 아니라는 점이다. 반세기 전에 촬영되어 촬영 날짜와 짧은 제목이 달린 채 앨범에 담겨 있는, 암갈색으로 변색된 사적인 가족사진은 틀림없이 과거라는 실재에 관계되며 그에 관련된 어떤 점을 가르쳐 줄 수 있다. 그러나 보통 이 가족사진은 역사적 문서가 아니다. 역사적 중요성을 결여하고 있기 때문이다. 즉, 그것은 강도를 띠고 있긴

하지만 위력이 없다.*

행정문서와 관련하여, 쓸모없는 문서 전부가 자동적으로 역사적 문서로 바뀌지 않는다. 쓸모없는 문서의 역사적 중요성에 따라 국립공문서관 등에서 폐기나 보존을 결정한다.** 그 결과 보존이 결정된 것만 역사적 문서가 된다. 보도문서 아카이브인 신문의 축약판이나 보도 라이브러리에는 원칙적으로 모든 기사와 보도가 전부 보존되지만 이 또한 모든 것이 역사적 문서로 간주되지 않는다. 이른바 자투리 뉴스, 계절 뉴스, 광고 등은 여기서 제외된다.*** 여기에도 역시 위력이 없기 때문이다.

일반적으로 어떤 문서가 역사적이라는 것은 단지 그것이 '실재로서의 과거에 대한 흔적token'이어서가 아니다. 오히려 **중요도에 따라** 선별된 **유일한**—왜냐하면 언어론적 전회Linguistic Turn 이후의 역사학에서 상대주의적 경향에도 불구하고 일반적으로 당연히 과거라는 실재는 단 **한 번뿐**이라는 관념meinen 때문이다—시계열적 구조물로 조직될 것을 요구한다. 이때 처음으로 역사적 문서는 '위력=역사적 중요성'을 획득한다.

그 구조물이란 역사적 문서로 구성된 조직적 현실historische Wirklichkeit이다. 행정문서를 이루는 조직적 현실이 무시제tenseless, 보도문서를 이루는 세계적 현실이 현재라는 시제를 가지는 데에 비해 역

* 그러나 풍속사적 관점에서 사진이 역사적 중요성을 **인정**받는다면 역사적 문서로 격상될 수 있다.

** 예컨대, 일본의 경우 「공문서관리법」 제5조 제5항을 참고할 것.

*** 여기서도 물론 광고사나 풍속사라는 문맥에서 역사적 문서가 될 가능성을 배제할 수 없다.

사적 현실의 시제는 반드시 과거이다. 또, 역사적 현실은 이를 이루는 개개의 역사적 문서가 과거라는 실재의 흔적임에 입각해 가공적(=대응하는 실재를 결여한) 허구fiction와 구별된다. 허구세계 또한 다양한 시제를 갖지만 이 시제 자체가 반실재적이고 가상irreal적인 가정법subjunctive mood을 띠며, 역사적 현실의 시제에 수반되는 사실적인real 직설법indicative mood과 첨예하게 대립한다. 때문에, 가공의 허구는 문서가 가진 실재의 이면인 강도Stärke를 결여하고 있다. 그럼에도 불구하고 역사적 문서가 이루는 역사적 현실은 편제상의 '틀'을 허구와 공유한다는 점에서 연속성도 확인된다. 이렇게 공유된 '틀'이 이야기Narrative Structure에 다름 아니다.

역사적 문서의 힘

역사적 문서는 행정문서의 수직구조, 보도문서의 병렬배치와 달리 이야기narrative라는 원리에 따라 현실로 편제된 것이다. 이야기는 단순한 시계열적 연속성이나 인과 계기 이상으로 '발단→전개→결말'이라는 플롯을 내부구조로 갖는 문장 구조 단위로서 각 단위는 서로 포섭구조를 이루고 있다. 역사적 문서는 이런 문장구조 배치의 한 지점을 이루기 시작하는 순간 역사성을 획득한다. 때문에, **일반적으로** 역사적 문서만으로는 역사적일 수 없고 문장구조적 맥락을 필요로 한다.* 아서 단토Arthur Danto도 지적한 것처럼 과학적 사실이 노

---

* 아우슈비츠나 카친의 숲처럼 집단학살에서 살아남은 사람의 육성증언을 기록한 독립적 문서는 역사적인 것이 아닌 것인가라는 역사의 이야기주의에 대한 질문이 카를로 긴츠부르그Carlo Ginzburg에게서 시작되었지만 이런 특이점을 이루는 증언은 물론 과거라는 실재에 대해 우리에게 틀림없는 사실을 가르쳐주는 힘을 가지고 있다. 다만 그것이 역사적이기 위해서는

우드 러셀 핸슨Norwood Russell Hanson이나 토마스 쿤Thomas Kuhn이 말하는 이론 의존적인theory-laden 것임이 밝혀진 것과 마찬가지 이유로 역사적 사실 또한 날것이 아닌 이야기 의존적인narrative-laden 것이라고 할 수 있다.*

그것만이 아니다. 이야기 의존적인 역사적 문서는 규범적인 위력도 지니고 있다. 역사적 이야기주의의 우두머리로서 단토와 나란히 거론되는 헤이든 화이트Hayden White는 이야기란 단순한 역사서술 형식이 아닌 교훈적 · 도덕적인 실천(실용) 기능을 담보한 구성물이라고 주장한다.** 그의 주장은 도발적이어서 많은 공격을 받았지만 경청할 가치가 있다. 역사적 문서가 본래 선별의 결과로 이루어진 것이며 **선별**된 문서에서 이야기로서의 역사적 현실이 구성되는 이상 거기에는 구성자의 어떤 가치가—당사자가 그것을 자각하지 못하더라도—당연히 들어가 있다. 더구나 그 가치는 단순한 관조적 인식 지평을 넘어 정치적이고 윤리적인 힘을 이야기 수용자에게 발휘한다. 왜냐하

실재를 근거로 힘 이상의 정당화 수단을 필요로 한다. 실제 단독적 문서 다수가 이야기적 구조를 지니고 있다. 일반적으로 인터뷰 또한 증언자에게 이야기를 기대하고 덧붙인 것으로서 증언이 단편적이라 해도 그것은 육성의 역사를 이야기적으로 구성한 것이다. Ginsburg, C., Just One Witness, in *Probing the Limits of Representation: Nazism and the "Final Solution"*, Harvard Univ. Press, 1992. (번역 「ジャスト·ワン·ウィットネス」, 『アウシュビッツと表象の한계(限界)』, 未来社).

* Danto, A. C., *Analytical Philosophy of History*, Cambridge Univ. Press, 1973. (번역 『物語としての歴史: 歴史の分析哲学』, 国文社). 河本英夫의 역자해설을 참고할 것.

** White, H., The Value of Narrativity in the Representation of Reality, in *On Narrative*, The Univ. of Chicago Press, 1981. (번역 「歴史における物語性の価値」, 『物語と歴史』, 《リキエスタ》 간행). 또한 같은 저자의 *Practical Past*, Northwestern Univ. Press, 2014. (번역 『実用的な過去』, 岩波書店)을 참고.

면 역사적 문서가 가진 '힘=위력'의 근원은 전통적으로 국가였기 때문이다.

국가는 역사적 문서를 이야기 형태로 편제하면서 역사적 현실을 구성해냄으로써 지배의 '정통성=정당성Legitimität'을 피지배층에게 보여주는 동시에 이상적 신민의 구체적인 상을 그려왔다. 이는 국사National History 편찬이 늘 국가의 중대사로 이어져온 점으로 방증된다. 또, 2차 대전 이전 일본이 역사교육의 장면에서 '미담'으로 가르쳐온 '효도리고에鵯越' 시절의 하타케야마 시게타다畠山重忠가 보여준 부하에 대한 노력,* 구스노기 마사시게楠木正成가 자결 시 내뱉은 칠생보국七生報国의 소원,** 아코 낭사赤穂浪士 사건이 보여준 충군의 미덕*** 등에서 그 윤리적 힘이 노골적으로 드러난다. 이런 것들에 대해 당장 2차 세계대전 이전의 천황사관을 모델로 서서히 보편화된 일면적 역사관이며 공동체 속에서 이어져온 소수민족의 역사, 물질적 과정을 축으로 역사를 파악하는 유물사관, 무엇보다도 근대의 실증적 역사 과학의 성과나 시각을 전혀 고려하지 못한다는 반론이 생기는 것은 당연한 일이다.

---

* 효도리고에는 <헤이케모노가타리平家物語>에 나오는 지명이며, 1184년 미나모토 요시츠네가 이치노타니에 포진한 헤이케를 치기 위해 언덕을 단숨에 달려 내려와 헤이케의 배후를 찔러 승리를 얻었다고 한다. 한편 하타케야마 시게타다(1164~1205)는 헤이안 시대 말기부터 가마쿠라 시대 초기까지의 무장이다. 가마쿠라 막부의 유력 고케닌으로서 미나모토노 요리토모의 거병 초기에는 적대관계였지만 이후 주종관계로 변하여 겐페이 전쟁 당시 지용을 겸비한 무장으로 활약하였고 막부 창업 공신의 반열에 오르게 된다. -옮긴이

** 불교 특유의 세계관으로서 일곱 번 환생한다는, 이 세상에 다시 태어날 수 있는 극한의 경지를 일컬음. -옮긴이

*** 겐로쿠 아코元禄赤穂 사건은 에도 시대 중엽 아코번의 낭사浪士들이 기라 요시나카와 기라 가문을 대대로 섬기며 호위하는 무사들을 집단살해한 사건이다. -옮긴이

그러나 여기서 문제는 다양한 사관의 우열을 정하는 것도, 역사의 이야기주의가 가진 보편적 타당성을 주장하는 것도 아니다. 문제의 초점은 지금까지 본질적으로 위계적 구조를 띤 국가라는 권위가 이야기적 구조를 띤 역사적 현실을 구성하기 위한 자원으로 역사적 문서를 이용해 왔다는 **사실**, 또 이를 계승한 국가의 위광을 배경으로 규범적 위력을 역사적 문서가 신민 · 국민에게 발휘한다는 **사실**이다. 국가의 지위를 학계가 인수하는 형태를 취한다고 사태의 의의가 바뀌지는 않는다. 왜냐하면 이 경우 국가의 위계가 학계의 그것으로 대체된 것에 불과하며 역사적 문서의 위력의 원천은 여전히 위계적이고 일원화되어 있기 때문이다. 실제로 소수민족의 역사, 유물사관, 역사과학 어느 것이든 국가주도의 국사에 대항담론으로 등장하고 조직되어 헤게모니 투쟁을 반복해왔다. 그리고 그 일부는 국사 편찬에 편입되기도 하였다. 현재 일본의 역사교육에서 교과서 문제란 국사와 국사과학이 빚어내는 각축의 장이다.

역사기술이란 정사authentic history의 지위를 둘러싼 패권경쟁의 경기장으로서 여기서 승리한 자가 **유일한** 역사적 현실을 이루는 권한을 얻고 과거라는 실재를 소급하여 **일의적**으로 확정한다. 지금까지 이 싸움에서 이긴 쪽은 이야기적 국사가 되고 이에 맞게 국가는 그 지배력을 '정통=정당legitimieren'화함과 더불어 역사적 문서를 통해 규범적 권위를 국민에게 행사해왔다. 언어론적 전회 이후의 상대주의적이고 포스트모던적인 역사학의 입장을 채용하더라도 역사서술의 기원에 국가라는 위계가 있다는 **역사적 사실**을 인정할 수밖에 없다. 이렇게 역사적 문서의 힘의 원천은 위계에 있는 것이다. 그 위계란 행정문서에서 조직구조의 위계나 보도문서의 배포구조가 띤 위계와는 구별되는 지배구조이다.

3 문서 세계의 존립 구조

기록체제와 관료제

우리는 행정문서, 보도문서, 역사적 문서가 각각의 영역에서 다양한 미디어를 통해 실재를 구현해왔으며 모사를 이용한 기입aufschreiben으로 실재를 사회적 현실Soziale Wirklichkeit로 '재주조'해왔음을 앞 절에서 보았다. 동시에 다양한 수준의 위계구조를 통해 문서에 부여된 규범적 권위—문서의 힘—를 배경으로 구성된 현실을 사람들이 수용하도록 '정당=정통'화해온 기제 또한 확인하였다.

독일의 미디어학자인 프리드리히 키틀러는 『기입 체계: 1800-1900』에서, 쓰여진 것을 개인의 주체적 행위가 아닌 각 시대의 미디어적 제약하에서 이루어진 비인칭적 '자동서기Auto Writing'—'벵베니스트-바르트'식으로 말해 중동태적—적 작동으로 간주하고 이를 기입Aufschreiben이라고 칭하였다. 기입의 네트워크로 구성된 사회질서를 기입 체계Aufschreibesystem로 파악한 것이다.[*] 예컨대, 일기를 쓴다는 기입행위를 생각해보자. 일기는 내가 매일 주체적으로 쓴다고 생각하는 것이 당연하다. 그러나 왜 매일 쓰는 걸까? 왜 어제가 아니라

---

* Kittler, F., *Aufschreibesysteme* 1800·1900, Wilheim Fink Verlag, 1985. 개요에 관해서는 졸저 『<メディア>の哲学: ルーマン社会システム論の射程と限界』(NTT出版), 「1.3 書き込みシステムの變遷: キットラー」 절을 참고.

오늘의 사건을 쓰는 걸까? 또, 왜 노트에 펜으로 쓰는 걸까? 이런 것들은 당사자für es에게는 자명하지만 제삼자(특히, 일기를 쓰는 내가 속한 미디어 패러다임과는 다른 곳에 속한 제삼자)에게는 하등의 자명성도 없다. 제삼자에게für uns—곧, 미디어론적으로—나는 일기라는 제도, 펜 · 잉크 · 노트라는 기술로 구성된 일기 쓰기 '기계'라고 말하는 편이 정확하다. 그렇다면 오히려 나는 일기의 기입 체계에 의해 쓰여진다고 할 수 있다.

앞서의 사례에서 알 수 있듯 기입 체계는 각 시대의 미디어 기술로 이루어진 미디어 생태계이기도 하다. 어떤 주도적 미디어 기술하에서 동시대의 다양한 미디어 기술이 위계적 생태계를 이루고 그것이 기입이라는 작동을 조종하기 때문이다. 또, 미디어 기술의 혁신으로 주도적 미디어가 교체됨에 따라 그 생태계가 크게 변하기도 한다. 미디어 패러다임의 혁명적 전환이라는 사태이다. 이렇게 기입 체계는 '생성→유지→몰락'이라는 세 가지 국면을 통해 순환, 반복된다.

키틀러는 문자(활자)Buchstabe를 축으로 미디어 생태계로 편제된 19세기의 기입 체계 분석—이는 사실 동시에 미디어론적 시각에서 독일낭만주의 문학에 대한 분석이기도 하다—과 기계적인 신체기능 증폭장치, 구체적으로는 타자기, 카메라, 축음기를 축으로 미디어 생태계가 편제된 20세기의 기입 체계 분석—이는 동시에 정신분석, 상징주의, 다다, 초현실주의 등의 세속을 초월한 문학(키틀러는 특유의 멋을 살려 엘리트문학E-Literatur으로 부른다)과 대중문학(U-Literatur, Unterhaltung-Literatur의 약칭)에 대한 분석이기도 하다—에 종사하였다. 그러나 이 장과 관련된 것은 19세기의 기입 체계, 즉 '기입 체계 1800'이 관료제국가Beamtenstaat를 지향하는 국민국가 완성기의 독일을 모범으로 채용한다는 사실이다. 즉, '교양=인간으로서의 완성 Bildung'을 목표로 국가가 글쓰기를 통해 신민을 '요람에서 무덤까지' 위계적으로 관리하는 체계로 19세기의 기입 체계가 묘사된다. 글쓰기를 통해 '전인ganze Person'이 되는 신민은 때로는 작가로, 때로는 관료로, 또 때로는 학자—학자 또한 대학이라는 국가 교육기관 종사자로서의 관료라는 점에 주의할 것—로 국가에 공헌한다. 때문에, 19세기의 기입 체계란 전면적인 관료화totale Verbeamtung로 특징 지어진다.

기록체제로서의 문서의 세계

한편 20세기의 기입 체계는 지금까지 인간이 짊어져온 기입 행위를 기계장치로 대체하고 위임하는 비인칭화와 자동화를 특징으로 한다. 19세기의 기입 체계에서도 관료제적인 문서주의가 그 비인칭화와 자동화를 조장했었지만 그러한 경향은 개성이나 이상을 중시한 '인격주의=교양주의'로 중화되었다. 그런데 20세기 들어 보급된 타자기, 각종 촬영장치, 녹음기계는 글쓰기 행위를 인간의 손에서 탈취하였는가 하면 시각, 청각 같은 감각까지도 탈취하여 증폭하고 그때까지 인간의 의식이라는 필터로는 알 수 없었던 '노이즈'로 무시된 '무의식'의 영역까지도 기입의 대상으로 삼았다. 기입이 인간을 넘어 진행되기 시작하면서 그 결과 나온 비인칭적이고 자동적인 기입의 결과를 다시 인간이—예컨대, 정신분석을 통해—해석하는 '역기능dysfunction'이라는 사태가 벌어지기에 이르렀다.

실제로 키틀러가 칭한 기입으로 생성된 것이야말로 우리가 지금까지 고찰해온 문서에 다름 아니다.* 그렇다면 우리가 문서에 대한 분석에 앞서 서두에서 도입한 '실재세계/문서 세계'라는 이원론의 한 항을 점유하는 문서 세계란 정적인 단순 영역Gebiet일 수 없다. 그것은 문서가 생성, 유통, 축적 · 보존되는 일련의 과정이자 그 과정의 반복을 통해 사회적 현실이 나타나고 강화되는 각별한 '존재'의 차원이다. 그러나 이 차원에서 인간이 점유하는 장소는 없다. 그것은 비인칭적이고 자동적인 기입이라는 자기지시적 작동의 연쇄적 접속을 통해서만 지속되는 닫힌 체계이며, 문서란 그 체계 내부를 유통하는 미디어이다. 키틀러가 묘사한 기입 체계가 19~20세기에 걸쳐 당초 인간이 담당하던 기입의 작동에서 인간적 요소를 서서히 없애고 완전히 자율적인 기입 '기계'의 모습으로 나타나게 된 경위를 가리킨다.

문제는 키틀러의 기입 체계(=문서의 세계)에 대한 서술이 20세기에 끝났다는 사실이다. 우리는 여기서 키틀러의 이른 사망으로 인한 기입 체계 분석작업의 속행이 중단된 점을 안타까워할 것이 아니다. 문제는 보다 근본적인 차원에서 물어야 한다. 즉, 인터넷이 주도적 미디어가 된 새로운 미디어 생태계에서 생성 중인 새로운 기입 체계—기입 체계 2000—를 앞선 두 개의 체계와 마찬가지로 독특한 격식을 갖추었다고 할 수 있을까? 또 이와 비교하여 문서 세계의 존립 · 지속을 논하는 것이 애초 가능한 일인가라는 물음이 그것이다.

---

* 엄밀히 말해 기입으로 산출된 가공의 허구 세계—키틀러가 자신의 저작에서 문제 삼은 것은 문예Dichtung와 문학literatur이라는 영역의 기입으로 구축된—가 현실에서 점유하는 위치와 신분이 아직 완전히 확정되지 않은 것이다. 이 주제에 관해서는 다시 논하기로 한다.

4 탈진실이라는 문제

기록의 변용: 문서에서 빅데이터로

21세기 초에서 사반세기가 흐르지 않은 현 시점에서 '기입 체계 2000'(이것이 가능하다고 상정한다면)의 특성을 서술하기에는 아직 이르다. 그러나 이미 그 윤곽은 꽤 명확하다. 21세기의 주도적 미디어 기술은 틀림없이 인터넷이다. 때문에, 이번 세기의 미디어 생태계는 인터넷을 축으로 한 미디어 기술의 네트워크로 편제되고 있지만, 이번 세기의 생태계는 이 책의 서두에 도입한 말을 쓰자면 '네트워크 미디어' 생태계이다. 즉, 키틀러류의 '기입 체계 2000'이란 '네트워크 미디어' 패러다임을 가리킨다.*

'기입 체계 2000'에서 기입의 작동은 앞선 두 개의 기입 체계와 비교할 때 극도의 비인칭화 · 추상화 · 자동화를 수행한다. 19세기의 기입 체계 이래 육필이나 활판인쇄 혹은 20세기의 기입 체계의 주역인 촬영, 타자, 녹음 같은 기존의 쓰기 방식도 새로운 기입 체계 속에서 어렵사리 명맥을 유지했지만 대부분은 곧바로 혹은 스캐닝을 매개로 디지털화됨으로써 **비인칭화**하고 나아가 클라우드상에 업로드되어 하나의 네트워크에 편입되면서 **추상화**되었다. 더구나 이런 일

* '네트워크 미디어' 패러다임에 앞선 대중매체는 거의 기입 체계 1900에 대응된다. 그러나 양자는 기능적으로 완전히 다른 것이 아니다. 일반화된 미디어 패러다임 개념에 관해서는 졸저 『「情報社会とは何か?: メディア論への前哨』(NTT出版), 「第二章 マスメディアと最初の'情報社会'」를, 두 패러다임의 전환 경위에 관해서는 『情報社会の哲学: グーグル·ビッグデータ·人工知能』, (勁草書房)을 참고할 것.

련의 과정은 인공지능에 의해 **자동화**되기도 하였다. 기입 체계로부터 인간의 '퇴출'은 이 단계에 이르러 완전히 수행되었다고 보아도 좋다.

문제는 새로운 21세기의 기입 체계에서 이와 같은 극도의 비인칭화와 추상화 및 자동화를 거친 기입의 작동을 통해 생성된 것을 문서라고 부를 수 있는가라는 점이다. 이 장 제1, 2절의 문서에 대한 구조분석에서 우리는 다음 사실을 확인한 바 있다. 즉, 본질적으로 불안정하고 불확정적인 '존재'인 실재를 체계는 미디어라는 '물질'에 새겨넣음으로써 문서로 고정한다. 또, 문서군을 이름에 따라 확고한 질서를 띤 현실로 묶어낸다. 나아가 문서가 유효성을 발휘하는 범위 내에서 배포되고 공유됨으로써 만들어진 현실은 사실로 수용되어 정당성을 획득한다.

그리고 이때 중요한 것은 (행정문서의 경우) 현실을 이루기 위한 '소재', '자원'인 문서가 중요도에 따라 순위가 매겨져 폐기/보존이 결정된다는 것이다. (역사적 문서의 경우) 보존된 문서도 현실 구성에 실제로 활용되는지 여부에 따라 재차 선별된다. (보도문서의 경우) 본래 실재하는 문서를 잘 '묘사'했는가 (즉, 기사거리인가 또, 그 장소에 카메라가 있었는가)를 결정하는 초기 선별과정이 잘 작동하는가에 따라 다르다.

이에 대해 21세기 기입의 생성물은 ① 그 대상인 실재가 무차별적이다. 사적인 중얼거림, 점심 먹는 동영상, 연인과의 연애 동영상 클립이 때와 장소, 상황TPO을 묻지 않고 기입되고 업로드되어 누구냐를 묻지 않고 공개된다. 기입의 대상은 일상적인 상호행위 영역에까지 미치고 있다.* 또, 모든 생성물이 디지털화됨으로써 ② 생성물 간의 중요도에 대한 차이가 무화된다. 모든 것이 어두운 밤의 소처럼 나란히 취급된다. 정확히 '선악도 미추의 구별도 없는' 상태이다. 나아가 ③ 원칙적으로 모든 생성물이 보존된다. 생성물 간의 중요도 차이가 없는 이상 이는 당연한 것이되며 잊혀질 권리의 행사를 통해 소거를 주장하지 않는 한 생성물은 체계 내에서 유통된다. 21세기의 체계에서 사회적 기억의 기존 가치는 상기Erinnerung였지만 지금부터는 반대로 망각Vergessen에 노력을 기울인다.** 더구나 ④ 생성물은 유통 과정에서 자기지시적으로 증식하며 변이를 거듭해나간다. 생성물이 새로운 기입을 야기하고 유발하기 때문이다. 예컨대, 페이스북facebook의 '좋아요!'나 트위터Twitter의 '리트윗'을 생각해보면 쉽게 수긍이 갈 것이다.

이와 같은 특성을 가진 21세기의 기입의 작동에 입각한 생성물은 일반적으로 빅데이터로 불리지만 이것이 문서의 가치를 가질 수 있기는커녕 오히려 반대로 비칠 것은 누가 보아도 명확해 보인다. 그것은 문서가 가진 (무차별적인 디지털화와 변이 유동성에 의해) 강도도, (비인칭성과 등가성에 의해) 위력도 지니고 있지 않다. 이렇게 '기입 체계 2000'은 앞선 두 개의 체계 이상으로 비인칭성 · 추상성 · 자동성을 강화하는 자기지시적 기입을 증폭시키며, 나아가 인간뿐 아니라

* 현실을 이루는 데에 문서가 더해진 상호행위Interaktion가 신체적 차원에서 벌이는 역할을 무시할 수 없지만, 미디이 패러다임의 전환에 따른 상호행위의 현실 구성에 관해서는 다시 논하고자 한다.

** 이 점에 관해서는 Esposito, E., *Soziales Vergessen. Formen und Medien des Gedächtnisses der Gesellschaft*. Suhrkapm, 2002를 참고할 것.

문서도—문서를 빅데이터로 치환하여—체계로 묶어나간다.

문서의 종말과 현실의 요동

인간을 대체해버린 기업의 이러한 자기지시적 증식은 문서가 가진 '힘'을 탈취한다. 우리는 21세기의 기업 체계의 구조Struktur가 지금까지 체계의 구조를 이루어온 위계와 비교하여 특권적 특이점이 없는 이차원적 네트워크Net-Work로 연동되어 있음에 유의할 필요가 있다. 이는 금세기 체계의 근간인 미디어 기술, 곧 인터넷이 지닌 특성 때문이지만, 이 특성이 체계의 구석구석까지 만연 · 침윤되어 기존의 위계 구조를 근본부터 바꾸어나가고 있다는 말이다. 네트워크에 입각한 위계란 노드를 이루는 한 항에 불과하기 때문이다.

문서가 가진 '힘=위력'의 원천이 그 배후에 있는 어떤 위계 구조임을 독자에게 상기시킬 필요는 없다. 앞 절 ②번에서 확인한 바와 같이 기업에서 디지털한 무차별성으로 인해 생성물은 의미론적 차별화를 근본적으로 상실한다. 이에 더해 네트워크의 위계 소멸은 기업의 성과물에서 '힘'을, 보다 일반적으로 말해 가치Wert를 탈취한다. 빅데이터가 자기지시적으로 증식하는 '쓰레기'에 불과한 이유이다.* 그렇다면 문서가 일의적으로 편제됨으로써 구축된, 또한 문서가 발휘하는 규범적 위력으로 인해 정당화된 사회적 현실을 보여주는 21세기의 '기업 체계=네트워크 미디어' 패러다임에는 어떤 운명이 기다리

* 이 점에 관한 상세한 논의는 졸저 『情報社会の哲学』, 「第二章ビッグ・データの社会的位相」을 참고할 것.

고 있을까?

이미 징후가 나타나고 있음은 잘 알려져 있다. 어린아이의 장난기 어린 말보다 못한 각료 · 관료의 국회 답변(답변이 목소리라는 미디어임에 주의할 것!)—그 답변자와 같은 수준의 지성과 윤리관밖에 없는 이들이 SNS상에서 보내는 지지—으로 이치에 맞지 않게 행정문서가 교체되고 은폐되어 문서주의의 전통이 손쉽게 휴지조각이 된다. 엄밀한 절차의 연쇄로 이루어진 위계적인 관료조직은 그 권위와 신용을 잃어버리고 만다. 또한, SNS나 위키리크스WikiLeaks의 내부고발, 구글을 필두로 한 검색 서비스를 통한 기사에 대한 역동적인 자동랭킹, 네트워크를 활보하는 출처불명의 페이크 뉴스Fake News, 나아가 역사를 가진 보도기관의 네트워크상에서의 낚시 기사, (그런 것이 있는지는 모르겠으나) 네트워크 여론에 대한 아부성 보도와 같은 것들이 위계적인 대중매체의 구조를 흔들어 보도기관이 지금까지 쌓아 올린 사회의 목탁으로서의 지위가 풍전등화의 처지에 놓였다. 또, 기존의 '국사 vs 역사과학'이라는 위계적인 권위집단 간의 개별 역사 문서 해석이나 편제를 둘러싼 패권 다툼에 일개 아마추어의 생각이 개입하여 '다수의 의견이 되어 옳을' 뿐 아니라 네트워크상에서 맹위를 떨치고 역사적 현실의 구성에 무시할 수 없는 영향을 끼친다.* 이상의 현상을 통해 보여지는 것은 빅데이터가 문서를 능가하고 억압한

---

* 위계의 아성인 학계에서 어떤 훈련도 받지 않은 아마추어의 이런 개입이라는 현상은 역사학 분야뿐 아니라 의료 분야를 필두로 학계 일반에서 보인다. 다만 역사 분야는 다른 분야에 비해 참여의 장벽이 낮기 때문에 두드러질 뿐이다. 또 산학협동이나 '책무성', 외부의 피를 수혈하라는 요청, 나아가 자칭 '연구자'로 착각하는 아마추어의 참가로 인해 장벽의 저하 속도가 빨라지고 있다.

다는 것이다. 이렇게 네트워크에 의한 기입이 그 생성물을 확정적 문서에서 유동적이고 가변적인 빅데이터로 바꿈으로써 문서를 통해 구축되고 지금까지 유지 · 고정되어온 현실의 권위적 구조를 일거에 무너뜨려 그 일의성을 잃어버리게 한다. 이제 현실은 다중화되고 요동하기 시작한다.

탈진실의 진의

『부채론』으로 한 세대를 풍미한 데이비드 그레이버David Graeber는 『관료제의 유토피아』(원제목은 『규칙의 유토피아』)에서 현대사회의 본질을 '비인격적 규칙과 규제의 강압imposition of impersonal rules and regulations'으로 보고 이를 '전면적 관료화total bureaucratization'로 규정한다.* 그러나 이 규정은 어디까지나 외적인 동시에 시대착오적이다. 확실히 현대는 은근히 사람을 옥죄는 본체를 알 수 없는 사회적 압력을 누구나 정도 차가 있을지언정 느끼는 시대이다. 이를 '삶의 괴로움'으로 표현할 수도 있겠다. 그러나 이 압력은 결코 정부나 권력에 의한 것이 아니다. 그것은 애매하고, 행사 '주체'가 불명확한 압력인 것이다.** 비인격적이라는 표현에서 그레이버는 '주체'의 불명확함을

---

* Greaber, D., *The Utopia of Rules: On Technology, Stupidity, and the Secret Joy of Bureaucracy*, Courtecy of Melville House Pub., 2011. (번역 『官僚制のユートピア: テクノロジー, 構造的愚かさ, リベラリズムの鉄則』, 以文社). 여기서 키틀러가 **19세기의** 기입 체계를 관료제가 전면화된 패러다임으로 규정했던 점을 상기하고자 한다.

** 우리는 이미 이 압력을 사회환상에 의한 자승자박으로 파악한 바 있다. 이 책 제4장을 참고할 것.

보여주려고 하는 것일지도 모르지만 그렇다고 그것이 결코 관료제는 아니다. 그렇게 비유한다 해도 관료제라는 용어는 그레이버가 추구하는 무정부주의에서 오는 편견에 불과한, 극단적으로 말해 오독에 불과하다.

관료제의 전성기는 그에 대한 비판이 융성했던 (예컨대 머튼의 저서나 구로사와 아키라黑澤明의 영상에 나타난*) 1950~1970년대로서 이 시기는 대중매체의 전성기와도 일치한다. 앞 절에서 본 것처럼 네트워크 미디어가 융성한 오늘날 관료제는 전면화되긴 했으나 본래처럼 정상적으로 기능하지는 않는다. 그리고 어쩌면 이러한 현상은 일본에만 한정되지 않을 것이다.** 어떻든 간에 관료제와 문서주의가 정보사회에서 정확히 이스케이프 코드의 역할을 맡으면서 이를 비판하는 담론이야말로 정보사회에서 싫증나게 듣는 판에 박힌 말이 되었다.

본래 네트워크 미디어 패러다임이란 네트워크가 국경을 넘어 국가를 유명무실화하고, 만인을 지엽적인 굴레에서 해방시켜 개인화를 조장하는, 또한 노드의 특권적 특이점이 없는 이차원적 구조이기에 중앙정부의 존재를 원리적으로 허락하지 않는 체계로 특징지어진다. 그렇다면 이는 관료제의 유토피아겠지만 아나키즘의 유토피아, 신자

---

* Merton, R. K., *Social Theory and Social Structure*, 1st ed. 1949, revised ed. 1957 & 1968. 黑澤明, <生きる>(東宝, 1952), <惡い奴ほどよく眠る>(黑澤プロ, 1960).

** 예컨대, 미국에서 대통령 직속기관이나 싱크탱크의 관료조직에 대한 중용, 대통령에 의한 관료 수장의 정치 임용 등은 네트워크의 영향을 직접 받는다(트럼프 대통령의 SNS 선호와 대중매체에 대한 적대시를 상기할 것). 중국에서 시진핑 총서기에 의한 관료비판 캠페인 또한 네트워크의 동향을 참고하는 요소가 크다고 하겠다. 본래 그레이버의 저서였으나 관료제의 기능을 방해하는 운동의 한 축을 맡는 셈이다. (실제 해당서는 인터넷상에서 간단히 입수 가능한 실천지침서이다. https://libcom.org/files/David_Graeber-The -Utopia_of_Rules_On_Technology_St.pdf, 2018년 11월 17일 현재)

유주의의 유토피아이기도 하다. 문제는 이에도 불구하고 거기에 어떤 억압적 구조가 자생하고 있는가이다. 그레이버처럼 억압을 규제나 규칙으로 읽어 문제의 전모를 관료제에 전가하는 사태는 어떤 해명도 아닐뿐더러 아무것도 해결하지 못한다.

그러한 억압은 위계 일반을 무화하여 정보사회로부터 가치와 윤리적 '힘'을 없애는 형태로 현재에도 확대 중이다. 정보사회에서 이후 중요한 과제는 관료제 비판이 아니라—관료제는 오히려 가치를 지**금까지** 담보해온 기제의 하나일 뿐이다—이 억압의 기제를 체계적으로 해명하고 위계를 대체할 가치의 생성원리를 탐구하는 것에 있다. 때문에, 우리는 사람들 사이에 회자되는 포스트트루스Post-Truth 개념을 항간에서 말하듯 '여론을 객관적 사실이 아닌 감정이나 신조를 통해 형성하려는 동향(OED)'이라는 네거티브한 의미, 하물며 페이크뉴스의 동의어로 보지 말고, 이를 한층 더 파고들어 위계 구조의 흔적을 계승하는 정보사회의 가치 생성 및 현실에 대한 정당화 기제, 즉 빅데이터의 지평에서 진리의 생성을 담보하는 기제로 긍정적으로 파악할 필요가 있다.* 이 '이후의 진리Post-Trut'라는 가치의 확립이야말로 현재 정보사회의 가장 중요한 과제이며, 동시에 철학에서 총력을 기울여야 할 문제로 제기되고 있다.

---

* 그 원리는 주변에 존재하는 기술인 비트코인의 중핵 기술이기도 한 블록체인이 유망해 보이며, 부동산 등기나 의료데이터 등의 문서관리, 투표, 개인인증 같은 행정 분야에서의 실증적 활용 실험이 개시되었지만 아직 확실한 성과는 나오지 않고 있다.

후기

이 책은 2016년 게이소쇼보에서 낸 『정보사회의 철학: 구글 · 빅데이터 · 인공지능』의 속편이다. 책을 내놓은 2016년 여름 이후 2년 반밖에 안 흘렀지만 그간에도 정보사회는 믿기 어려울 만큼 빠르게 진화하였다. 이 책은 전작 간행 이후 벌어진 혹은 전작에서부터 흘러넘친 사건이나 현상을 소재로 삼아 정보사회의 사회철학적, 미디어론적 시각의 고찰을 수행한 것이다. 2010년대에 일어난 사건이나 현상에 대해 정보사회의 심층구조와 표면을 관련지어 기반을 탐구함으로써 21세기 미디어 패러다임을 이루는 정보사회의 총체적 존립구조와 유지기제를 해명한다는 전작의 태도를 유지하였다. 이러한 기본적 사항의 공유를 통해 전작과 이 책은 형제자매 관계를 이루고 있다.

그럼에도 불구하고 이 책을 '정보사회의 철학 속편'이라고 부르지 않는 것에는 그만한 이유가 있다. 전작에서 고찰의 출발점이 된 2010년대 **전반**의 사건이나 현상과 이 책의 논의대상인 2010년대 후반의 사건이나 현상이 확실한 '단층'을 이루기(그렇다고 생각하기) 때문이다. 이 단층의 존재를 내가 명확히 인식한 경위는 머리말에서 이미 밝히었다. 이 단층에 대한 깨달음이 나를 정보사회에서 가치라는 문제의 해명으로 향하도록 만들었다.

전작에서도 종장에 '정보사회의 윤리'라는 틀로 가치문제를 다루었지만 어디까지나 이는 기존의 도덕적 가치—정확히는 정보사회에서의 그 불가능성—와의 관련성 속에 있는 '규범적' 가치문제를 네거티브하게 고찰한 것에 불과했다. 때문에, 전작에 비해 이 책의 독자성은 소재로 삼은 사건이 2010년 전반인가 후반인가라는 형식적 차이를 별도로 둔다면 무엇보다 가치문제를 배치한 데에 있다. 그런 의미에서 전작이 정보사회의 하부구조인 기술적 인프라를 주로 다룬 일종의 기술철학에 관한 논의였다면, 이 책은—머리말에서 강조한 것처럼—정보사회에서 다양한 문화적 영역에서 기능부전에 빠진 가치의 존립 · 유지 기제를 해명하고 이를 대체하면서 새롭게 구성 중인 가치의 맹아를 묘사하는 일종의 문화철학이나 가치철학에 대한 시도라고 할 수 있다.

이런 사정으로 한때는 이 책의 제목을 '정보사회의 문화철학'이나 '정보사회의 가치철학'으로 정하려고 생각했지만 이는 존재와 가치를 하나의 영역으로 재단하는 신칸학파(특히, 바덴학파)적인 편향과 어감으로 오염될지 모른다는 이유로 단념하였다. 또, 이미 몇 차례 이 책의 제목을 '정보사회의 잠재력'으로 예고했지만 이는 아오키사 편집주간이 난색을 표했다. 이는 경영의 관점뿐 아니라 독자에 대한 배려라는 면에서도 무리라는 것이다. 다만 이 제목에 대해서는 나도 생각해보았기 때문에 단념하긴 했으나 제6장의 제목 속에 '잠재력Potenz'이라는 말을 부활시켜놓았다. 내가 잠재력이라는 말을 쓰고자 한 의도를 이 자리를 빌려 독자에게 전한다.

잠재력이라는 말은 독일 관념론의 주류에 속하는 철학자이자 점차 이론적 입장을 전환한 프리드리히 빌헬름 요제프 셸링Friedrich Wilhelm Joseph Schelling이 초기 자연철학기 · 동일철학기에 자주 쓴 기술적 용어이다. 그것이 의미하는 바는 현실Wirklichkeit의 구성에서 동적인 발전계열dynamische Stufenfolge의 과정Prozeße을 말한다.* 바뤼흐 스피노자Baruch de Spinoza 철학에서 능산적 자연natura naturans이 산출하는 소산적 자연natura naturata을 계층화한 여러 단계라고 할 수 있다. 셸링은 질료적인 것Materie이 그 능산성에 의해 다양한 단계를 거쳐 현실을 구성한다고 생각하면서 그 생성계열을 전개해나간다.** 이른바 셸링의 현실은 어디까지나 자연적인natürlich 것이지만 중요한 것은 그가 '질료적인 것=미디어'의 잠재적 능산성을 현실 구성의 기축으로 삼았다는 점이다. 이는 우리가 종장에서 '버추얼리티Virtuality' 개념의 정보사회적 의의로 파악한 잠재성을 통해 본 정보사회의 현실 구성, 즉 잠재적 현실의 구도와 매우 가깝다. 잠재력이라는 말의 사용은 현학적이거나 단순히 꼭 알맞은 번역어이거나 혹은 셸링 철학의 현대성을 드러내고자 함이 아니라 정보사회의 새로운 단계가 지금까지의 '형상적인 것=정보' 일변도를 넘어 '질료적인 것=미디어'라는 잠재성Virtualität에 입각해 새로운 잠재력—즉, 가치를 띤 현실의 구성—을 모색하는 단계에 이른 것으로 보았기 때문이다.

최근 정보사회의 잠재력은 제6장에서 확인한 것처럼 잠재태로서의 '버추얼리티'이다. 거기에는 '형상적인 것=정보'와 나란히 '질료적인 것=미디어'가 정보사회의 현실Wirklichkeit을 구성하는 필수항목 요소이자 실재로 부상하지 않을 수 없다. 그런 의미에서 정보사회의 최

---

* Scheling, F. W. J., *Erster Entwurf eines Systems der Naturphilosophie*, 1799.

** Scheling, F. W. J., *Allgemaine Deduktion des dynamischen Prozesses oder der Kategorie der Physik*, 1800.

신단계는 가상사회라고 부를 수 있다. 정보사회의 최신 국면에 대한 철학적 사고인 이 책의 제목이 최종적으로 『가상사회의 철학』이 된 이유이다.

각 장의 출처는 다음과 같다.

제1장 「유통의 사회철학: 정보사회에서 아마존 물류혁명의 의의」, 『현대사상 특집: 물류 표준화』, 2018년 3월호(아오키사)

제3장 「비트코인의 사회철학」, 『현대사상 특집: 비트코인과 블록체인의 사상』, 2017년 2월호(아오키사)

제4장 「정보사회의 마음」, 『현대사상 특집: 소통장애의 시대』, 2017년 8월호(아오키사)

제5장 「빅테크와 통제사회: 정보시대의 감시 기술」, 『생물학사연구』 No. 97, 2018년 8월호(일본과학사학회생물학사분과회)

제7장 「문서의 존재론」, 『현대사상 특집: 공문서와 실재』, 2018년 6월호(아오키사)

다만 과거 원고는 가능한 한 최신 데이터나 정보를 찾아 업데이트하였다. 제2장과 제6장은 이 책을 위해 썼지만 각각 원래의 구상안이 존재한다. 제2장은 2017년 5월 21일에 일본기호학회가 주최한 제37회 학술대회인 「유행의 종언?: 디지털 미디어 시대의 패션」 제3세션인 「디지털 미디어 시대의 패션」에서 행한 저자의 기조 보고인 「보고, 미디어 · 패션: 네트워크 사회에서 기호란 무엇일까?」를, 제6장은 2018년 메이지 대학, 정보 커뮤니케이션 학부의 전기 개강과목인 '미디어론'에서 7월에 3회에 걸쳐 시행한 'VR 특강'의 강의 내용 및 국립 연구개발법인 과학기술진흥기구가 간행한 『정보관리』 2017년 6월호에 기고한 「연재, 정보란 무엇인가? 제1회 정보사회의 실재」를 바탕으로 삼고 있다. 또, 제3절 「VR의 사상적 차원」은 과거의 원고인 「전자미디어의 사상적 경계와 위상: 가상현실과 사이버 스페이스의 커뮤니케이션론적 고찰」(『사회정보학연구』 2013, No. 7, 사회정보학회편)의 서술을 업데이트한 부분을 포함하고 있다. 그러나 각 장과 초고가 나온 시기 간의 순서는 일치하지 않는다. 전작과 달리 각 장에서 다룬 주제를 범주별로 묶었기 때문이다. 발표 시기가 2017~18년이라는 단기간에 집중되었기에 발표 순서를 따르는 것이 애초부터 무의미하다고 판단하였다.

전작 『정보사회의 철학: 구글 · 빅데이터 · 인공지능』은 의외의 호평을 받았다. 특히 자연과학을 사랑하는 독자들의 호의적 평가를 다수 접한 것은 인문계 작가들이 벌이는 SF 작업처럼 황당무계한 과학기술론이나 자연철학 등 더하고 뺄 것을 가늠하기 어려운 나에게는 영광이 아닐 수 없다. 한편 나의 철학에 무엇을 기대하는지, 철학을 표방하는 자기계발서나 인생론과 같은 종류 혹은 철학적 '훈고학'—물론 철학에서 훈고학의 역할을 부정하는 것은 아니다—을 내밀면서 어림없는 것을 달라고 조르는 퇴락도 일부 존재한다. 이는 자신의 철학관을 체계적으로 아직 정립하지 못한 나의 책임이 클 것이다. 이 과제에 관해서는 저자의 스승이신 히로마츠 와타루廣松涉의 '학으로서의 철학Philosophie als Wissenschaft'을 새검토함으로써 서서히 달성할 수 있다고 생각한다.

히로마츠의 논의와 별도로 내가 구상하는 정보사회에 대응하는 철학에는 두 개의 주요 과제가 있다. 하나는 21세기의 패러다임인 정보사회의 역사적 탈구축 작업이다. 이 작업은 정보사회의 존립구조를 생성과정부터 통찰하기 위해 필수적인 미션이다. 이는 내가 오랫동안 이어온 과제인 '미디어 철학' 제2권에서 다루고자 한다. 다른 하나는 정보사회와 이론적으로 대응되는 미디어론이라는 분과의 계보를 더듬어 그 성과를 정리하는 작업이다. 그 일부는 기존에 낸 『미디어의 철학: 루만 사회체계론의 사정과 한계』(NTT출판)에서 착수한 바 있지만 다시 정확성과 범위를 확대하고자 여러 동료의 도움을 얻어 이용 가능한 학문적 자원으로 정비하는 것이 목표이다.

이 책 또한 다양한 분야의 개인과 단체의 도움을 받았다. 제2장은 거의 유니클로와 무인양품밖에 모르는 내가 유행을 논한다는 것 자체가 폭력임을 알면서도 일본기호학회의 구성원이자 대학 동료인 고마 교코高馬京子 선생이 자리를 만들어주지 않았다면 불가능했을 것이다. 또, 토론에 응한 아티스트인 아야노 스도須藤絢乃 씨는 작품의 전제를 허락해주었다. 제3장에 관해서는 도호쿠 대학 학제중점연구 프로그램인 '요타스케일 데이터의 과학기술' 연구회에 두 차례 초청을 받아 비트코인에 관한 나의 견해를 발표할 기회를 얻은 바 있고, 이를 다듬어냈다. 또, 기호 관련 서술에 관해서는 동료이자 컴퓨터 공학자인 야마자키 코지山崎浩二의 귀중한 조언을 들었다. 제5장은 일본과학사학회 생물학사분과회의가 주최한 심포지움인 「생명과학과 빅데이터」에 저자가 패널로 발표한 내용이 이 책의 앞머리에 나온다. 발표 후 질의응답에서 다카하시 사키노高橋さきの 선생과 히로노 요시유키廣野幸喜 선생께서는 나의 허점을 날카롭게 지적해주셨다(그것도 봐주는 기색 없이 말이다). 제6장은 출처 서술에서 이미 밝힌 것처럼 VR을 일본

에 최초로 소개한 저널리스트인 가츠라 하토리服部桂, 반다이 남코 게임스에서 VR 게임 개발을 추진해온 이시다 유스케石田裕亮와 다마오키 준玉置絢을 손님으로 초청하여 내가 메이지 대학에서 함께 조직한 미디어론 강좌 내의 VR 특강도 본문에 반영되어 있다. 특히 리스메이칸 대학에서 현상을 연구하고 반다이 남코에서 대히트한 게임인 '서머레슨'을 개발한 이시다의 강좌에 큰 도움을 받았다. 도움을 준 분들께 이 자리를 빌려 심심한 감사의 말씀을 전하고 싶다.

고백건대 나는 업계에서 학계로 몸을 옮기면서 보금자리였던 대중매체에 관한 논의를 금기시해왔다. 십 년 전부터 서서히 그 금기를 풀어왔지만 2011년 대중매체 패러다임의 종언 이후 오히려 반대로 대중매체에 대한 논의의 필요성을 강하게 느끼기에 이르렀다. 어떤 패러다임에서 미디어가 담당하는 기능의 전모는 패러다임 종언 이후에 처음 밝혀진다는 것이 미디어론의 기본 테제로서 대중매체 패러다임에도 해당 주장이 유효하기 때문이다. 사실 전작과 이 책은 나란히 전작의 관점에서 일련의 대중매체론을 이루고 있다. 전작에서는 서두에서 대중매체에 대한 비판적인 말투가 두드러진다는 인상을 받았을지 모르겠다. 이 책에서는 보다 공평한 관찰을 유지하고자 했다.

마지막으로 덧붙일 것은 이 책의 성립에 관한 두 편집자를 언급하는 일이다. 이 책의 기획은 나의 논문에 흥미를 보여준 아오키사 편집부의 도모야 아다치足立朋也 씨의 격려 덕분이다. 도모야 씨는 저자의 비트코인 논문을 접하고 해당 논문을 확대하여 서적화할 것을 타진해왔다. 그러니 전작을 낸 이후 『현대사상』에 기고한 몇 편의 논고를 축으로 하나의 책을 만드는 것은 가능할 것 같지 않다고 전했다. 그 후 몇 차례의 절충을 거쳐 결과적으로 나온 것이 이 책이다.

그런 의미에서 도모야 씨의 비트코인 논문에 대한 주목이 이 책을 낳았다고 해도 과언이 아니다.

본래 전작의 축이었던 논의들도 『현대사상』에 게재되었던 것으로서 이 잡지에 기고하지 않았다면 전작과 이 책 모두 세상에 나올 수 없었을 것이다. 마감 한 달 전 시사적인 주제와 관련 있는 학술문의 기고를 어떤 사전 연락도 없이 갑자기 의뢰한 이는 현재는 아오키사와 『현대사상』을 떠난 오시카와 준押川淳 씨였다. 이 의뢰는 정말 무례한 태도라고 할 수 있었지만 텔레비전 제작 현장에서 단련한 반사신경과 냄새를 통해 『현대사상』 편집부에 소속된 동안 의뢰에 응하게 되었다. 이어서 탈고 후에 그에게서 적확한 코멘트를 받게 된 덕분이다. 그것이 아니었다면 곡예비행처럼 골치 아픈 작업은 이어지지 못했을 것이다. '티끌모아 태산'이라는 말처럼 최근에는 시사자료를 소재 삼아 정보사회의 심층 구조를 파헤치는 스타일이 나에게 '신체화'되어 가는 중이다. 전작의 출판을 맡았던 게이소쇼보의 세키토 쇼코関戶詳子, 야마다 마사히로山田政弘 씨를 포함해 학술서 출판이라는 작업이 저자와 편집자 상호 간의 프로의식 없이는 성립할 수 없음을 절실히 느끼게 해주었다. 이는 내가 과거에 적을 두었던 텔레비전 세계도 마찬가지이다. 현재 인터넷에 결정적으로 결여된 것이야말로 이 프로의식에 다름 아니다. 팔 수만 있다면 좋다는 식의 정책하에 나온 계몽서, 입문서라는 이름의 학술서가 늘고 있지만 프로의식을 지닌 양심적 편집자의 존재는 저작에게 정보사회의 어두운 그림자에 비치는 한 줄기 빛과도 같다.

역자 후기

가상사회의 주체성을 어디에서 찾을 것인가

아마존의 물류혁명

가상사회를 대표하는 현상으로는 아마존 물류혁명, 가상화폐, 사회적 VR의 등장을 꼽을 수 있다. 네트워크미디어, 빅데이터, 로봇과 같은 사회적 인프라를 기반으로 하는 정보사회는 정보의 가치화 단계인 가상사회로 접어들고 있다. 우리가 기존 사회에서 정보를 얻기 위해 책이나 사전을 뒤졌다면 정보사회에서는 인터넷을 검색한다. 아마존의 물류혁명은 이러한 '구글링'에 비견된다. 왜냐하면 눈앞에 있거나 광고지를 보고 확인한 현물이 아닌 정보의 형태로 물건이 고객 앞에 '이미' 존재하기 때문이다. 낮은 가격, 빠른 배송, 광범위한 선택이라는 원칙을 바탕으로 고객의 요구에 실시간just in time으로 응하는 아마존의 고객 중심 서비스는 유통의 근본적 변화를 지향한다. 아마존 프라임Amazon Prime, 프라임 나우Prime Now, 대시 버튼Dash Button 등 신속성에 대한 강박은 구매자의 공간적 이동 없이 이루어진다는 점에서 유통 과정을 눈에 보이지 않게 만들어 놓았다. 그림에 비유하자면 유통은 캔버스처럼 눈에 보이지 않는 것으로 변한 것이다.

전통사회에서는 생산, 유통, 소비라는 세 국면이 생산자를 기준으로 존재했다. 생산은 물건의 생성을, 유통은 물건의 이동을, 그리고 소비는 물건의 소진을 각각 담당했다. 이 세 국면은 각각 특정한 장소를 요구했다. 반면 **가상사회에서는 생산/소비/유통의 과정이 소비를 중심으로 재편된다.** 소비자의 입장에서 보면 정보는 이동하지 않는다. 정보를 담은 책이 고객에게 팔린다고 거기에 담긴 정보가 사라지지는 않는 것이다. 아마존이 책에서 물류 사업을 시작했다는 점을 상기하자. 책은 그 자체로 정보를 담고 있는 물건이며 아마존은 현재 음원, 동영상 등으로 사업을 확대하고 있다. 아마존을 비롯해 넷플릭스Netflix 등의 약진은 고객 중심의 온디맨드on Demand 서비스가 대중화되고 있음을 보여준다. 이처럼 보드리야르가 1970년대에 분석했던 소비사회의 문법—생산 · 유통 · 소비의 분리라는—이 소비를 중심으로 재편되고 있다(Baudrillard, *The Consumer Society: Myths and Structures*, 1998).

가상화폐의 등장

가상화폐 창시자인 사토시 나카모토Satoshi Nakamoto는 현행 화폐 제도의 가장 큰 문제점을 인플레이션으로 보았다. 이를 해소하기 위해 그는 실비오 게젤(Silvio Gesell, 1862~1930)이 제안한 감각 상각되는 자유화폐와 스탬프화폐에서 영감을 받아 가상화폐cryptmoney를 개발하였다. 기존의 전자화폐가 금속화폐에 기생할 수밖에 없는 반면 가상화폐는 금속화폐와는 무관한 폐쇄적 세계를 갖는다. 가상화폐는 발행 당시부터 2,100만 BTC라는 총발행량을 정한다는 점에서 금을 모델로 삼고 있다. 비록 현재 가상화폐가 교환과 구매에 불편함이 있고, 투기 대상이 되어 저장의 위험성이 높긴 하지만 본질적으로 화폐의 네 가지 기능—척도 · 교환 · 저장 · 지불—을 모두 가지고 있다. 그렇다면 가상화폐의 대명사인 비트코인Bitcoin을 금속화폐의 국가 관리주의 vs 가상화폐의 자유방임적인 투쟁과 같은 구도로 환원하는 것은, 지역화폐 붐처럼 화폐발행 자유화와 같은 부수적인 논의에 그칠 확률이 높다. 오히려 사회의 VR화와 관련하여 생각할 것은 비트코인의 사물성과 가치성일 것이다.

우선 사물성이란 어떤 한정성이 부여된 상품성을 가리킨다. 비트코인은 볼 수 없고, 만질 수 없는 것이기에 한 번 쓰고 버리는 것이 아니라 **무한정적이고 희소성이 높은 금을 모델로 한다.** 다음으로 가치성은 비트코인이 화폐로서 구매에 활용되고 축적되며 유통을 통해 경제수단으로 지불되는 성격을 가리킨다. 비트코인의 사물성과 가치성은 동전의 양면과 같다. 그것은 'X량의 BTC'라는 양적인 자기동일성을 가지고 있기에 무한정 발행할 수 없다. 다른 몇 시가 아닌 바로 이 시각에, 다른 누구도 아닌 바로 이 익명의 소유자를 통해 'X량의 BTC'를 점유한다고 말할 수 있는 것이다. 비트코인 소유자의 주소는 소유 시 생성되는 공개키로서 단순한 영문과 숫자를 요약한 값—27~34자 길이의 문자열—이다. 비트코인은 인터넷 주소가 아니라 공개키 소유자가 직접 가지는 것이다. 소유는 배타적이고 물리적인 행위가 아니라 블록체인Blockchain에 기재되며 연결 주소 간의 승인과 합의를 거친다. 이때 비트코인의 소유는 금속화폐처럼 소유의 소재가 국가에 의해 파악되는 것이 아니라 불확정적인 익명의 자기동일성을 가진 자에 의해 이루어진다. 이처럼 비트코인은 비밀키, 공개키, 주소라는 세 값이 동시에 발행되어 그 소유에 있어서 실제 세계의 인격적 개인과 비트코인의 주소가 일대일 대응하지 않는다. 비트코인은 동일성 증명Proof-of-Work을 통해 '누군가에게 보증된다'는 방식의 사회적 관계를 띠지만 기존 화폐와 달리 인격과 독립적이고 익명적인 사회관계를 가상공간에 구축한다.

문제는 이런 **가상화폐가 현실 경제에 영향을 끼치기 시작했다**는 점이다. 현실에서 가상화폐는 부호들의 조세 회피처로 악용되어 그 세력을 키워가고 있다. 가상화폐 거래소는 이렇게 마련된 거액의 자금을 바탕으로 부동산, 주식 등을 구매함으로써 자신의 실체성을 띠기 시작했다. 이런 상황이 국가의 통제를 뛰어넘어 벌어지고 있다는 점에서 무정부주의적이라고 할 수 있다. 예컨대, 중국은 2017년 9월 신규 가상화폐공개Initial Coin Offering를 금지하고 신규 채굴자를 규제하기 시작했다. 대신 알리페이Alipay나 위챗페이WeChat Pay와 같은 모바일 결제를 활성화하여 가상화폐의 발전을 막고 있다. 이처럼 실명경제와 익명경제 간의 다툼은 향후 가상사회를 이해하는 중요한 척도가 되어 가고 있다.

사회화되는 VR

다음으로 VR의 사회화에 대해 알아보자. 2016년 미국의 오큘러스, 일본의 플레이 스테이션, 대만과 미국이 합작한 바이브, 구글의 데이드림 뷰의 출시는 엔터테인먼트 분야의 'VR 원년'을 알리는 신호탄이었다. 2018년 HMD로 대표되는 VR 하드웨어 오큘러스 고의 출시는 이 분야의 콤팩트화와 가격하락을 상징하며, 아이폰과 안드로이드 스마트폰의 플랫폼은 VR 하드웨어의 모바일화를 선도하고 있다. 특히, 아이폰 X에 들어간 카메라의 안면인식기능은 시시각각 표출되는 감정을 3D 캐릭터로 바꿔줌으로써 VR의 목적을 감상에서 표현으로 바꾸어 놓았다.

VR 콘텐츠는 점차 사회화되고 있다. VR 챗, V튜버 등은 물리적인 세계를 모방하기보다 소통 자체에 초점을 맞춘다. 판타지 게임을 즐기면서 대화를 이어나가거나 가상의 존재가 유튜브에 나온다. VR은 점차 MR화하고 있다. MR은 지각과 정보를 동일한 층위의 매체로 보고 단일한 세계를 중층화한다. 외부 정보가 VR의 요소로 들어오기 시작하면서 MR화하고 있는 것이다. AR이 지각을 정보에 비해 우위에 두는 반면 MR은 양자를 동일하게 취급한다. MR의 상호작용은 지각의 세계라는 환경과 정보체 간에 이루어지는 것이다. 네비게이션의 상호작용이 대표적이며, 구글 글래스가 구글 렌즈로 발전한 것 또한 대표적인 VR의 MR화 사례로 꼽을 수 있다. 이처럼 VR은 가격하락, 사회화, MR화를 통해 점차 눈에 보이지 않는 매체로 발전하고 있다.

VR의 중요한 과제는 감각적 현전을 어떻게 인공 환경의 실재성과 조화시키느냐에 있다. 그래야만 유저가 게임에 몰입하여 그 실재성을 의심하지 않을 것이기 때문이다. 여기서 우리는 현전과 실재를 엄밀히 구별할 필요가 있다. 전자는 무매개적이고 직접적인 사실, 곧 '~에 의해 혹은 ~을 향해 존재한다'는 사실성이 문제시되는 반면 후자는 복수의 존재자 간의 관계성이 문제시된다. 예컨대, 사막을 여행하던 목마른 여행자 앞에 나타난 호수의 신기루는 그/그녀 앞에 현전하지만 실재하는 것은 아니다. 마찬가지로 꿈속의 괴물이나 환각 속의 정령 자체는 실재성이 없다. 현전이 눈앞에 펼쳐지는 것을 가리킨다면 실재는 정말 존재하는 것을 가리킨다.

마르쿠스 가브리엘(Gabriel, 『생각이란 무엇인가』, 2018)의 설명에 따르면 실재는 다음과 같이 이해될 수 있다. 예컨대, 물고기라는 표현은 적어도 세 가지 방식으로 사용가능하다. 첫째, 단어로서의 물고기는 영어로는 'fish', 스페인어로는 'pescado'이다. 둘째, 개념으로서의 물고기는 '돌고래는 물고기가 아니다'라는 문장처럼 포유동물과 구분된다. 셋째, 실사로서의 물고기는 물고기에 관한 생각에서 특정한 물고기를 가리킨다. 즉, 물고기 개념은 특정한 경계선을 가지며 이때 특정한 무엇을 실사라고 부른다. 이 설명에 따르자면 **실재란 다른 실재와의 관계를 통해 구분되는 개념을 가지고 있는 것, 나아가 그 개념을 통해 실재의 경계를 확정지을 수 있는 것**을 뜻한다.

VR 챗, V튜버의 등장은 사회적 모델에서 전통적인 실재의 의미를 바꾸어 놓고 있다. VR 챗에서는 바디 트래킹이나 아이 트래킹을 통해 비언어적 수준의 소통도 가능하다. 여기에는 복수의 가상세계가 있고 유저가 새로운 동식물, 새로운 세계를 만들 수 있다. 애니메이션 캐릭터, 로봇, 동물 등 다양한 아바타가 '소통하는 현장'이 실재 그 자체인 것이다. 현실세계와 조금도 비슷하지 않은 또 다른 세계인 것이다. 대표적인 V튜버인 스키나 아이의 실체 여부에 팬들은 관심이 없다. 만일 미소녀 캐릭터인 스키나 아이의 실제 성우가 중년 남성이라고 해도 스키나 아이의 실재성은 무너지지 않는다. 이 두 사례에서 보듯 가상공간에서는 소통 자체가 실재성의 기준이다. 그러나 전통적인 실재와 가상공간의 실재가 다른 점은 전자가 물리적 세계에서 실재성을 획득하는 데에 비해 후자는 VR에서 현실이라는 반대의 방향으로 실재성이 제시된다는 점이다. **가상공간 속의 실재성은 원본을 상정하지 않지만 실제 현실과 이어져 있다.**

SNS가 VR화하면서 페이크뉴스 문제가 커다란 사회적 문제로 대두되고 있다. 이른바 탈진실post-truth과 연관된 이 문제는 가짜뉴스나 프로파간다와 달리 음모나 조작에 대한 의식이 전혀 없다. 오히려 **네트워크미디어 환경에서 페이크뉴스는 사실상의 표준**de facto standard**이라고 할 수 있다.** 전문가가 볼 때 완전히 잘못된 것임에도 불구하고 발신자는 자신의 정보를 진심으로 믿고 리트윗한다. 넷우익이나 악플, 일반 유저의 중얼거림 전부가 잠재적인 페이크뉴스가 될 수 있다. 이런 의미에서 SNS 또한 광의의 VR로 볼 수 있다. 왜냐하면 거기에는 본바탕이나 기준이 되는 진실성보다는 연쇄적이고 불확정적인 실재만 존재하기 때문이다. 결국 "네트워크 패러다임하의 새로운 사회적 현실은 늘 다르게 존재할 수 있는, 또 늘 새로운 현재성의 씨앗을 품고 있다는 의미에서 항상 이미 잠재적이다."

감시사회의 등장

푸코가 분석했던 19세기의 일망감시, 즉 원형 감옥으로 대표되는 감시체제가 신체를 기준으로 한다면 오늘날의 감시는 데이터를 기준으로 한다. 제러미 벤담이 고안한 원형 감옥은 실제 간수가 없더라도 죄수들이 자발적으로 복종하는 공간적 구조를 띠고 있다. 푸코의 논의는 통치자 차원에서 제기된다는 점에서 국가를 감시 주체로 상정한다. 또, 직접적 신체에 대한 관찰을 통해 주체가 스스로 규율을 익혀가는 측면에 초점을 맞춘다. 반면 오늘날의 감시는 다양한 수준의 데이터, 예컨대 지문, 홍채, 귓바퀴, 정맥 같은 개체데이터 및 땀 배출량, 혈압, 심박, 요산치, 혈당치 같은 생체데이터를 대상으로 이루어진다. 생체데이터는 개인을 식별하는 정보라는 점에서 생체인증Biometrics 데이터로도 불린다. 이렇게 시시각각 변하는 데이터들의 근본에는 유전자 데이터에 대한 감시가 자리 잡고 있다. 이러한 개체 · 생체데이터에 대한 감시는 기본적으로 국가나 기업 같은 권력집단에 의해 이루어진다. 현재에도 주민등록번호를 이용해 개인을 식별하지만 점차 생체인증 데이터를 사용하는 사례가 늘고 있다.

그러나 감시의 주체를 국가나 기업으로 단순하게 보는 것은 곤란하다. 오히려 유전자 데이터를 기반으로 하는 개체 · 생체 데이터에 대한 감시는 '자기에 대한 배려'라는 차원에서 이루어진다. 즉, 오늘날의 감시는 일종의 자기관리라고 볼 수 있다. 왜 그럴까? 정보사회에서는 개인이 자신의 데이터를 등록하는 것이 일차적이기 때문이다. 개체데이터에 비해 생체데이터는 비인칭화된 데이터라는 점에 주목하자. 즉, 인칭화되고 생물학적인 개체데이터에 비해 생체데이터는 사회적 유통 과정에서 무제한 증식한다. 다시 말해 **생체데이터는 인위적 통제가 불가능한 '흐름'의 형태로 존재한다는 점에서 표본을 확정할 수 없으며 모집단의 윤곽이 늘 희미한 빅데이터로 존재한다.** 그것은 이른바 비인칭적인 '적정치'로 표현된다. 물론, 생체데이터의 발생 지점이 특정한 시기의 헤모글로빈 수치HbA1c라는 점에서 개체적 계기를 갖는 면도 있지만 중요한 것은 이러한 개체적 계기와 빅데이터로서의 특징이 서로를 증폭시켜 나간다는 점이다. 생체데이터에 대한 데이터마이닝은 의료데이터를 분석하고 인공지능을 설계한다. 여기서 혈압은 '120~140/80~90mmHg가 적정치이고 혈당치는 'HbA1c: 4.6~6.2'가 적정치이다.

생명 개체로서의 나에 대한 감시는 국가와 기업 등에 의해 이루어진다. 예컨대, 중환자를 대상으로 하는 대형병원의 집중치료실ICU

에서의 주시가 그것이다. 이런 특별한 경우를 제외하면 **정보사회의 감시는 자신을 적정치 속에서 관리하는 주체라는 환상에 입각해 이루어진다.** 영양제 섭취, 음식제한이나 칼로리 계산과 같은 눈물겨운 신체 관리와 더불어 SNS에 자신의 이상화된 모습을 끊임없이 업로드하는 행태가 강화되는 것이다. 신체를 가진 자기—이른바 소마—에 대한 환상과 빅데이터로서의 생체데이터 그리고 국가와 기업의 관리 혹은 강력한 통제라는 세 가지 요소 위에서 오늘날의 감시를 이해할 필요가 있다.

2021년 다이고쿠 선생님의 『정보사회의 철학: 구글 · 빅데이터 · 인공지능』을 번역하고 나서 후속작도 번역해보리라 생각한 끝에 이렇게 책으로 접하니 만감이 교차한다. 번역을 마치고 여러 인문학 출판사에 출판을 문의했지만 번번이 거절을 당하던 중 산지니 출판사의 강수걸 대표님의 관심으로 이 책이 세상에 나올 수 있게 되었다. 이소영 편집자님의 교열과 제안은 이 책에 활기를 불어넣어 주었다. 새삼 편집자의 힘을 느낀다. 다른 언어를 우리말로 옮기는 일의 어려움을 실감하면서도 이 책에 공감할 단 한 사람의 독자를 만나는 일은 큰 즐거움이 아닐 수 없다. 이는 마치 가상공간에서 '우연과 상상'을 매개로 창작자와 번역자 그리고 독자가 소통하는 것처럼 느껴진다. 나는 정보사회와 가상사회에 관심을 가지면서 결국 이것이 탈진실을 매개로 민주주의와 시민교육의 문제를 제기한다고 생각하게 되었다. 기회가 된다면 이 문제를 주제로 언젠가는 창작자로서 독자들을 만나고 싶다.

2022년 5월 9일 최승현

색인

인명색인

ㄱ

가구야 루나 250, 252
가와쿠보 레이 80
개빈 우드 17
게오르그 빌헬름 프리드리히 헤겔 26, 28, 71, 289
게오르그 짐멜 67, 73, 76-78, 80-85, 89, 94, 110
게오르그 프리드리히 크나프 128
고마 교코 61, 342
구니요시 가네코 103
구로사와 아키라 335
구스노기 마사시게 323
그레고리 베이트슨 116, 258-260
길버트 라일 258

ㄴ

네고마스 250
노우드 러셀 핸슨 321
니시가키 도루 45
니콜라스 로즈 221
니클라스 루만 21-24, 44, 46-49, 70, 82, 90, 94, 144-146, 148-150, 159-160, 162, 181-182, 185, 187-189, 191, 194-195, 226, 233-234, 259-260, 264, 294, 309, 312, 342

ㄷ

다니자키 준이치로 103
다치 스스무 283
다카하시 사키노 342
데라야마 슈지 176
데이비드 그레이버 334-336
데이비드 라이언 205, 207-212, 217, 219, 221, 225-226
도널드 트럼프 113, 161-162, 335
도시오 야마기시 147-148

ㄹ

라니아 237, 285-288
라 로슈푸코 68
라 브뤼예르 68
로드리고 두테르테 162
로버트 머튼 317, 335
로버트 플라어티 313-314
로저 클라크 208
로제 카유아 286
롤랑 바르트 65, 73-77, 81-92, 94, 96-98,

106-107, 259, 315, 325
루드비히 클라게스 111
리어리 285
리터 248

ㅁ
마누엘 카스텔 55
마루야마 게이사부로 92
마르틴 하이데거 83, 244
마빈 민스키 283
마셜 매클루언 21-24, 100, 112, 114, 296, 318
마이런 크루거 284
마이클 하임 282
마츠우라 아야 63-64
마크 포스터 211
막스 베버 26, 82, 259, 308-310
막스 셸러 259
막스 아들러 72
모턴 하일리그 239
무라카미 하루키 98
미라이 아카리 250
미셸 푸코 152, 198, 206-208, 211-212, 224, 227
미야자키 하야오 98
미첼 데이비드 카포르 164

ㅂ
바뤼흐 스피노자 339
발타사르 그라시안 68
발터 벤야민 53-54, 106-107, 112, 286
밥 딜런 98, 100
버락 오바마 15
버트런드 러셀 28, 258
베르너 좀바르트 73-77, 81-83, 94
브렌다 로럴 284
브루스 슈나이어 209
블라디미르 푸틴 162
블레즈 파스칼 68
비욘세 63-64
비키 바움 96
빌헬름 딜타이 259

ㅅ
사쿠라 준 220
사토시 나카모토 18, 122, 127, 142, 144, 151-154, 156-157
샤를 보들레르 112
소가 치아기 295
소스타인 베블런 73-74, 76-79, 81-82, 94
스탈부인 69
스탕달 69
스튜어트 홀 92-93
시로 164, 205, 250
시부사와 다츠히코 103
시진핑 162, 165, 335
신카이 마코토 100, 171, 174, 191, 197
실비오 게젤 122

ㅇ

아리스토텔레스 70, 290
아베 신조 198
아베 코보 176
아서 단토 321
아야노 스도 61, 102-104, 342
아야야 63-64
안토니오 그람시 93
알렉시우스 마이농 290
알프레드 쉬츠 257-259, 263, 266, 269
알프레트 아들러 188
앙리 르페브르 97
앤서니 애슐리 쿠퍼=샤프츠베리 68
야나기타 구니오 184
야마구치 마사오 92
야코프 부르크하르트 67
어빙 고프먼 180-182, 185, 192, 200, 256, 258-266, 273
에드먼드 버크 69
에드문트 후설 257
에드워드 스노든 165, 209
에레나 에스포지토 67
에마뉘엘 레비나스 210
에밀 뒤르켐 259
에밀 라스크 82, 234
에밀 벵베니스트 315, 325
오가와 신스케 314
오쿠무라 아키코 178
와시다 기요카즈 96
와타나베 나오미 63-64
와타루 히로마츠 28
요시모토 다카아키 106, 173, 177-179, 182-183, 187
요시오카 히로시 61
요츠야 시몬 103
요한 고트프리트 헤르더 69-70
울트라맨 292
움베르토 에코 92-93
월터 리프먼 273-274, 280, 317
월터 옹 22
웬스 카사레스 129
위르겐 하버마스 181-182, 187, 194, 265, 312
윌리엄 깁슨 282
윌리엄 제임스 264
윌리엄 제임스 허셜 216
유리 로트만 92-93
이네스 드 라 프레상쥬 63
이마누엘 월러스틴 55
이마누엘 칸트 28, 50, 69-70, 234, 291
이반 서덜랜드 283
이와무라 미즈루 122
이쿠타 고사쿠 81
이토모 도코 178

ㅈ

자와친 105
자크 데리다 275
장 보드리야르 50-51, 64-65, 84, 90-93, 96, 107, 109, 116, 274-275, 278, 280

제러미 벤담 206-207, 351
제임스 깁슨 215
제프 베이조스 37-38, 43, 56
조르조 아감벤 161, 198
조르주 바타유 92-93
조슈아 메이로비츠 54
조지 미드 84
존 그리어슨 313-314
존 길모어 164
존 메이너드 케인스 122, 129
존 페리 발로 164
지그문트 바우만 111
지그문트 프로이트 188
질 들뢰즈 84, 199-200, 208, 226-227, 293

ㅊ

찰스 다윈 82, 216
찰스 샌더스 퍼스 83

ㅋ

카를 구스타프 융 188
카를 마르크스 21, 28, 48-50, 73, 91, 93, 123-125, 139, 142-144, 184
카를 뷜러 111
카를 슈미트 310
카를 폰 멩거 127, 142
카를로 긴츠부르그 321
캐롤 길리건 210
캐스 선스타인 113
켄 힐리스 282
클로드 섀넌 92
키스 브렉켄릿지 217
키즈나 아이 250, 252

ㅌ

탤컷 파슨스 149
토마스 아퀴나스 70
토마스 쿤 322
트위기 62

ㅍ

페르디낭 드 소쉬르 83-84, 86-87, 92-93
폴 비릴리오 55
프랜시스 골턴 216
프레데릭 테일러 225
프레드릭 제임슨 259
프리드리히 니체 71
프리드리히 빌헬름 요제프 셸링 338-339
프리드리히 키틀러 22, 325-329, 334
프리드리히 테오도르 폰 비저 71-76, 86, 94
프리드리히 하이에크 129
프리츠 하이더 46-48
플라톤 257
피에르 레비 293
피에르 부르디외 95, 109
피코 타로 100-101
핑키와 더 킬러스 62

ㅎ

하루나 아이 63-64
하시모토 가츠미치 216
하야타 대원 292
하타케야마 시게타다 323
해럴드 가핑클 259
해럴드 이니스 310
허버트 조지 블루머 259
헤이든 화이트 322
헨리 폴즈 216
혼다 가츠이치 176
후지사키 유아 250
히로노 요시유키 224, 342
히에로니무스 보스 285

용어색인

( ) 112
_|—|o 112
2채널 170, 175
AA 113, 195
AES 134
AI (→인공지능)
Alexa 37
AR 176, 287
B2C 36, 39
Being There 244
BTC 127, 131-132, 142-143
BTO 51
CA(인증국) 136-137, 146
CPU 127
Customer Obssesion(고객제일) 30, 37-39, 41-43, 45
DAO 122, 157
Daydream 231, 261
de facto standard 278
DeNA 16, 18, 108
DES 134
docere 304, 313
document 303-304, 307, 311, 313
documentum 304, 311
Dokument 304-305
dokumentieren 304
DVD 35, 54
Edy 141
etwas Mehr, etwas Anderes 45, 189
FBI 121
FREE 99, 287
für es 56-57, 81, 126, 150, 177, 188, 196, 265, 326
für uns 56-57, 81, 106, 115, 123, 126, 149, 177, 187-188, 196, 201, 265, 326
GPS 214
HbA1c 213, 219, 223
HMD(Head Mounted Display) 231-232, 237, 240, 283, 348
HTC 231, 249
Ich kann 242

iCloud 15
IMAX 232, 240
IoT 225
iPhone 233
IT 혁명 235
L $ (린든 달러) 140, 253
Legitimation 308, 312
Legitimieren 312, 324
Legitimität 312, 318, 323
LSD 285
mode 65-67, 71, 73, 78, 88, 90, 96, 145
modus 66, 69
MR 31, 234, 236, 281, 286-289, 295-297, 299
NSA 165, 209-210
OFF 103, 267
ON 103, 231
P2P 154-155, 182, 201
PDF 40, 114
Play Station VR 231
PoS 159
Possibility 291-292
Potentiality 292, 294
Problematik 123, 171
QR코드 163
quasi- 275, 278
quid juris 142
RB2 237
realitas 143, 248, 299
realtime 242
Ripple 17, 158
RSA 136
SF 172, 176, 247, 282, 341
SNPs 219
SNS 15, 21, 103-104, 153, 182, 190-195, 197, 200, 202, 205, 225, 228, 233, 249-250, 274, 276-280, 333, 335
Suica 141
Systemreferenz 181
TikTok 101
tumblr 103
übersein 201
Virtuality 101, 106, 234, 236, 281, 290-291, 298, 339
virtus 290
VOD 54
VR 13, 16, 31, 106, 229, 231-238, 240-257, 265-268, 271-275, 278-290, 295-298, 341-343
VR 게임 231, 286, 343
VR 공간 249-250, 267
VR 멀미 242
VR 붐 232
VR 프레임 267
VRchat 249-250, 253, 256, 279
VR원년 231
VR혁명 106, 229
Vtuber(버추얼 유튜버) 233, 250, 254, 279

WikiLeaks 333
WORD 114

ㄱ

가능성 18, 22, 36, 47-48, 95, 133, 136, 143, 146, 155, 185, 196, 237, 252, 291-294, 297, 305, 320, 338
가상공간 253, 268, 279-280, 286, 289, 297
가상사회 5-6, 20, 31, 300, 340, 345-346, 348, 353
가상세계 158, 234, 253, 267-268, 271-273, 298
가상현실 16, 31, 91, 234, 274, 290, 341
가짜(fake-) 155, 275, 277-278
가치형태론 139, 142
감각작용 241
감시사회 205-209, 226
개인용 컴퓨터 35, 51, 164
개인주의 164, 180, 191
개체데이터 214-218, 220, 222
걸음걸이 213-215
검색 21, 36, 40-41, 109-110, 333
게슈탈트심리학 130
결정화 148, 222, 263
계급 70, 73-75, 79, 94-95
계기=요소 234
계몽 197, 344
계약 122, 157, 309, 312
고립된 개인 160-161, 198-200
고전파 경제학 128, 142
공개키 132, 135-138, 140
공동체 70, 79, 110, 113-114, 147-148, 153, 178-179, 184-185, 188-189, 195, 197, 323
공동환상 177-179, 183-184, 189-190, 193-194, 196
공문서 303, 307, 320, 340
공상 103, 106, 258, 261, 292
공통키 134-135, 155
관리사회 226
관측 131, 191, 232
교환가치 83, 124
구글 5, 15, 36, 39, 109, 158, 165, 231, 235, 296, 333, 337, 341
구조주의 83-84, 92-93, 259, 263
구텐베르크 은하계 23
국가주의 210
국가환상 196
국민국가 67, 217, 326
국수주의 183, 185, 196
궁정 66-68, 186
권위주의 72, 107, 279, 285
귓바퀴 213, 215
규율 206-207, 273, 312
그것/이드 188
글로벌화 55, 107, 162, 207
기술철학 338
기술혁신 14, 37-38
기업 325-334

ㄴ

넷플릭스 54, 346
노동 48, 50-51, 55, 127-128, 141, 143, 157, 224-225, 257, 259, 263
노드(node) 25-27, 32, 56, 98-99, 102, 106, 127, 133, 138, 140, 151-153, 155, 158-159, 179, 192-193, 207, 227, 251, 254-256, 276-277, 332, 335
노출 62, 106, 114, 192-194, 196, 199-200, 202

ㄷ

다양성 177, 219, 257, 260, 262, 266
대면적 상호행위 147, 180, 193, 208, 212
대환상 173, 178-179, 183, 185, 189, 191-192, 194, 196
독재 56, 162, 164, 217
동일성 26, 40, 47, 78, 81-82, 95, 131, 133, 135-139, 216, 219-220
디지털 15, 61, 105, 112, 114-116, 123-124, 127, 129, 131, 134, 137-140, 154, 157-158, 172-173, 282, 284, 286-287, 300, 304, 329, 331-332, 340

ㄹ

라인 165, 205, 233
로봇 21, 35, 227, 244, 253
리얼리티 31, 91, 106-107, 181, 183, 188, 229, 234, 236-237, 247-250, 252-257, 260, 262-264, 267-275, 278, 280-281, 284-288, 290

ㅁ

마음 30, 45, 82, 84, 167, 172, 186-190, 196, 202, 228, 259, 340
메시지 41, 43-45, 97, 113-114, 155, 193, 205
문화기호론 65, 84, 91-94, 96, 98, 100, 117
문화연구 93, 97
물질성 56, 115, 123-126, 131, 305, 311
민주주의 116, 279

ㅂ

방-송 23-27, 30-31, 96-101, 107, 109, 112, 114, 116, 251, 273, 276-278, 289, 298
배려 206, 208, 210-211, 223-224, 338
배제 22, 136, 147, 160-161, 183, 197-200, 226, 243, 309, 314, 320
벤처 19, 36, 231-232, 237
변용 30, 36, 45-46, 59, 65-66, 75, 97, 109, 135, 173-174, 195, 206, 210, 212, 233, 242, 247, 262, 266-267, 285-286, 288-290, 303, 316, 329
블록체인 17, 49-50, 122, 132, 151-152, 154-155, 157, 159, 165, 266, 336, 340
비디오카메라 251
비인칭성 158, 310, 331

비트코인 13, 16-18, 20, 30, 49-52, 56, 119, 121-124, 126-134, 137-145, 151-159, 161-165, 266, 299, 336, 340, 342-344
빅데이터 21, 329, 331-334, 336-337, 341-342

ㅅ
사변적 실재론 201
사실상의 표준 158, 228
사실성 244-245, 262, 267, 271, 273, 278, 280, 289
사용가치 76, 83, 124
사회적 VR 233, 249-250, 252-257, 267, 271, 273, 279, 284, 286-289
사회적 선별 208, 210
사회적 아프리오리 72
사회철학 18, 37-38, 44, 46, 64, 119, 123, 175, 218, 234, 299, 303, 337, 340
사회학 73, 77, 95, 105, 180, 241, 257-260, 264-265, 286
삼자관계 154, 181-182, 185, 191, 196, 201, 266
상대주의 26, 68, 320, 324
상부구조 21, 82, 184
상징교환 93
상징적 상호작용론 259
상품경제 30, 71, 82, 84
상호행위 45, 147, 154, 171, 178-183, 185-194, 196, 199-201, 208, 212, 241, 254-269, 271-273, 279-280, 289, 330-331
생물통계학 215
생물학적 나 221-222
생체데이터 213-215, 218-223, 225
생체인증 213, 215-217
생태계 303, 326, 328-329
세계사회 55, 70, 161-162, 194
세컨드 라이프 140, 253, 267
소비자 36, 39, 51-52, 74, 101, 251
소수민족 323-324
소통장애 13, 169-171, 174-175, 178-179, 195, 198-199, 201-202, 225, 228, 340
수사 23, 87, 90, 216, 275, 310, 315
수신자 24-25, 44-45, 113, 134-135, 151
수요형성 73
순수상호행위 178-179, 182-183, 185, 188, 190-191, 194
순수지속 293
순환 48, 182, 326
스냅숏 99, 105, 319
스노든 사건 165
스마트폰 35, 42-43, 54, 103, 105, 163, 174, 232, 251, 276, 296
시뮬라크르 64-65, 91, 107, 274
시뮬레이션 142, 233, 237, 244, 254, 256, 283
시민 70, 286, 312

시시각각 38, 218, 220, 223, 225, 233, 269, 280, 287, 297, 316
신경발달장애 170
신규 가상화폐공개(ICO) 163, 348
신뢰 144-157, 161, 186, 266, 271, 274, 276-277
신문 23-24, 110, 150, 269, 276-277, 296-297, 313, 315-316, 318, 320
신용 124, 128, 136-138, 145-146, 151, 157-158, 163, 333
신용카드 163
신장 213-215
신체데이터 203, 212-216, 218-220
신칸트학파 234
실명경제 163-165
실질 23, 26, 39, 41-43, 46, 50, 52, 66, 71-72, 79-80, 83, 89-91, 108-109, 150, 169, 206, 234, 270, 274-275, 278, 281, 285-287, 290, 295, 312
실현가능성 292, 294
심박수 225
심층 13, 75, 129, 175, 212, 236, 252, 337, 344

ㅇ

아날로그 51, 300
아마존 13, 30, 33, 35-46, 51-52, 55-56, 109, 340
아바타 249-250, 253
아우라 54, 107, 112
아쿠타가와상 108
아트/인공적 리얼리티 284
아티스트 61, 102, 284, 342
아프리오리 72, 109
악마=절단적 160
악무한 26
알고리즘 49-50, 134-137, 159
암호화폐 139, 158-159
애니메이션 92, 98, 171, 191, 197, 233, 253-254, 292
액상화 111
양도 53, 108, 124, 228, 245
언어론적 전회 320, 324
언어장애 169
얼굴 105, 187, 195, 200, 213-214, 269
엔터테인먼트 100-102, 231, 234-235, 286, 288
엘리트문학 326
연산 50, 149, 181-182, 198-199, 233, 266, 278
영상클립 99, 319
예외상태 198-199
오르가논 모델 111
오븐 40
오큘러스 231-232, 348
오트쿠튀르 63, 79, 98
외골격센서 240, 242
우익 113, 197-198, 278
운(Alea) 286
원격-현전 237, 275, 283-284

원격회의체계 284
원본 216, 256
웨어러블 글래스 295-296
웨어러블 센서 225
웹2.0 17
웹3.0 17
위계 19, 31, 47, 64-65, 94-96, 98, 116-117, 137, 150, 153, 162, 207, 211, 217, 225, 227, 273, 276, 306, 308, 310, 317-318, 324-327, 332-333, 336
위치값 296
유사(pseudo-) 22, 36, 84, 128-129, 141, 143, 154, 158-159, 175-179, 182, 191, 193, 200, 228, 249, 251-252, 254-255, 258, 273-275, 278, 280
유저 43, 49, 57, 62, 101-102, 109, 113, 240-242, 245-246, 249-250, 252-253, 278, 287, 296-297
유전자 219-220
유튜브 101, 165, 233, 250, 349
유행 13-17, 21, 30, 59, 61-92, 94-98, 101-103, 105-107, 109-111, 114-116, 121, 140, 152, 178, 226, 275, 277, 282, 316, 340, 342
유희 100-102, 106-107, 115-117, 175, 257-258, 261, 264, 274, 280, 286
윤리 19, 147, 177, 208, 210, 227-228, 303, 312, 322-323, 333, 336-337
은행 121, 129, 150, 152-153, 158, 161, 164, 178
의미론 332
의식체계 186, 188
이더리움 17, 159
이데아 257
이데올로기 21, 51, 89, 113, 184, 198, 276
이모티콘 110, 112-115, 195
익명경제 163, 165
익명신뢰 151, 154, 157, 266
인격신뢰 148-149, 152-154, 156
인공지능(AI) 16, 20-21, 37-38, 44, 109, 157, 164-165, 182, 223, 227, 250, 254, 279, 283, 330, 337, 341
인류학적 방법론 259, 265
인센티브 19, 153, 156-157
인스타그램 105, 205, 233
인터페이스 43
인프라 24, 43, 56, 75, 190, 234, 246, 293, 338
인플레이션 122, 143
일러스트 86
일반적 등가형태 124
일의성 31, 299, 334
일제 송신 24
일체감 187-188
잊혀질 권리 331

ㅈ

자기긍정감 192
자기생산 280

자기완결 49, 99
자기환상 173, 183, 185, 191-194, 196
자기회귀 182
자본주의 37, 46, 49-50, 52, 71, 73-77, 80, 82-85, 94, 163, 165, 207
자산도피 161
자연법칙 253
자연철학 338, 341
자유화폐 122
자율주행차 35
작가 81, 96, 102-103, 108, 174, 176, 180, 205, 282, 313, 327, 341
작업증명 49-50, 127, 143, 156, 159
잠재성 101, 106, 236, 281, 290-293, 295, 298-299, 339
잠재태 47, 52, 77, 290, 298, 339
재귀적 89, 200
재스민 혁명 15, 113, 195
재현 103, 127, 139, 148, 233, 242, 248, 252, 284
재화 55, 89-90, 105, 281, 292, 299-300, 306
적정치 223, 227-228
전자 상거래 35-36, 40-42, 44
전회 13-14, 320, 324
정당화 271, 273-274, 276, 278-280, 306, 309, 312, 318, 322, 332, 336
정동 110-116, 182, 189, 195, 205
정동사회 116, 195, 205
정맥 213, 215
정보체 295-299
제1질료 264
제삼자 181, 326
제어 134-135, 147, 154, 162, 200-201, 240-242, 285
조작 40, 49, 106, 116, 129, 136, 200, 209, 240, 242-243, 254, 263, 265, 278, 283
조조(ZOZO) 51, 63
종교개혁 247
좋아요! 192, 279, 331
주술 124, 147
주체로서의 신체 212
주체성 50, 212, 228
증강현실 287, 299
지문 213, 215-217
지지체 125-126, 133, 313
진무한 26
진실 31-32, 268, 275, 277-278, 301, 318, 329, 334
진화론 82
진화심리학 170, 259
질료 30, 50, 52, 56, 82, 84, 86-87, 95-96, 107, 109, 115, 117, 251, 264, 295, 339
집단무의식 188
집단지성 293
집합론 28, 258

ㅊ

철학 14, 18, 21, 26, 31, 37-38, 44, 46, 64, 67, 69, 78, 119, 123, 175, 201, 218, 234, 236, 248, 259, 290, 293, 299, 303, 336-342
체계신뢰 145, 149-154, 266
초월성 183-185, 262, 264, 267, 288
초점 39, 49, 51, 74, 96, 123, 135, 141, 192, 205, 209, 211, 216-218, 241, 249, 255, 262, 287, 293, 316, 324

ㅋ

카메라 103-105, 163, 233, 251, 314, 326, 330
컴퓨터 35, 42-43, 50-51, 127, 143, 159, 164, 170, 177, 231, 237, 240, 242, 251, 285, 342
케어윤리 210
코드 24, 86-88, 90-91, 93, 106, 124, 163, 186, 195, 335
코르셋 96, 103
콤팩트화 232, 236-237, 246, 251, 287
쿨 100-101, 108, 114-115, 296
클라우드 15, 37, 52, 225, 227, 329

ㅌ

탈진실 31, 277, 301, 329, 334
텔레비전 15, 22-24, 93, 110, 176, 232, 275-276, 296-297, 316, 344
통제 163, 177, 183, 194-195, 203, 207-208, 218, 226-227, 237, 311, 340
통제사회 203, 208, 226-227, 340
통치 162, 200, 217, 224, 226-227, 312
통화 128-129, 140, 143, 151-152, 158, 162, 312
트위터 103, 114, 164, 175, 201, 205, 250, 331
특이점 15, 95-96, 276, 321, 332, 335

ㅍ

패턴 109, 213-215, 220
페이스북 165, 175, 205, 231, 331
포섭 23, 49, 160-161, 164, 198, 200, 226, 234, 270, 293, 309, 321
프로그램 25, 27, 42, 80, 89, 95-96, 156, 342
플랫폼 17, 122, 233, 250
플레이밍 113, 199

ㅎ

하부구조 21, 82, 184, 338
하위문화 97
하이퍼 리얼리티 274-275, 280
한계효용학파 142
행정문서 303, 307, 310-312, 317, 319-321, 324-325, 330, 333
혁명 15, 30, 33, 70, 75, 106, 113, 179, 189, 195, 229, 235-236, 247, 274, 277, 289, 326, 340
현상학 28, 257, 265, 290

현상형태 48
현실도피 106, 234
현실사회 255, 282, 288
현실성 154, 219, 236, 249, 255-256, 258-259, 262-266, 271-273, 277, 281, 287, 290-292, 295, 298
현실세계 88-89, 91, 137, 143, 158, 175, 233-234, 242, 244, 248-249, 252-254, 257, 267, 283, 288
현실적인 것 256, 306
현실태 52, 290, 298
현전 41, 173, 187, 193, 195, 236-237, 244-246, 271-272, 274-275, 280, 283-284
혈당치 213, 218, 223, 228
혈압 213, 218, 223, 228
협동 283-284, 333
형상 21, 29, 50, 82-84, 86-87, 95-96, 107, 109, 116-117, 139, 233, 241, 251, 264, 339
형이상학 282, 292
홍채 213, 215
화폐경제 67
화폐국정설 128, 137, 150
화폐상품설 129
환각 104, 184, 245, 257-258, 263-264
환상 30, 106, 110, 116, 173-174, 177-179, 182-185, 187-202, 228, 232, 282, 292, 334
활판인쇄(기) 251, 329
효용 74, 79, 90-91, 142
후기자본주의 82
후성유전학 220
희소재 124, 127